« LES CONTENS »
D'ODET DE TURNÈBE

DU MÊME AUTEUR

Amyot et Plutarque. La tradition des Moralia au XVIe siècle. Genève, Droz, 1965.

Plutarque en France au XVIe siècle. Trois opuscules moraux traduits par Antoine du Saix, Pierre de Saint-Julien et Jacques Amyot. Paris, Klincksieck, 1971.

Etudes sur les Essais de Montaigne. Paris, Europe Editions, 1973.

Montaigne. Apologie de Raimond Sebond. Paris, Sedes, 1979.

Mathurin Régnier. Les Satires. Paris, Sedes, 1983.

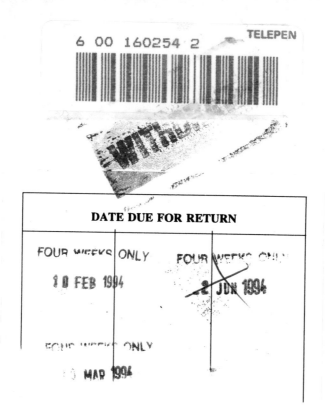

ROBERT AULOTTE

Professeur à l'Université de Paris-Sorbonne

LA COMÉDIE FRANÇAISE DE LA RENAISSANCE

ET SON CHEF-D'ŒUVRE

« LES CONTENS » D'ODET DE TURNÈBE

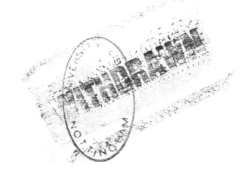

Editions SEDES réunis

88, boulevard Saint-Germain
PARIS Vᵉ

© 1984, C.D.U. et SEDES réunis
ISBN 2-7181-0207-1

A MES MAITRES,

— V.L. SAULNIER,
  In memoriam,
    Maxima cum pietate.

— Monsieur Raymond LEBEGUE,
  Membre de l'Institut,
    En témoignage de déférente
      et reconnaissante admiration.

AVANT-PROPOS

Longtemps négligée au profit de l'étude de la tragédie humaniste, souvent reléguée dans l'ombre par l'éclat — justement mérité — des pièces de Molière [1] qui, aux yeux de beaucoup, symbolisent tout — ou presque tout — le théâtre comique français, l'histoire de la comédie, en France, au temps de la Renaissance n'est plus maintenant un canton désert et inconnu de notre histoire littéraire. Depuis une centaine d'années [2], des travaux comme ceux de Chasles [3], de Rigal [4], de Toldo [5], de Lintilhac [6], de Balmas [7], de Raymond Lebègue [8], se sont intéressés au développement du genre, à l'incontournable question des filiations ; d'autres études, telles celles de Lanson [9] (qui n'est guère tendre pour la comédie de cette époque), de Jules Haraszti [10], de Brian Jeffery [11] et de Raymond Lebègue [12] encore, ont examiné les problèmes de représentation ; tout récemment, Madeleine Lazard nous a donné une thèse bien documentée sur la comédie humaniste et ses personnages [13]. Et, sans parler de l'adaptation moderne, faite par Albert Camus, des *Esprits*

---

1. C'est avec Molière que, dans les années 1660-1669, la comédie, pour la première fois, surclasse nettement la tragédie, plus prospère jusqu'alors, du moins jusqu'en 1650 environ.
2. Nous laissons de côté, ici, l'Inaugural Dissertation de P. Sydow, *Die Französische Original Komödie des XVIten Jahrunderts*, Halle, 1908 [CXI] qui, après une brève introduction se borne à résumer et à analyser neuf comédies.
3. E. Chasles, *La Comédie en France au XVIème siècle*, Paris, Didier, 1862 [LXI].
4. E. Rigal, *Le théâtre de la Renaissance*, 1896-1899, [XCVI].
5. P. Toldo, *La Comédie française de la Renaissance*, 1897-1900 [CXXIX].
6. E. Lintilhac, *La Comédie. Moyen Age et Renaissance*, (1905) [XXXII].
7. E. Balmas, *La Commedia francese del Cinquecento*, 1967 [LI].
8. R. Lebègue, *Le théâtre comique*, 1972 [XXVI].
9. G. Lanson, *Histoire de la Littérature française*, Paris, Hachette, éd. de 1924.
10. J. Haraszti, *La Comédie française de la Renaissance et la scène*, 1909, [LXX].
11. B. Jeffery, *French Renaissance Comedy (1552-1630)*, 1969, ch. II : *The Stage* [LXXVI].
12. R. Lebègue, *Unité et pluralité...* [LXXVII], pp. 347-355.
13. M. Lazard, *La comédie humaniste au XVIème siècle et ses personnages*, 1978 [LXXXII]. Cf. E. Rigal, *Les personnages conventionnels* [XCVII], pp. 161-179. Ces personnages doivent beaucoup à ceux de la comédie italienne, dont P. Toldo a bien analysé le caractère.

de Larivey [14], plusieurs de ces pièces ont bénéficié, ces trente dernières années, de bonnes éditions critiques [15].

Celles-ci—n'en doutons pas—vont donner un nouvel élan non seulement aux recherches d'ordre littéraire, mais aussi aux études qui visent à présenter l'état des mentalités de la société française de la Renaissance, à travers le tableau que la comédie — phénomène social — donne des rapports sociaux entre des groupes particuliers, limités certes, mais significatifs — partiellement du moins — de la société, dont elle tend à être le miroir. Moins révélatrice à cet égard que la comédie italienne du Cinquecento, la comédie française de la Renaissance peut, en effet, se prêter néanmoins, dans le sillage de la tradition « molièresque » et de l'expérience brechtienne, à une lecture « engagée », lecture féconde, si elle tient compte de l'histoire, si elle sait se garder de la tentation des rapprochements artificiels et sans pertinence avec notre monde actuel et ses tensions.

Le temps était donc venu d'inscrire au programme des agrégations littéraires l'une de ces comédies enfin réhabilitées, après environ trois siècles d'oubli ou de dédain. Une comédie et, si possible, la meilleure. Le choix s'est naturellement porté sur Les Contens d'Odet de Turnèbe qu'à de rares exceptions près [16], les critiques les plus autorisés tiennent pour la plus réussie de la douzaine ou de la quinzaine de pièces comiques de cette époque — traductions ou œuvres originales — qui méritent vraiment l'intérêt. Dès 1862, Chasles [17] notait que la comédie de Turnèbe pouvait « à elle seule, marquer l'effort et le succès des bons esprits dans la voie des progrès des lettres et de notre langue ». Peu de temps après, Alphonse Royer [18] saluait dans Les Contens une pièce de valeur. Pareillement, Hatzfeld et Darmesteter [19] y louaient « la vivacité du style, l'élévation des idées, l'intrigue franchement comique ». Même Lanson [20] reconnaissait que, chez Turnèbe, la « franchise du style *dissimulait* le factice de ces arrangements de sujets étrangers ». Confirmant l'appréciation flatteuse de Rigal, Toldo [21] déclare, à son tour, que « les qualités éminentes de l'auteur font de sa comédie un petit chef-d'œuvre ». C'est là, aussi, l'opinion de Gustave Reynier [22] et celle de Lin-

---

14. Adaptation en trois actes, écrite en 1940, jouée en 1946 en Algérie, remaniée pour le Festival d'art dramatique d'Angers en 1953 et publiée, la même année, à Paris, chez Gallimard. Voir A. Camus, *Théâtre*, éd. Quilliot, Pléiade, 1963, pp. 443-519 et 1847-1850.

15. *L'Eugène* de Jodelle, par E. Balmas (Turin, 1955 et Paris, Gallimard, 1968) ; *Les Contens* de Turnèbe, par Norman B. Spector (Paris, Didier, 1961). *Les Corrivaus* de Jean de La Taille, par Denis L. Drysdall (Paris, Didier, 1974) ; *Le Brave*, de J.A. de Baïf, par Simone Maser (Genève, Droz, 1979) ; *La Trésorière* et *Les Esbahis* de Grévin par Elisabeth Lapeyre (Paris, H. Champion, 1980).

16. Ainsi, Sainte-Beuve, dans son *Tableau* [XCIX], qui place Turnèbe en dessous de Larivey, tenu lui-même pour peu génial ; Louis Moland (*Molière et la comédie italienne*, 1967), rempli de préventions contre tous les devanciers de Molière, et Kawczyński [CXXII] qui tient *Les Esbahis, L'Eugène* et *La Reconnue* pour des pièces supérieures aux *Contens*.

17. [LXI], p. 137.

18. *Histoire universelle du théâtre*, Paris, A. Franck, t. II, (1869), p. 110.

19. *Le Seizième siècle*, Paris, Delagrave, 1878 ; éd. de 1893, p. 181.

20. [*Op. cit.*], p. 509.

21. [CXXIX], p. 572.

22. *Les origines du roman réaliste*, 1912 [CXXVI], p. 311.

tilhac [23], pour qui la pièce « n'est rien moins que le chef-d'œuvre de la comédie française entre le *Pathelin* et *Mélite* ». E. Balmas n'est pas d'un avis différent qui écrit, à propos de l'œuvre de Turnèbe : « La definizione che da tempo l'accompagna di *migliore commedia del Cinquecento* trova la sua giustificazione nell'eccellente equilibrio tra imitazione e originalità di ispirazione che sembra aver presieduto alla sua composizione ... La finezza, il garbo, la penetrazione con cui sono rappresentate o suggerite le situazioni sceniche, con cui è suggerita la *filosofia* dello autore e il senso che egli attribuisce alla storia che racconta, richiamano l'esempio di Belleau ; ma l'arte e lo stile di Turnèbe sono ancho più ricchi e forti » [24]. De son côté, Brian Jeffery confie, dans l'Introduction à son livre : « My own respect for *L'Eugène* and *Les Contents,* for example, has gone up considerably in writing this study » [25]. Enfin, Raymond Lebègue, expert averti et exigeant, ne cache pas sa préférence pour la pièce de Turnèbe, qu'il qualifie, lui aussi, de « chef-d'œuvre » : « J'accorde une place d'honneur aux *Contens* de Turnèbe, chef-d'œuvre de la comédie française de la Renaissance » [26].

C'est cette pièce — peu connue, en vérité, du grand public — que nous nous proposons d'étudier, en mettant à profit, entre autres, les travaux estimables de G. Cavalucci [27], de Marina Nickerson Eaton [28] et l'introduction nourrie que Norman G. Spector [29] a donnée à son édition, qui sera notre texte de référence.

Nous faisons précéder cette étude sur les *Contens* d'une rapide situation du théâtre comique en France, du Moyen Age à la dernière décennie du XVIème siècle : panorama des anciens genres comiques et de la nouvelle comédie, avec ses conventions et ses réalisations. Vue « cavalière », qui ne vise — on s'en doute — nullement à l'originalité ; tout au plus à l'utilité et, s'il se peut, à l'exactitude. Au lecteur de juger s'il aura trouvé quelque profit à notre entreprise.

---

23. [XXXII], pp. 375-376.
24. [LI] p. 61-62.
25. [LXXVI] p. 5.
26. [XXVI] Préface, p. 7.
27. *Odet de Turnèbe,* Naples, Pironti ; Paris, Margraff, 1942 [CXIX]. Nous remercions Monsieur Balmas de nous avoir procuré un exemplaire de ce livret qui n'a pas dû être mis dans le commerce. Deux parties : *Vie d'Odet de Turnèbe,* pp. 1-44 ; « *Les Contents* », pp. 45-105.
28. *Les « Contents » of Odet de Turnèbe : a critical study,* 1973 [CXX]. Notre gratitude va à Monsieur Marcel Tetel qui nous a fait parvenir une copie Xerox de ce travail.
29. *Odet de Turnèbe. Les Contents,* [CXXVIII], 1983.

Représentation d'une farce vers 1540.
(Ms. 126, Bibliothèque Municipale de Cambrai).

CHAPITRE PREMIER

LE THÉATRE COMIQUE, EN FRANCE, AVANT TURNÈBE

I – LES ANCIENS GENRES COMIQUES

Le Moyen Age – on le sait – n'a pas ignoré le genre comique. Sans doute, l'expression ne s'applique-t-elle pas exactement à ces *Comediae* en vers latins, inspirées de Plaute et de Térence, que les clercs du XIIIème siècle destinaient aux élèves des écoles monacales et qui sont loin d'avoir toutes le caractère de compositions dramatiques [1]. Sans doute, aussi, le théâtre comique en France n'existe-t-il pas vraiment, en tant que phénomène indépendant, avant le dernier quart du treizième siècle. Reste, cependant, que, très tôt, des éléments comiques s'insinuent dans des pièces sérieuses, voire religieuses. Ainsi, vers 1200, dans le *Jeu de Saint Nicolas* [2] de Jean Bodel, le plus ancien miracle dramatisé de langue d'oïl, de farcesques scènes de taverne [3] introduisent – sans disparate véritable – des variations comiques dans la trame de la matière épique et de la matière hagiographique. Amusante scène de taverne [4], éga-

---

1. Elles ont été republiées par G. Cohen, *La « Comédie » latine en France au XII ème siècle*, [IX]. Citons, entre autres, *Geta, Aulularia, Alda* de Guillaume de Blois et l'anonyme *Pamphilus seu de Amore*, comédie à laquelle on rattache l'origine de notre mot *pamphlet*. Ce sont des pièces le plus souvent narratives, qui n'ont pas nécessairement été jouées, ce qui est heureux pour les enfants auxquels elles prétendaient s'adresser. Seul, le *De Babione* est entièrement composé de monologues et de dialogues. Il serait, sans doute, téméraire de vouloir établir une filiation entre ces pièces qui empruntent leurs thèmes et leurs personnages à la tradition comique romaine et le théâtre en français.

2. Voir l'édition d'Albert Henry, Presses Universitaires de Bruxelles, 1962.

3. Ainsi le tavernier y fait, vers 251 et suivants, l'article pour son auberge où l'on trouve « pain chaud et harengs chauds et vin d'Auxerre à plein tonneau », avec un bagout qui annonce celui du charlatan, dans le *Dit de l'Herberie,* monologue joyeux de Rutebeuf (vers 1270). Comiques, aussi, dans le *Jeu* de Saint Nicolas, le boniment de Raoulet qui crie « l'outrevin » (v. 658), les plaisanteries des voleurs et leurs répliques en argot, les injures du tavernier qui les chasse (v. 1315) et le gauchissement voulu de la matière épique sérieuse (voir A. Henry, *éd. citée,* Introduction, p. 23).

4. Pour laquelle l'auteur emprunte davantage au *Jeu de Saint Nicolas* et à l'anonyme jeu dramatique *Courtois d'Arras,* qu'aux réalités arrageoises. Dans le *Courtois d'Arras* – transposition contemporaine et picarde de la Parabole de l'Enfant prodigue – Courtois prend du bon temps dans une taverne avec deux filles.

lement, quelque soixante-dix ans plus tard, à la fin du *Jeu de la Feuillée* [5] d'Adam de la Halle, cette pièce énigmatique, point de rencontre entre une époque ambiguë et un homme tourmenté par ses propres contradictions, qui sut mêler, dans cette brillante revue, sarcasmes satiriques et gracieux épisode de féérie, et qui eut le génie de transposer sur scène le genre des *Congés* et de le faire passer, parodiquement, du registre tragique à ce que l'on est tenté d'appeler, déjà, la comédie. Le XIVème siècle, lui, n'est assurément pas l'âge d'or du théâtre comique au Moyen Age. Pareil honneur devait revenir au siècle suivant.

D'une part, les éléments comiques tendent à se développer dans les miracles antérieurs [6] et dans les mystères [7]. Ils viennent, tantôt, des données religieuses elles-mêmes : le fatiste prend plaisir, par exemple, à évoquer la vie dissipée de l'Enfant prodigue au milieu des filles de joie, qui, ailleurs, s'efforcent de séduire saint Christophe [8]. Tantôt, ils sont empruntés au registre profane de la vie quotidienne : sont, ainsi, insérées pour faire rire, pour détendre les esprits, dans des pièces religieuses, des scènes peu édifiantes, venues directement, semble-t-il, des farces contemporaines, avec leurs querelles conjugales, leurs présentations de la vie de famille vue à travers les lunettes déformantes de la malice et du goût pour la grivoiserie [9]. Comique épisodique, certes, mais appelé à la plus grande fortune. D'autre part, se constituent alors, dans les grandes villes, des « confréries joyeuses » [10], groupements d'amateurs, qui se produisent sur le *hourd* des mystères ou sur des tréteaux en plein air, pour donner des spectacles comiques, à l'occasion des fêtes traditionnelles : *Conards* (ou Cornards) de Normandie ; *Infanterie dijonnaise et Mère-Folle* ; clercs *Basochiens* du Palais ; *Enfants ou Galants sans Souci*, compagnons du *Prince des sots* et de *Mère Sotte*.

---

5. Voir l'édition de Jean Dufournet, Ed. scientifiques Story, Gand, 1977. Il n'est bien sûr, pas question d'entrer, ici, dans la forêt des interprétations diverses de ce *Jeu de la Feuillée*.

6. Le miracle (fin du XIIIème siècle et XIVème siècle) est un drame qui fait appel à l'intervention du Ciel et particulièrement de la Vierge Marie, pour sauver quelqu'un d'une situation désespérée, voire perdue. Tel, le *Miracle de Théophile* (circa 1260), inspiré des miracles de Notre-Dame narratifs (venus eux-mêmes de collections latines des XIème et XIIème siècles). Les épisodes scabreux, offrant prise au rire, n'y manquaient pas. Ainsi, lorsqu'une religieuse enceinte implorait le secours de Marie.

7. Le mystère (XVème siècle) est un poème cyclique, souvent très long (49 386 vers pour le *Mystère du Vieux Testament*, joué à Paris vers 1500) qui se propose de raconter, en images scéniques, la vie du Christ ou d'un personnage emprunté à la Bible ou à l'hagiographie. Comme le note R. Lebègue, les épisodes plaisants et bouffons y sont liés à certains personnages : diables devenus grotesques, quand ils sont rossés par les anges ; messagers souvent portés sur le vin ; paysans niais ; mendiants et aveugles toujours ridicules.

8. Sur le comique dans les mystères et les miracles, voir R. Lebègue [XXVI] pp. 11-13.

9. Sur ces « éléments de diversion », voir, entre autres, M. Lazard [LXXXIII], pp. 19-21.

10. Elles ont été recensées et étudiées par L. Petit de Julleville, *Histoire du théâtre en France. Les Comédiens au Moyen Age*, Paris, Cerf, 1885.

Ces comédiens, bientôt renforcés par d'autres acteurs d'occasion, comme les écoliers des collèges et des universités, puis assez vraisemblablement, par des farceurs et badins professionnels, multiplient les représentations, donnant divers types, plus ou moins élaborés, de productions comiques. Ici, ce n'est qu'une petite pièce d'actualité. Une femme de la ville a t-elle été battue par son mari ? L'histoire est mise en scène, dans le simple but de faire rire le public de cette mésaventure conjugale [11]. Parfois, c'est une moralité facétieuse [12], qui n'hésite pas à recourir aux personnages et aux thèmes de la farce ; ainsi la *Moralité de l'Aveugle et du Boiteux*. En d'autres circonstances, c'est un monologue dramatique, qui, dans une intention bouffonne ou satirique, s'inspire des boniments des charlatans. Nous avons alors, s'agissant du soldat fanfaron, le célèbre *Franc Archier de Baignollet* (1480), ou, pour le valet vantard, *Watelet de tous mestiers ;* à moins que ce ne soit une variante de ce monologue comique, le parodique sermon joyeux, composé sur des saints imaginaires, aux noms plaisamment évocateurs : *Sermon de Saint Raisin, Sermon joyeux de M. Saint Hareng, glorieux martyr et comment il fut pesché en la mer et porté à Dieppe ; Sermon joyeux de la vie de Saint Oignon* (qui fait pleurer !), *comment Nabuzarden, le maistre cuisinier, le feist martyrer, avec les miracles qu'il fait chaque jour.*

Plus que le sermon joyeux (qui se pratique de 1450 à 1520 environ), le monologue proprement dit connaissait un grand succès. Avec lui se trouvaient, en effet, créés des types comiques que, par désir de renouvellement, l'on voulut, sans doute très vite, mettre en action : en passant du monologue au dialogue. Certes, plusieurs de ces dialogues, comme ceux de *Gautier et de Martin* et des *Deux Francs-archers qui vont à Naples* (datant, l'un et l'autre, des vingt dernières années du XVème siècle) restent dépourvus de toute action, mais, dans le *Dialogue de Messieurs de Mallepaye et de Baillevent* (ancien, pourtant, puisqu'il a été écrit vers 1477, et longtemps attribué à Villon), la présentation dialoguée, caractérisée par le « staccato-style » [13], cesse d'être un simple procédé : par la vivacité, par la virtuosité verbale, l'auteur sait traduire l'évolution psychologique, qui donne à la pièce toute sa valeur dramatique.

Faut-il, avec J.C. Aubailly [14], voir dans ce dialogue « une étape importante de l'évolution qui conduit le théâtre de création populaire,

---

11. De là nous vient l'expression : « Vous serez joué en farce ». La tradition de ces pièces d'actualité durera longtemps. Ainsi J. Grévin, dans *La Trésorière*, représentera « les amours / et la finesse coustumiere d'une gentille Tresoriere / dont le mestier est descouvert / non loing de la Place Maubert », et il mettra en scène un protonotaire de *son* Université.

12. Avec ses abstractions personnifiées et sa volonté moralisatrice, la moralité, dont la plus connue est la *Condamnation de Banquet* de Nicolas de La Chesnaye, peut se rattacher au théâtre religieux, mais les éléments comiques n'y manquaient pas et certaines de ces moralités méritent d'être appelées moralités facétieuses.

13. L'expression est de Ian Mawxell [XXXIII]. Elle désigne l'utilisation, au niveau de détail, des procédés de fractionnement du monologue, avec la recherche d'un effet vivant de progression en dents de scie.

14. [I] p. 200.

du monologue à la farce et à la sottie » ? La question peut se discuter, car ces différents genres coexistent à la même époque. Il est, cependant, certain qu'avec l'introduction du dialogue, de jeu populaire qu'il était, nécessitant la participation du public, le théâtre comique devient un art, et suivant les progrès d'une vie et d'une civilisation urbaines, gagne en technicité, en valeur dramatique, favorisant, ainsi, les plus belles réussites de la sottie et de la farce.

La sottie est essentiellement une pièce jouée par une compagnie ou une confrérie de « sots » [15], personnages vêtus symboliquement de vert et de jaune, qui peuvent porter une marotte et dont la calvitie est dissimulée par un chaperon à oreilles d'âne. Fondée sur des effets de langage où l'on a cru parfois pouvoir déceler des références à un code homosexuel carnavalesque», marquée de « traces de fatrasie », proche, parfois, de la parade de clowns (c'est le cas de la *Sottie des Menus propos*, 1461), la sottie, variété du genre satirique, se nourrit volontiers des scandales de l'actualité, qu'elle dénonce et démasque de toute la force de contestation développée par la libre et cocasse folie [16] de ses propos. Elle peut, aussi, se faire moralisante, comme la *Sottie des Sots qui corrigent le Magnificat* (avant 1488) ou devenir politique : ainsi, du *Jeu du Prince des Sots* de Pierre Gringore [17], dirigée, en 1512, contre le belliqueux pape Jules II, émule de Jules César plus que de Jésus-Christ.

Divertissement comique, volontiers graveleux, la farce, elle, ne se propose ni d'édifier, comme la moralité, ni de fustiger, comme le fait d'ordinaire la sottie, dont la farce, en réalité, ne se distingue pas toujours très nettement [18]. Du *Garçon et l'Aveugle*, le plus ancien représentant du genre (1266 ou 1282) à *Maistre Pathelin*, chef-d'œuvre du XVème siècle, la farce est le genre — largement imprimé et vendu, à Paris, à Lyon, à Rouen [19] — le plus vivant au Moyen Age ; c'est celui dont la vogue fut la plus durable (de 1460 à 1560 environ, avec une courbe nettement ascendante entre 1520 et 1550) et se prolongea jusqu'à la fin du XVIIIème siècle ; celui que nous connaissons le mieux, puisque la moitié — ou presque — (environ 150 ou 200 œuvrettes dont

---

15. « Sots » et « fous » n'appartiennent, cependant, pas en propre à la sottie. Il est des fous dans les épisodes comiques des mystères, dans les moralités, dans certaines farces conjugales. Pour ce qui est de leurs parents, les fous de cours, voir M. Lever, Le *sceptre* et la *marotte. Histoire des fous de cours*. Paris, Fayard, 1983.

16. Les sots continuaient la tradition des célébrants de la fête grotesque des Fous, marquée, auparavant, à l'Épiphanie, dans les églises et longtemps tolérée comme la légitime expression de l'esprit frondeur et railleur des clercs. A l'ineptie du monde existant, la sottie oppose un monde « sage », peuplé de fous.

17. Gringore faisait partie des Compagnons du Prince des Sots, comme plus tard Marot et le farceur Jean du Pont-Alais.

18. Sur la confusion habituelle des genres à l'époque, entretenue par la « nonchalance » avec laquelle les auteurs accolaient à leurs œuvres telle ou telle étiquette, voir H. Lewicka, *Études sur l'ancienne farce française*, Paris, Klincksieck, 1974, p.9. E. Droz, *Le Recueil Trepperel*, t. I, *Les Sotties*, p. LXVIII, conteste même la pertinence de toute distinction textuelle entre la farce et la sottie.

19. Voir Nathalie Z. Davis, *Society and Culture in Early Modern France*, Stanford U.P., 1975, p. 200.

les trois-quarts imprimées dans le format agenda bien adapté aux boîtes de colporteurs) des pièces conservées [20] du théâtre comique médiéval mérite par son sujet, par sa forme, par son caractère dramatique, le nom de farces.

Peu importe ici que, par ses origines [21], le mot ait désigné une pièce que l'on introduit à l'intérieur d'un ensemble dramatique ou une pièce farcie de jargons [22] (latin estropié, picard, normand, etc.) et qu'ensuite seulement il implique une idée plaisante [23]. Ce qui compte dans la farce, œuvre de dimension restreinte [24] écrite en fonction de son personnage principal, le badin, et composée presque toujours en octosyllabes, ne comportant pas d'imbroglio, dont l'argument se réduit, le plus souvent, à une « finesse » [25], où les personnages sont caractérisés «non par leur vice ou leur travers essentiel, mais par leur métier ou leur situation conjugale, ou les deux » [26], c'est la volonté manifeste de faire rire dans un théâtre qui est, avant tout, théâtre d'action, d'action

---

20. Beaucoup de farces ne nous sont pas parvenues. Cf. Du Verdier, *Bibl. françoise,* « On ne sauroit dire les farces qui ont esté composées et imprimées, si grand en est le nombre. Car au temps passé, chascun se mesloit d'en faire », cité par L. Petit De Julleville, *La comédie et les mœurs en France au Moyen Age,* Paris, Cerf, 1886, pp. 55-56.

21. *Farce* vient du bas latin *farsa,* participe passé féminin de *farcire,* farcir. C'est ainsi que le mot a pu s'appliquer à une pièce glissée dans une représentation plus large. Dans l'ordre du spectacle, elle venait, d'ordinaire, après la sottie (lever de rideau), le sermon joyeux, la moralité ; le tout, avec la farce finale, constituant une sorte d'intermède plaisant à la représentation du mystère. D'une façon générale, pour une étude de la farce, on aura intérêt à se reporter au livre de Barbara Bowen, *Les caractéristiques essentielles de la farce française et leur survivance dans les années 1550-1620* [III], un peu trop restrictif, cependant, en ce qui concerne le répertoire des farces.

22. Sur l'emploi des dialectes, voir H. Lewicka, [XXXI], p. 57-66. Dans *Pathelin,* Maître Pierre délire en « divers langaiges » : picard, lorrain, limousin et normand, breton et hollandais (?).

23. O. Jodogne, « La farce et les plus anciennes farces françaises », *Mélanges Lebègue,* Paris, Nizet, 1969, pp. 12 et 13, a bien montré la dualité sémantique du mot. Bernadette Rey-Flaud, *La théorie d'un genre dramatique : la farce de 1450 à 1550,* thèse Univ. Montpellier, 1982, rattache — avec raison — *farce* à « ruse, bon tour ».

24. Pas plus de cinq cents vers, selon un *Art et science de rhetorique metrifiée* de 1539. La durée de la représentation, quand les pièces ont pu être jouées, va de dix à quarante minutes environ, la plupart de ces farces ne dépassant pas quatre cents vers. Les seize cents vers de *Pathelin* sont une exception tout à fait notable.

25. C'est-à-dire un plaisant tour (c'est un sens attesté de *farce,* dès 1350), une astucieuse friponnerie. Finesse, parfois annulée par une contrefinesse ou compliquée par une péripétie, comme dans *Le Cuvier* où la femme (v. 200) « chet en la cuve ». Voir André Tissier, *La farce en France de 1450 à 1500,* Paris, SEDES, 1976, p. 72 et l'édition du *Cuvier* de Michel Rousse [XLII]. Dans *Pathelin,* l'auteur a su habilement lier deux intrigues indépendantes.

26. Voir R. Lebègue [XXVI] p. 29, à qui nous empruntons la plus grande partie de ce développement. Sur les types de la farce (maris ridicules, femmes infidèles, membres indignes du bas clergé, gens d'armes, marchands, savetiers, etc.), on pourra lire J. Hankiss, « Essai sur la farce », *Rev. de Philologie française et de littérature,* Paris, Champion, t. XXXVI, 1924, pp. 20-40 et pp. 129-143 ; et B. Bowen [III] pp. 48-56, qui présente une étude un peu générale, mais fort utile.

comique et animée, sans aucun autre souci moralisateur [27] que de faire référence à « la banale morale utilitaire », par le recours fréquent aux proverbes, aux expressions idiomatiques, aux « clichés ».

Le comique de la farce — qui, pourtant, n'était pas un divertissement exclusivement populaire [28] — n'est pas toujours des meilleurs, à notre goût du moins, mais il est des plus variés. Et il serait injuste de ne pas reconnaître, désormais, à la farce sa pleine dignité de genre littéraire autonome. Sans doute y a-t-il farce et farce. Toutes ne méritent pas les applaudissements, mais le *Cuvier* vaut assurément par son originalité et *Pathelin* nous fait, de l'avis général, atteindre aux sommets de l'art.

Ce qui ne nous autorise pas pour autant à parler sans nuance d'une « filiation directe » entre la farce et la comédie régulière du XVIème siècle. Certains thèmes de la farce et ses procédés stylistiques, surtout, ont laissé des empreintes indiscutables. Mais son influence, tantôt massive, tantôt discrète, souvent mêlée à celles de Rabelais, de la comédie latine, de la comédie italienne, s'est exercée de façon discontinue, au « coup par coup », dans des proportions variables suivant les pièces. C'est ce que nous allons constater en passant rapidement en revue les principales comédies de la Renaissance, dans les quelque trente années où la nouvelle comédie se cherche, entre les deux courants de la comédie à l'antique et de la comédie à l'italienne. Nous y verrons que la farce, toujours vivante, même lorsque l'on veut l'ignorer, qu'on la méprise, rapprochera ces deux courants en se mêlant à l'un et à l'autre. Elle va « pénétrer de couleur et de vie modernes les adaptations que les poètes humanistes feront de la comédie antique » ; elle va ajouter aux imitations qu'ils feront de la *commedia dell'arte* une note plus relevée, celle du comique de caractère [29] qui, dans la farce, a sa place, à côté du comique de situation, du comique de gestes et du comique de mots, volontiers scatologique et de registre sexuel [30].

II — A L'AUBE DE LA COMÉDIE FRANÇAISE DE LA RENAISSANCE

Haro sur la farce « badine ».

Au début du XVIème siècle, farces et comédies sont d'ailleurs souvent confondues : on appelle *comediae* de véritables farces ; un manuscrit de *Pathelin* (B.N. français 25467) porte le mention *comedie* et, en revanche, l'*Amphitryon* de Plaute est traduit, vers 1503, sous le nom de

---

27. Pas de morale, non plus, dans les fabliaux, dont les intrigues ressemblent souvent à celles des farces.
28. Ainsi le farceur Jean du Pont-Alais est fort apprécié par François Ier. La farcesque action du *Pourpoint rétréci* fut — on le sait — applaudie à Rambouillet. Et c'est sur sa demande que l'on joue, devant le roi René, l'obscène *Farce du Pet*.
29. D'après E. Decahors, *Histoire de la littérature française*, Paris, Ed. de l'École, 1962, t. II, p. 386.
30. Voir Barbara Bowen, « Metaphorical Obscenity in French Farce 1460-1560 », *Comparative Drama*, XI, 1977-1978, pp. 331-344.

« farse » [31]. Mais rapidement, on affiche le plus grand dédain pour la farce — entendue au sens de pièce grossière [32] — à laquelle, seul, Thomas Sebillet, consent à consacrer, dans son *Art poetique,* quelques lignes qui ne sont pas de pur rejet : il relève que « la farce retient peu ou rien de la comedie latine ... que son « vray sujet » (comme celui de la sottie, à laquelle — à tort — il assimile la farce) « sont badineries, nigauderies, et toutes sotties esmouvantes à ris et plaisir » (livre II, ch. 8). A côté de ces constatations neutres d'un auteur qui n'est pas dramaturge, c'est — à la vérité — contre la farce (*Pathelin* excepté) un tollé général. Pour Peletier, dans son *Art poetique* (éd. Boulanger, p. 108), nous n'avons pas de vraies comédies « mais bien force moralitez et teles sortes de jeuz : auquez le nom de comedie n'ét pas dû ». Charles Estienne, dans la préface à sa comédie *Les Abusez* (1548), parle bien de «nos comedies», c'est-à-dire de nos farces, mais c'est pour noter aussitôt que ne s'y « trouve sens, rithme ne raison, seulement des paroles ridicules, avecq' quelque badinage, sans autre invention ne conclusion ». Du Bellay, de son côté, déplore que la farce ait « usurpé » « l'ancienne dignité » de la comédie. A partir de Jodelle, « nos farceurs » sont cloués au pilori par tous les auteurs qui veulent, dans la condamnation du « plus bas populaire » et par la restauration du théâtre classique (dont les représentations — assez rares, en France, en vérité — ont commencé dans les collèges vers 1500-1520), promouvoir la grande comédie qu'attend la France de la Renaissance des Lettres.

La comédie néo-latine, en France et aux Pays-Bas.

Restauration du théâtre classique, avec comme modèles, non pas des comiques grecs (l'influence du trop grossier Aristophane au XVIème siècle est des plus restreintes) [33] mais bien ce Plaute (254-184 ? avant

31. In *Oeuvre novelle,* Bibl. Sainte Geneviève, Paris, OE, XV, 325 (3). Voir R. Lebègue [LXXXIV] p. 325. Cet imprimé a appartenu vers 1565 au Duc Philippe III de Croy, puis, plus tard, à Charles-Maurice Letellier, archevêque de Reims. Un autre exemplaire, non signalé par R. Lebègue, se trouve à la Bibliothèque Royale Albert Ier de Bruxelles [A. 1503, Rés. Précieuse]. Ce livre, vraisemblablement de la même édition que l'ouvrage conservé à Sainte-Geneviève, a été décrit dans Nijhoff et Kronenberg, *Nederlandsche Bibliographie van 1500 tot 1540,* La Haye, 1923, n° 117. Exposé en 1973, il figure dans le *Tentoonstelling Catalogue* intitulé *Tentoonstelling Dirk Martens,* n° 177. Une copie manuscrite de ces imprimés, avec « variantes » venues des « Corrections » proposées par l'auteur, est conservée à la Bibl. Nat. de Paris. Nous aurons bientôt une édition critique de la *Farse d'Amphitryon* grâce aux soins de Jean-Nöel Griesbeck, que nous remercions ici de son aide.
32. Qui n'est pas l'acception retenue par Marguerite de Navarre dans les pièces « évangéliques » de son *Théâtre profane.* Pour la reine, la farce, comme le note V.L. Saulnier (éd. du *Théâtre profane,* Genève, Droz, 1946, p. 4) est « un divertissement dialogué et travesti, avec tendance satirique ».
33. On songe ici au *Plutus* dont le fragment traduit qui nous est parvenu est parfois — sans preuve décisive — attribué à Ronsard et à la *Nephelococugie* (1579) de Pierre Le Loyer, sur lequel on consultera W.L. Wiley, *Pierre Le Loyer,* Univ. Caroline du Nord, 1941 et R. Garapon, « La place de ... la Neph ... dans notre histoire dramatique du XVIème siècle », *La Poésie angevine du XVIème siècle,* Angers, 1982, pp. 60-64. Ménandre lui-même, que Plutarque (*Moralia, Comparaison*) préférait de beaucoup au « sale » Aristophane, n'est, pour Jodelle, que le « vieil Menandre », auquel il ne demande pas « l'invention » de son *Eugène.*

J.-C.) et surtout ce Térence (185-159 ? avant J.-C.) dont les pièces étaient déjà jouées avec succès à Rome et en Allemagne. D'où le développement d'une comédie néo-latine, de sujet souvent religieux, qui prend à la comédie romaine sa structure, ses éléments bouffons. Ainsi, aux Pays-Bas, l'*Acolastus* (1529) de Gnapheus et l'*Asotus* de Macropedius, (pièce écrite en 1507, publiée en 1537) qui, s'inspirant l'un de Térence, l'autre de Plaute ... et des farces médiévales, reprennent la parabole biblique du fils prodigue évoquée dans la suite de leurs titres. Ainsi, en France, l'auteur inconnu de l'*Advocatus,* pièce farcesque représentée au Collège parisien du Mans en 1533 ; ainsi Claude Jamin, avec son *Marabeus* et son *Arcaiozelotipia* ; ainsi, encore, le régent parisien Calmus [34] et le régent bordelais Robert Breton ; ainsi, toujours, le célèbre Ravisius Textor [35] et ses *Dialogi aliquot,* joués, de 1500 à 1520, au Collège de Navarre.

A travers ces comédies néo-latines, à travers, aussi, les pièces à sujet tragique, contenant, comme le *Christus Xylonicus* (1531) du bénédictin Nicolas Barthélémy, des épisodes comiques empruntés à Plaute et à Térence, se marque la première influence — difficile à mesurer, mais moins importante, sans doute, qu'on le dit parfois — de la comédie romaine sur la renaissance de la comédie en France au XVIème siècle.

Commedia umanistica et Commedia erudita en Italie [36]

Décisive, en revanche, dans ce domaine de la transmission de l'héritage romain et de l'empreinte propre sur notre comédie renaissante, l'influence de la *Commedia erudita* ou *sostenuta,* qui fleurit en Italie, dans la première moitié du XVIème siècle. Cette *commedia erudita* — qui se veut l'héritière de la Comédie nouvelle des Anciens — porte, elle-même, la marque de sa filiation avec la *commedia umanistica* en latin qu'avaient, en une sorte de prélude, pratiquée, depuis plus d'un siècle, les Italiens : Pétrarque (*Philologia*), Vergerio (*Paulus*), Polenton (*Catinia*), Alberti (*Philodoxus*), Bruni (*Poliscena*), Pisani (*Philogenia*), Piccolomini (*Chrysis*) et bien d'autres, dont les auteurs anonymes de la *Commedia Bile* ou de la *Comoedia sine nomine* [37] ; sans oublier le ferrarais Tito Livio dei Frulovisi (1400-1456), auteur, à lui seul, de sept comédies, dont les *Claudi duo,* où l'introduction des dieux dans l'intrigue vient, sans doute, de l'*Amphitryon* de Plaute.

Dérivée de la *commedia umanistica,* la *commedia erudita* puise, aussi, très largement, dans les nouvelles italiennes (en particulier dans le

---

34. Sur Calmus, voir Quicherat, *Histoire du Collège Sainte-Barbe,* Paris, 1860, I, pp. 252-262 et R. Lebègue, *La tragédie religieuse en France,* Paris, Belles Lettres, 1929, pp. 145 et 149.

35. L'auteur de la célèbre *Officina partim historiis, partim poeticis referta disciplinis* (1520). Sur son théâtre latin, voir J. Vodoz, *Le théâtre latin de R.T.,* Winterthur, 1899 et M. Lazard [LXXXIII], p. 29.

36. Voir Douglas Radcliff-Umstead, *The birth of Modern Comedy in Renaissance Italy,* The Univ. of Chicago Press, 1969.

37. Parfois attribuée à Antonio Vignali, cette pièce présente une violente critique des excès de l'Inquisition.

Décaméron) [38], dont elle enferme la matière dans le moule en cinq actes de la comédie romaine, qu'elle suit, par ailleurs, dans son respect des unités de temps et de lieu. Cette *commedia erudita,* pièce à l'intrigue bien construite, écrite en langue vernaculaire, imitée de Plaute et de Térence, naît, en Italie, dans le milieu d'influence culturelle de Ferrare. Mantovano fait jouer, en 1503, sa pièce *Formicone,* inspirée de l'*Ane d'or* d'Apulée. L'Arioste donne *La Cassaria,* à Ferrare, en 1508 ; ensuite, *I Suppositi,* comédie qui sera représentée en 1509, puis, plus tard, en 1519, devant le pape Léon X, au Vatican ; enfin, *Il negromante* (en vers *sdruccioli,* hendécasyllabes non rimés, comme dans *La Cassaria*), donné au théâtre ducal de Ferrare pendant le carnaval de 1528, après *La Lena* [39], pièce écrite pour les amateurs d'un genre de comédie nouvelle et favorables aux *fogge moderne* [40]. Avec Nardi, avec Machiavel surtout (*La Mandragola ; La Clizia*) [39], c'est le théâtre comique florentin et, derrière lui, la comédie italienne tout entière qui atteignent leur plus haut point de développement intellectuel et artistique. Un peu auparavant, Bibbiena avait, avec sa *Calandria,* offert à la cour d'Urbino le « clou » des spectacles produits au cours du carnaval de 1513. A l'époque même (1525) où Machiavel faisait jouer *La Clizia,* l'antitraditionaliste L'Arétin écrivait le premier état de sa *Cortigiana,* que devaient suivre *Il Marescalco* (1526), *Lo Ipocrito* et *La Talanta* (1542) puis *Il Filosofo* (1546). En même temps, se trouvait fondée, à Sienne, l'Académie des Intronati, dont les membres mirent en scène, en 1531, *Gl' Ingannati,* comédie parfois attribuée à Lodovico Castelvetro, mais, plus vraisemblablement, fruit, comme l'*Ortensio,* de la collaboration des Intronati. L'un des participants à cette entreprise collective fut, peut-être Alessandro Piccolomini, à qui nous devons l'*Amor costante* (1536), « comédie romantique sérieuse », composée pour la visite officielle de Charles-Quint à Sienne et l'*Alessandro* (vers 1544) qui, sans avoir le retentissement international de l'*Amor costante,* put, nous le verrons, donner à Odet de Turnèbe l'inspiration première de ses *Contens.*

Une telle floraison d'œuvres porteuses d'un nouveau plaisir théâtral, produites par des écrivains du premier rayon, comme l'Arioste, l'Arétin, Machiavel, ne pouvait manquer d'attirer les dramaturges français soucieux de rivaliser avec ces « bons auteurs italiens » et de créer, à leur exemple, une authentique comédie nationale. Après 1560, elle les attira effectivement (Larivey en fournit une preuve massive), mais sans que l'influence de cette *commedia erudita* — et, à travers elle, celle de l'antique comédie romaine — conduise les premiers auteurs des comédies françaises à renier — dans la pratique du moins,— l'héritage des genres comiques du Moyen Age (comme la farce), décriés certes, mais toujours survivants.

---

38. Le rapprochement a été fait aussi entre les *Prologues* de Boccace et ceux des comédies italiennes.

39. La dernière comédie de l'Arioste, *I Studenti,* est inachevée.

40. Pièces publiées par L. Russo, Florence, Sansoni, 1943. On discute sur la date de composition de *La Mandragola,* 1504 ?, 1512 ?, plutôt 1518. *La Clizia,* reprise de la *Casina* de Plaute, fut représentée, pour la première fois, le 13 janvier 1525.

III – LA COMÉDIE FRANÇAISE RÉGULIERE (1552-1584)

La génération de la Pléiade

Jodelle est le premier en date de nos auteurs comiques réguliers. Son *Eugène* [41] joué en septembre 1552 et présenté par lui comme le symbole — qui ne fut pas reconnu — de la comédie renouvelée et restaurée dans sa pleine dignité, porte la marque de la farce et de la comédie térentienne. La pièce — assez pessimiste, au total — relève du monde de la farce par la situation immorale dans laquelle se trouvent placés les personnages ; Guillaume, le mari benêt, n'est que la « couverture tranquille », à qui « les cornes ... séent fort bien », des amours coupables que sa femme, la perfide et habile Alix, pratique avec l'égoïste et épicurien abbé Eugène et avec le fanfaron Florimond ; par la satire qui, à travers la dénonciation du comportement d'Eugène, est faite d'un clergé paillard et vénal ; par l'emploi de l'octosyllabe, vers habituel de la farce, avec rimes plates et sans alternance. A Térence, Jodelle doit la division en cinq actes, la répartition de ces actes en scènes, le respect de l'unité de temps ; le nombre de personnages (neuf), plus élevé que dans les farces ; le côté sérieux et « contestant » de certaines tirades, comme celle d'Arnault à l'acte II, 3 ; le souci d'une psychologie qui se veut exacte dans la peinture du mari et de la femme et dans la présentation délicate du personnage d'Hélène.

A ne considérer que le thème principal, on peut, avec Pierre Voltz, tenir *L'Eugène* pour une pièce qui n'est souvent qu'une farce étirée, mais, à prendre en compte les autres éléments d'appréciation, formels et plus profonds, il faut reconnaître avec E. Balmas — pour qui Eugène n'est pas seulement l'abbé des farces — qu'« il serait injuste de faire tout simplement de la pièce une farce affublée à l'antique » [42]. Aussi injuste d'affirmer, après Marty-Laveaux, que Jodelle, même s'il conduit parfois sa pièce assez gauchement de monologue en monologue, n'y fait pas preuve du « moindre talent de composition » [43]. Mais, de là à placer l'*Eugène* au tout-premier rang des comédies de la Renaissance, il y a un grand pas que nous interdit de franchir le statut du compromis de cette pièce de transition, écrite — a t-on dit — en quatre jours [44] et difficilement lisible à cause de ses vers trop courts et maniés trop maladroitement.

La peinture des mœurs, les allusions à l'actualité rendaient la société contemporaine bien présente dans *L'Eugène*. Elle l'est aussi dans *La Trésorière* du protestant Grévin (1558), qui porte sur la scène les

---

41. Sur cette pièce, voir Tilde Sankovitch, *Jodelle et la création du masque. Étude structurale et normative de « L'Eugène »*, York, South Carolina French Literature Publications Company, 1979.
42. Édition de l'*Eugène,* Milan, 1955, p. 16.
43. *Oeuvres et meslanges poétiques d'Estienne Jodelle*, Paris, 1868, I, p. 311.
44. J.V. Alter, *Les origines de la satire antibourgeoise en France*, Genève, Droz, 1966, p. 185, cité par E. Lapeyre, éd. de deux *Comédies* de Grévin, Paris, Champion, 1980, p. XXXIV.

amours — passablement compliquées — de l'inconstante et cupide Constance, la femme d'un trésorier complaisant de la place Maubert avec un protonotaire de l'Université de Paris. Si elle ressemble à *L'Eugène*—avec laquelle elle prétend, sans doute, rivaliser — la pièce de Grévin n'en est pas, comme le voulait Émile Chasles [45], un plagiat manifeste. Certes, dans les deux comédies, situations et personnages (un mari stupide une épouse infidèle au parler « emmielant », un *tertius gaudens* plus ou moins d'Église) appartiennent-ils, comme dans la farce, au registre du quotidien ou, pour reprendre une expression de *L'Eugène*, sont-ils « tels qu'on les voit entre nous ». Certes, de la farce, *La Trésorière* se rapproche, encore, par certains traits de style. Cependant, en écrivant l'*Avant-Jeu* qu'il place en tête de sa pièce et dans lequel il rejette catégoriquement le « badinage inutile » des farceurs « prisés par la populace », Grévin commence à se situer dans la lignée favorable à l'antiquité des auteurs italiens de la *commedia erudita*. Nous éloigne, enfin, franchement, de la farce, l'expression dans cette comédie, dont aucun personnage n'attire la sympathie [46], d'une volonté, pour ainsi dire destructrice, de l'auteur de donner de la réalité une vision déformée, paradoxale, vision qui conduit à un jugement sévère sur un monde immoral et incroyablement absurde. On rit, mais c'est d'un rire « acide », non farcesque, dans cette pièce qu'Enea Balmas qualifie de « grinçante » [47] et dans laquelle se retrouve, en effet, plus d'un thème de la satire morale, telle qu'elle se développe en France, à la fin du XVème siècle et au début du XVIème siècle, avec les Grands Rhétoriqueurs.

Grinçante, aurait pu l'être, aussi, *La Reconnue* de Rémi Belleau. Postérieure de peu aux *Esbahis* de Grévin, sur lesquels nous reviendrons ensuite. Cette pièce — la seule de Belleau — a été composée vers 1562-1563 (cf. les allusions au sac de Poitiers et à la prise du Havre) et elle fut publiée seulement en 1577/78, après la mort de l'auteur, parce que celui-ci avait sans doute jugé préférable de garder dans ses tiroirs cette comédie où se développe une critique du catholicisme orthodoxe. Le thème, emprunté à la *Casina* de Plaute, vient bien de l'Antiquité, mais la pièce tient toujours de la farce (c'est une « farce musicale », selon G.E. Duckworth) [48] : par sa versification ; par le traitement ridicule des visées — qui s'achèvent heureusement en déconfiture — du vieil avocat (à la fin « toût transi et toût esperdu ») sur la jeune Antoinette ; par l'évocation des mœurs corrompues d'un monde banal, bouleversé certes, par la tragédie des guerres civiles, mais surtout foncièrement cruel. Devant ce spectacle, pas de réelle indignation ici, comme c'était le cas dans *La Trésorière*, mais, ainsi que le relève Madeleine Lazard, une sorte de mélancolie soupirante. Atmosphère grise, que n'arrivent pas à dissiper totalement les savoureuses conversations de personnages capables de se parler avec naturel, les gauloiseries, les images équivoques qui assurent

---

45. [LXI], pp. 37 et 39.
46. Balmas [LI] p. 62.
47. *Ibid.*, p. 95.
48. *The Nature of Roman Comedy*. [LXIX] p. 165.

la part réelle du comique dans cette pièce bourgeoise qui regarde encore vers le passé, qui s'achève cependant, en comédie à l'italienne, par le triomphe des amours d'Antoinette et de l'Amoureux, au grand dam des doubles mais trop clairs desseins de Monsieur l'Avocat.

A partir de la deuxième comédie de Grévin, *Les Esbahis* (1561), l'influence de la *commedia erudita* tend d'ailleurs et, de façon de plus en plus nette, à se substituer à celle de la farce. Barbara Bowen a bien repéré ce que la pièce — toujours écrite en octosyllabes — doit encore à la farce, mais M. Kawczyński [49] a démontré, de son côté, qu'il existe des rapports étroits entre *Les Esbahis* et deux « commedie erudite » : *Gl' Ingannati* et l'*Alessandro* de Piccolomini. Et, de fait, *Les Esbahis* (dont la forme s'inspire — à travers l'Italie — de la comédie antique) suivent, dans leur intrigue (plus nourrie, plus compliquée que celles de l'*Eugène* et de *La Trésorière*), dans le choix des personnages (les amoureux, le père avare, deux entremetteuses, le serviteur déluré et le valet niais, le « brave » et vantard « Messere » Panthaleone), dans le jeu des quiproquos, des déguisements et des ruses, l'essentiel des caractéristiques de la comédie italienne. Influence diffuse encore, mais bien réelle, qui ne s'exerçait pas dans *L'Eugène* de Jodelle, qui se faisait sentir dans l'*Avant-Jeu* de *La Trésorière,* qui va se retrouver, avec plus de netteté encore, dans *Les Corrivaus* de Jean de La Taille.

Avec cette pièce achevée en 1562, nous avons affaire à une indéniable imitation de l'Italie, qui nous vaut — assez paradoxalement — notre première comédie originale écrite en prose, nouvel apport, au niveau de la forme, de la *commedia erudita*. La pièce, qui doit moins au *Viluppo* de Parabosco et aux *I due felici Rivali* de Nardi, qu'aux versions françaises de *Gl' Ingannati* et des *Suppositi* de l'Arioste, se fonde, pour le gros, sur le cinquième conte de la cinquième journée du *Décaméron* [50] de Boccace, traduit par Antoine Le Maçon. C'est là, en effet, que l'on trouve « non seulement l'essentiel de l'intrigue de La Taille, mais bon nombre de détails qui ne paraissent pas dans les adaptations italiennes » [51]. Très peu de farce donc, dans cette comédie, « l'une des meilleures du siècle par sa langue » [52] cette langue qui, seule, peut ici nous rappeler effectivement la farce. Intrigue et personnages sont véritablement italiens, mais Grévin sait — de façon originale — conduire son action avec un évident souci de simplicité, de vraisemblance, de réalisme mesuré ; et ses personnages — surtout, celui de Jacqueline, la vieille dame — sont moins caricaturaux que ceux des comédies italiennes de Parabosco et de l'Arioste : heureux effets, sans doute, de l'imitation directe de Boccace.

---

49. [CXXII] p. 250.
50. Qu'adaptent, d'ailleurs, les deux pièces italiennes. Chez La Taille, le nom de la jeune fille, Restitue, vient de la sixième nouvelle de la cinquième journée du *Décaméron.*
51. Denis L. Drysdall, éd. critique des *Corrivaus,* Paris, Didier, 1974, p. 16.
52. T.A. Daley, *Jean de La Taille,* Paris, 1934, p. 198, cité par B. Bowen [III] p. 111.

Résumons. Cette trop rapide revue des premières de nos comédies françaises de la Renaissance nous les montre encore, chez Jodelle et chez Belleau, très marquées par la farce : dans les thèmes, dans les personnages et leur comportement, dans la versification. La volonté proclamée de rompre avec le comique du passé national n'a pas eu — on le voit — d'effet pratique brutal. Chez Grévin — surtout dans *Les Esbahis* — et chez Baïf — que nous n'avons pas, à regret, retenu ici, car *Le Brave* [53] n'est, au total, qu'une traduction—la parenté avec la farce est déjà beaucoup moins nette, mais elle existe encore. Elle n'est plus guère sensible—en revanche—chez Jean de La Taille. Mais, alors, ce ne sont pas toujours les seules comédies italiennes qu'on imite, pour «faire mieux» que la farce : si Grévin procède de la sorte dans *Les Esbahis,* La Taille s'inspire aussi, nous l'avons dit, de Boccace, qui lui permet de mieux caractériser ses personnages, de leur donner une certaine individualité, fort appréciable.

La génération de la Pléïade ne nous a laissé que peu de comédies : peut-être par défaut de théâtres et d'acteurs véritables. Aucune de ces comédies n'a de grande valeur dramatique, mais l'effort tenté pour introduire des éléments culturels nouveaux dans la tradition vivante de la farce, la volonté de moderniser la convention en mettant à profit le travail de rajeunissement des Italiens, constituent un premier pas vers cette comédie nationale, qui suivra, non plus le sentier plat, sans élévation, d'un Jodelle qui eut, au moins, l'audace d'oser, mais la voie plus exaltante de l'imitation italienne, vraiment ouverte par *Les Esbahis* et par *Les Corrivaus* et bientôt renforcée par l'influence de la *Commedia dell' Arte,* dont les troupes se produisent, nombreuses, en France, aux environs de 1570.

Une deuxième génération d'auteurs

Tout est, d'ailleurs, en mutation en France dans cette décennie 1570-1580. Au temps — déjà troublé — des premiers enthousiasmes littéraires de la Pléiade, succède une époque d'incertitude dans tous les domaines. Les menaces qui pèsent sur l'unité nationale conduisent à une crise politique grave, dont les conséquences se font sentir sur la vie sociale, morale, intellectuelle. Au plan du théâtre, s'ouvre, alors, une période nouvelle marquée par un retour en force (favorisé par la Cour à demi-italianisée) de l'influence italienne qui — après les premiers engouements de la Pléiade — avait dû marquer le pas devant une vive réaction, gauloise et réaliste, du tempérament français. A partir de 1570, se multiplient les traductions et les adaptations d'œuvres italiennes [54] ; la musique italienne connaît le succès. Et deviennent vite très célèbres, avec l'arrivée des troupes italiennes à Paris et en province, les personnages de la *Commedia dell'Arte,* dont les jeux volontiers grivois étaient

---

53. « De la farce, nous avons les gestes (Taillebras est roué de coups, par exemple) et le langage (avec ses jurons, ses grossièretés, sa verdeur, ainsi que ses jeux de virtuosité verbale) ». Simone Maser, *Le Brave,* éd. présentée et commentée, Genève, Droz, 1978, p. 38.

54. Voir R. Lebègue, « La comédie italienne en France », [LXXXV] pp.7-11.

pourtant réprouvés par le Parlement, par les Confrères de la Passion et par le clergé. Personnages turbulents, au comique « gestueux » parmi lesquels ce rouge Pantalone et ce blanc Zanni, avec son *batocchino* (petit coutelas de bois), que Du Bellay (*Regrets,* CXX) avait vu « bouffoner » au carnaval romain ; types expressifs, dont les beaux-arts nous gardent les figures animées dans les nombreux tableaux [55] de l'époque 1570-1590 et dans les gravures du fameux recueil Fossard du Musée de Stockholm.

La *Commedia dell'Arte* [56], encore appelée *commedia all'improviso,* qui est une comédie de métier, improvisée, mouvementée, populaire, tournant à la pantomime, ne s'oppose pas à la *commedia erudita,* écrite, savante, volontiers romanesque, sur laquelle, depuis 1560, s'étaient plus ou moins réglés nos auteurs comiques français. Toutes deux développent, sur des thèmes très proches, une intrigue qu'elles compliquent à l'envi (l'*imbroglio*), avec des péripéties, des jeux de scène toujours repris, des bons tours et des tromperies (les *burle*), des travestissements, des reconnaissances, le tout ponctué de *lazzi* et souvent couronné par un heureux mariage. La *Commedia dell'Arte* apporte, cependant, du nouveau à notre théâtre comique, par ses personnages stéréotypés [57] porteurs, pour certains, de masques [58], membres d'une assez nombreuse compagnie de neuf à quinze acteurs, parmi lesquels commençaient à figurer des actrices professionnelles ; par le tempo accéléré de son jeu, où la parole — exprimée souvent en dialectes différents — s'accompagne et s'amplifie de la gesticulation et de la cabriole. Il n'est guère facile de préciser l'influence de ce genre dramatique — dont la vogue est alors certaine — sur nos comédies françaises de l'époque. Cette influence, en effet, ne se distingue pas toujours nettement de celle de la farce, qu'elle rappelle à certains égards, ni de celle de la *commedia erudita,* toujours imitée. En dehors de l'incitation qu'elle apporte à la tendance à donner un rôle de plus en plus actif aux jeunes femmes dans les pièces, elle semble s'être surtout manifestée, un peu plus tard, vers la fin du siècle. On peut cependant lui rattacher — outre l'*intermedium* bouffon (II, 4) des deux valets, Philippin et Bonadventure, dans la *Lucelle,* tragi-comédie de Louis le Jars (1576) — l'épisode de la comédie *La Fidélité nuptiale* de Gérard de Vivre (1577) où un personnage masqué joue des niches à un « badin » qui chante, s'accompagnant du luth, une chanson d'amour à sa belle, et encore la référence faite, dans les *Néapolitaines* de François d'Amboise (1584), par l'écornifleur Gaston, « à la bande de Jaloux », c'est-à-dire à la troupe de ces *Gelosi,* venus en France en 1576 et dont raffolait Henri III. Mais, comme le reconnaît R.D.C. Perman à propos des *Néapolitaines* [59] : « Despite this reference, there is no real

---

55. Voir H. Adhemar, « Sur quelques tableaux français représentant la *Commedia dell'Arte* », *Rivista di studi teatrali,* 1954, pp. 107-113.
56. Voir Constant Mic(lacefsky), *La Commedia dell'Arte,* [XCI]
57. Le bergamasque Zanni, sorte de clown, qui devint le valet, tantôt rusé, tantôt sot ; les vieillards amoureux ou pédants ; le Capitan : Spavento, Cocodrillo ou Rinoceronte ; les jeunes gens qui s'aiment. Etc.
58. Alors que les farceurs étaient, jusque là, souvent enfarinés.
59. [XCV] p. 296.

evidence of commedia dell'arte in the play ». Et pas davantage, ajoute-rons-nous, dans les six comédies de Larivey, publiées en 1579 : *Le La-quais, La Veuve, Les Esprits, Le Morfondu, Les Jaloux, Les Escolliers.* Dans *Les Esprits,* la plus célèbre de ses pièces, avec son Séverin qui servira de modèle à l'Avare de Molière, Larivey traduit l'*Aridosio* de Lorenzino de Medicis ; dans Le *Laquais, Il Ragazzo* de Dolce ; dans *Les Escolliers,* la *Zecca* de Razzi, etc. Traduisant avec fidélité, ce sont les originaux italiens de la *commedia erudita,* non ceux de la *commedia dell'Arte* qu'il « rhabille », avec un rare bonheur, à la française. Sous sa plume, Florence devient Paris et un Siennois se mue en un Angevin. Mais son plus grand mérite, à coup sûr, réside dans la création, en prose savoureuse, d'un langage parlé comique, capable véritablement d'attein-dre ce large public, sans lequel la comédie n'est pas viable. Dans cette maîtrise du langage, à l'effet théâtral efficace, il dépasse de loin tous les auteurs de comédies précédents. Et il annonce le Turnèbe des *Contens,* le seul, avec lui, croyons-nous, à pouvoir, de nos jours encore, risquer d'affronter avec succès la toujours périlleuse épreuve de la scène.

Décor des *Adelphes* et de *L'Eunuque* de Térence
(Lyon, Trechsel, 1493 et Strasbourg, Grüninger, 1496).

CHAPITRE II

LES THÉORIES DRAMATIQUES CONCERNANT LA COMÉDIE, AU XVIᵉ SIÈCLE

A qui veut s'informer sur la conception que l'on se faisait de la comédie à la Renaissance, s'offrent trois sources principales de renseignements : les commentaires sur l'œuvre de Térence, si unanimement appréciée [1] pour ses vertus pédagogiques et pour son comique moins grossier que celui de Plaute ; les traités poétiques (qui abordent, au passage, la question du genre comique) et les préfaces (prologues, avant-jeux, épîtres dédicatoires), placées par les auteurs en tête de leurs œuvres.

Dès la fin du XVème siècle, paraissent les commentaires de Guy Jouvenneaux sur Térence, suivis, en 1502, des *Praenotamenta* de Josse Bade (1462-1535), le célèbre éditeur et préfacier [2]. Les uns et les autres s'inspirent du petit traité *De tragedia et comedia* de Donat, grammairien romain du IVème siècle, précepteur de saint Jérôme. Plus que Diomède, son contemporain, auteur d'un précieux *Ars grammatica*, c'est, en effet, Donat qui, par ses analyses de cinq pièces de Térence, par ses deux essais sur l'origine et sur le développement de la tragédie et de la comédie, va orienter, d'abord, les réflexions de la plupart des auteurs et des théoriciens du XVIème siècle sur les problèmes de la comédie et du comique. Ceux-ci compléteront les idées de Donat (dont une partie vient en fait d'Evanthius) [3], en les comparant avec celles que leur apportaient les écrits de Cicéron, de Quintilien, d'Hermogène, d'Aphtonius et, bien sûr, avec celles de l'*Art poétique* d'Horace, influencé par

---

1. Voir Marvin T. Herrick, *Comic Theory in the XVIth century*, Urbana, Univ. of Illinois Press, 1950 [LXXI] et R. Lebègue [XXVI], p. 70 : « Les humanistes du XVIème siècle qui ont commenté Térence ne tarissent pas d'éloges : il loue les vertus et critique les vices, il compose admirablement la pièce et la scène, ses protases peuvent servir de modèles, ses personnages sont conformes à la vraisemblance, il applique les règles de la rhétorique, etc. ». Dans cet esprit, Muret publiera un commentaire moral de chaque scène et Gérard de Vivre, en 1577, recommandera encore la lecture et la représentation des pièces de Térence pour enseigner « la langue courante, la diction, les bonnes manières et les bonnes mœurs ».
2. Voir Maurice Lebel, « Josse Bade, éditeur et préfacier », *Renaissance and Reformation*, V, 2, 1981, pp. 68-71. Les *Praenotamenta* introduisent aux annotations de Josse Bade.
3. Pour le Donat-Evanthius, voir le commentaire de Térence, éd. Wessner, Teubner, Leyde, 1902 : *Aelii Donati quod fertur commentum Terentii*. Tome I, pp. 11-31 : *Evanthius ; De fabula ; Excerpto de comoedia*.

Aristote, largement diffusé à l'époque [4] et traduit en français par Peletier, dès 1541. Ainsi, on s'en rapporte, alors, à Horace et à Donat-Evanthius pour la théorie ; à Térence, considéré comme le meilleur modèle, pour la pratique.

La tradition térentienne à la lumière d'Horace et de Donat-Evanthius

Dans cette tradition, paraissent les préfaces de Charles Estienne, publiées en tête de ses versions de l'*Andria* de Térence (1541-42) et de *Gl' Ingannati* (1543). Estienne, reprenant les commentaires habituels de l'œuvre de Térence, dont il loue le talent auquel n'atteint pas « nostre vulgaire du jourdhuy », suit l'évolution de la comédie grecque et latine, depuis la « vieille comédie » et la satire (« genre moyen » par le style entre la tragédie et la comédie), jusqu'à la « nouvelle comedie » de Ménandre (IVème siècle avant J.-C.) de Plaute et de Térence, qu'il définit ainsi :

« Toutes ces fables mises hors d'usaige, vint en bruict et estimation la comedie qu'ilz ont appelée nouvelle pour ceste cause ; car elle ne laissoit pas auparavant de se jouer, mesmement ne touchoit qu'en general toutes persones par manieres d'esbat, et ne parloit que d'amours, et n'introduysoit que personnaiges de basse condition. En icelle y avoit motz pour rire, sentences joyeuses, argument bien disposé et conduyt, reformations de mœurs corrumpues et lascives. Parquoy l'eloquent Ciceron, voulant definir la comedie, dit que c'est ung poeme ou une fable remonstrant la maniere et imitation de vivre, mirouer de bonnes mœurs, ymaige de verité. En ceste comedie nouvelle se trouvoit quant à l'argument tout le contraire de la tragedie ; c'est assçavoir fascherie au commencement et joye à la fin ».

De cette « nouvelle comedie » il expose, ensuite, la forme :

« *Que signifient les actes et les scenes en la comedie*
Toutes comedies antiques estoient divisées en cinq ou six actes, et le plus communéement en cinq. Chascun desditz actes contenoit sens parfaict (dont en est descendu le nom), parquoy à la fin d'iceulx, pour recreer les assistants, se faisoient plusieurs esbatementz sur la scene, par maniere d'intervalle et pour relascher les espritz des auditeurs ; puis rentroient aux aultres actes et ainsi poursuyvoient leur comedie. Quand deux personnaiges ou trois avoyent devisé et tenu propos ensemble, et que l'ung se retiroit ou qu'il en venoit ung aultre en nouveau propos, ilz appeloient cela une scene, c'est-à-dire commutation ou variation de propos ; de sorte que chascun acte, selon la variation des personnaiges et

---

4. Pierre Grimal, *Essai sur l'Art poétique d'Horace*, Paris, 1968, a mis en relief l'influence d'Aristote sur la *Lettre aux Pisons*. Sur l'influence d'Horace en France à cette époque, voir D. Gabe Coleman, *The Gallo-Roman Muse. Aspects of Roman Literary Tradition in XVIth Century France*, Cambridge U.P., 1979.

deviz qu'ilz tenoient, estoit aussi divisé en cinq ou six scenes pour le moins. Et par ce moyen jamais ne demeuroit l'eschauffault vuyde, et n'y avoit personnaige sur le pulpite qui n'y feust necessaire, ou pour parler ou pour escouter les aultres à quelque intention ; qui est une des choses où plus nous faillons, et que plus je trouve inepte en noz jeux et fainctes comedies. Somme, l'acte comprend sens parfaict, la scene, propos parfaict. L'ung fut inventé pour ne detenir trop longuement les auditeurs en une mesme chose et pour recréer les espritz par intervalles ; l'aultre pour excuser (ce qui est de faulte en noz jeux) quand ung personnaige fainct d'aller parler à l'aultre ou qu'il se retire en quelque part pour ses affaires, qui n'est jà mestier de representer au peuple ; puis à l'aultre scene ensuyvant retourne exprimer ce qu'il a faict autant que si le peuple l'avoit veu en presence » [5].

A Térence, en revanche, ne s'intéresse guère Thomas Sabillet, dans son *Art poetique françois* (1548). Le seul problème qui paraît préoccuper ce critique, auteur pourtant d'une traduction française de l'*Iphigénie à Aulis* d'Euripide, et qui ne pouvait, sans doute, ignorer les discussions contemporaines sur le théâtre de Térence, concerne la survivance de la farce, dont Sébillet déplore l'indécence, mais à laquelle — moyennant quelques progrès dans la forme — il reconnaît une place légitime dans le théâtre de son temps.
Sebillet se posait, somme toute, les questions qui agitaient les jeunes écrivains de la Pléiade, soucieux de donner à la France un nouveau théâtre ; mais sa position — très tolérante pour la farce du passé — ne pouvait agréer à Du Bellay, pour qui, seul, le théâtre antique était digne d'admiration. Dans la *Deffence et Illustration,* Du Bellay se déclare — nous l'avons vu — partisan de la restitution des « comedies et tragedies» en leur ancienne dignité, qu'ont « usurpée les farces et moralitez ». Il renvoie « le poete futur » à des « archetypes » bien connus, dit-il, mais — curieusement — il ne cite même pas le nom — pourtant attendu — de Térence.

Térence redevient le modèle révéré avec *l'Art poetique* de Peletier du Mans (1555). Celui-ci, à travers Donat (*Commentum Terentii,* éd. Wessner, Leipzig, 1902, I, 22), reprend la définition cicéronienne de la comédie déjà utilisée par Estienne [6] : « imitatio vitae, speculum consuetudinis, imago veritatis ». Ainsi comprise, la comédie, suivant le concept platonicien de l'*ars imitatio,* doit, comme les autres formes d'art, être une « re-création », un miroir de la vie où se reflètent : « l'avarice ou la prudence des vieillards, les amours et ardeurs des jeunes enfants de maison ; les astuces et ruses de leurs amies ; la vilenie et deshonneteté des maquereaux : la façon des Pères, tantôt sévères, tantôt

5. Cette citation et la précédente sont prises dans B. Weinberg, *Critical prefaces of the French Renaissance,* Northwestern U.P., Evanston, Illinois, 1950, pp. 92 et 97.
6. Qui sera constamment répétée par la suite. Cf. *Brief Discours pour l'intelligence de ce theâtre* », in Pinvert, *Grévin, Théâtre complet,* Paris, Garnier, 1922, p. 7 : « imitation de vie, mirouer de coustumes et image de verité ». De même, Larivey parle, au début de ses comédies de 1579, de « la comedie, vrai mirouer de noz œuvres ».

faciles ; l'assentation et vileté des parasites ; la vanterie et braveté d'un soudart retiré de la guerre ; la diligence des nourrices ; l'indulgence des maris (*Art poétique*, éd. Boulanger, II, VII, pp. 186-187, texte transcrit en graphie traditionnelle).

A Donat, Peletier doit encore ses idées sur la structure de la comédie. Donat avait enregistré la division aristotélicienne en trois parties précédées d'un prologue :

« Comoedia per quatuor partes dividitur : Prologum, Protasin, Epitasin, Catastrophen. Prologus est velut praefatio quaedam Fabulae, in quo solo licet praeter argumentum aliquid ad populum, vel ex Poetae vel ex ipsius fabulae vel ex actoris commodo, loqui. Protasis primus est actus, initium drammatis. Epitasis incrementum, processusque turbarum, ac totus, ut ita dixerim, nodus erroris. Catastrophe conversio rerum est ad iucundos exitus, patefacta cunctis cognitione gestorum ».

Peletier ne dit pas autre chose :

« La Comedie a trois parties principales, sans le Prologue. La premiere, est la proposition du fait, au premier Acte : laquelle est appelée des Grez Protasie. Et en elle s'explique une partie de tout l'Argument, pour tenir le Peuple en attente de connoetre le surplus. La seconde, est l'avancement ou progrès, que les Grez disent Epitasie. C'est quand les affaires tombent en difficulté, et entre peur et esperance. La tierce, est la Catastrophe, soudeine conversion des choses au mieux ». (*Art Poétique, éd. citée*, II, VII, p. 187, graphie respectée).

J.C. Scaliger et la révélation directe d'Aristote

Comme l'a noté Brian Jeffery [7], la plupart des idées de Peletier réapparaissent « at greater length » dans le *Poetices libri septem* [8] de J.C. Scaliger (1561) qui rendent, enfin, accessible aux Français — autrement qu'à travers Horace et Donat — la *Poétique* d'Aristote [9] et qui marquent ainsi un tournant décisif dans l'histoire des théories dramatiques en France au XVIème siècle. Le Stagirite n'avait, à la vérité, accordé qu'une modeste place à la comédie dans ses réflexions sur la

---

7. [LXXVI], p. 102. Les citations précédentes de Donat et de Peletier avaient été faites par ce critique, à qui nous les avons prises.

8. Sur ces *Poetices*, voir E. Lintilhac, *De J.C. Scaligeri Poetice*, thèse latine, Paris, Hachette, 1887 ; B. Weinberg, « Scaliger versus Aristotle on Poetics », *Modern Philology*, XXXIX, 1942, pp. 337-360 ; Vernon Hall Jr, « The Preface to Scaliger's *Poetics libri septem* », *Modern Language Notes*, LX, 1945, pp. 447-453 et « Scaliger's defence of Poetry », *Publ. Mod. Lang. Ass. America*, LXIII, 1948, pp. 1125-1130 ; L. Corvaglia [LXIII] ; M. Constanzo, « Introduzione alla poetica di Giulio Cesare Scaligero », *Giornale Stor. della lett. ital.*, CXXXVIII, 1961, pp. 1-38.

9. Aristote, né à Stagire, en Macédoine, en 384 avant J.-C., fut l'élève des rhéteurs, puis de Platon, avant de devenir le précepteur d'Alexandre. De 334 à 323, il dirigea, à Athènes, une école dite péripatéticienne, le Lycée. Après la mort d'Alexandre, il dut quitter Athènes et mourut peu après.

Parmi ses nombreuses œuvres, la *Poétique* (vers 330) n'est qu'un bref traité, une sorte de recueil de notes fort mutilé. Voir M. Somville, *Essai sur la Poétique d'Aristote*, Paris, Vrin, 1975.

poésie dramatique qui, pour lui, réalisait mieux que toute autre cette imitation de la vie [10] (*mimesis biou*), domaine privilégié de l'authentique poésie. De la poésie, la tragédie était le type par excellence et c'est par rapport à elle (et, secondairement, par rapport à l'épopée, forme première du drame) qu'Aristote parle de la comédie. Il la définit par son objet : imiter, non les activités de caractère élevé (*praxeis spoudaiai*, 1449 b), des hommes, mais leurs mœurs (*ethos*) ; et par ses personnages (*personae*) : non des héros, des êtres d'illustre fortune, comme dans la tragédie (rois, princes, généraux, soldats), mais de petites gens (hommes de bourgade – d'où le nom de comédie, d'après le mot grec *khomai* [11], bourgades – esclaves, courtisanes), des hommes et des femmes de qualité morale inférieure (1448 a), vicieux dans la limite du risible, ce risible (*to geloion* [12]) étant un défaut ou une laideur sans douleur ni dommage (1449 b).

Les *Poetices* de Scaliger doivent assurément beaucoup à la *Rhétorique* d'Aristote. Il serait cependant inexact de faire de Scaliger un pur aristotélicien. Ainsi, l'influence d'Horace – à la fois admiré par Scaliger pour son ode *Quem tu Melpomene semel* et méprisé, au moins en affirmation, par lui, comme théoricien – apparaît, de façon très nette, dans les *Poetices* où, par exemple, l'imitation, chère à Aristote, est considérée non plus comme une fin, mais comme un simple moyen : « non enim omne poema imitatio » (*Poetices*, 347, col. de droite). Ainsi, encore, Scaliger s'inspire-t-il également de Cicéron et de Quintilien. Mais, face aux enseignements qu'il reçoit du respectable savoir antique, Scaliger entend se préserver d'une servile admiration. Il ne se contente pas (comme l'avait fait—excellemment d'ailleurs—Robortello [13], en 1548) de combiner les conceptions d'Aristote sur la comédie avec celles d'Horace, de Donat et de Servius, qu'il connaît pourtant bien. Désireux de tout soumettre à l'examen, il refuse le principe d'autorité en matière de poétique et il n'hésite pas à prendre, à l'occasion, des positions neuves et tranchées. Ainsi, quand, dans ses *Poetices,* il s'oppose avec fermeté aux vues de ceux qui, dans le sillage de Diomède, avaient développé l'idée que la comédie était « la représentation, hors de tout danger, d'affaires quotidiennes, menées par des personnes privées ». A quoi Scaliger répond que, dans la comédie, il y a toujours danger, parce que le danger est une condition nécessaire pour que le dénouement garde son plein intérêt : « Errarunt ... qui Latinis sic definivere, privatarum personarum, civilium negotiorum comprehensio, sine periculo. Principio aliis quoque

---

10. On trouvera, traduit par J. Scherer, le développement d'Aristote sur l'imitation dans Jacques Scherer, Monique Borie et Martine de Rougemont, *Esthétique théâtrale (Textes de Platon à Brecht)*, Paris, SEDES, 1982.

11. Mairet, dans la Préface de *Silvanire*, 1631, rattachera comédie à *khome*, non pas en fonction des personnages, mais « à cause que la jeunesse de l'Attique avoit accoustumé de la presenter à la campagne ». Sur la comédie, les conceptions de Mairet sont celles du « philosophe », c'est-à-dire d'Aristote.

12. Sur le « risible », voir Marvin T. Herrick [LXXI], pp. 37 et suivantes.

13. Ses *In librum Aristotelis de arte poetica explicationes* constituent l'un des tout premiers commentaires du texte d'Aristote. Son petit traité *De comoedia* ne mérite pas moins d'intérêt. Voir B. Weinberg, *A history of Literary Criticism in the Italian Renaissance*, Chicago, 1961, I, pp. 66-69 et 388-406.

fabulis convenit non dramaticis, quae simplici narratione recitari possunt. Deinde, in comoedia, semper est periculum, alioquin exitus essent frigidissimi ». (*Poetices,* 11 D, col. de gauche).

Ces considérations suivent immédiatement, dans les *Poetices,* la définition que Scaliger donne de la comédie : « Comoediam igitur sic definiamus nos, poema dramaticum, negotiosum, exito laeto, stylo populari ». Un poème dramatique donc, ayant une action, avec un dénouement heureux, écrit dans un style commun. Une définition que Scaliger commente dans la suite de ses *Poetices.* La comédie est composée à partir d'exemples tirés de la vie humaine, dont elle est, en quelque sorte, le miroir contemporain. Ses personnages, comme les Chremes, les Dave, les Thaïs, sont de petites gens (paysans, esclaves, courtisanes, hommes avares), de basse extraction et originaires de bourgades, des êtres qui parlent un langage non relevé. L'action consiste en jeux, banquets, affaires de tous les jours, avec des ruses d'esclaves fripons, des beuveries, des vols d'argent, des tromperies au détriment de vieillards ridicules. Les débuts en sont un peu troublés, mais la pièce s'achève dans la joie (*Poetices,* 11 b, col. de droite), sans que jamais aient été rencontrées ces infortunes variées que peuvent subir les héros de tragédie : *caedes ... exilia, orbitates, parricidia, incestus, incendia ... fletus, ululatus ... funera, epitaphia, epicedia* (*Poetices* 144 C, col. de droite).

Ansi se trouve, à partir de Scaliger, dessinée la structure de la comédie humaniste, qui diffère de la tragédie par trois aspects « la condition des personnages, la nature des destinées et des occupations, le dénouement » (*Poetices,* 11 b., col. de droite). Cette comédie humaniste sera caractérisée, dans son essence et dans sa forme. Dans son essence, par les sujets qu'elle admet le plus souvent (à l'imitation des modèles latins) : une affaire d'amour, l'amour de deux jeunes gens, contrarié par l'opposition d'un père, d'un tuteur, d'un répondant ; favorisé, en revanche, par l'astuce d'un esclave et aboutissant, à la faveur parfois d'une reconnaissance, au mariage espéré. Dans sa forme, ensuite. Comme la tragédie, la comédie doit, dans sa représentation, donner au spectateur l'illusion de l'action même, grâce à la vraisemblance, dont le principe avait été posé par Aristote. De là, les unités insinuées par Aristote : unité d'action, unité de temps (« le tour d'un soleil ») [14] et unité de lieu. L'unité de temps avait été un objet de discussions entre critiques italiens et français et même entre critiques italiens aux environs de 1550 : le « savant et docte » Robertello, comme dira Lope de Vega (*Arte nuevo de hacer comedias en este tempio,* 1609), avait, par exemple, réduit l'unité de temps à douze heures, arguant que la nuit était faite pour le sommeil ; à quoi Segni, dans sa traduction italienne de la *Poetica,* avait répondu qu'il fallait garder aussi le temps de la nuit ... pour les adultères et pour les meurtres. Scaliger, lui, réclame l'unité d'action et de temps.

En ce qui concerne la structure externe de la comédie, Scaliger ajoute, avec raffinement, une quatrième division, la *catastasis,* aux trois d'Aristote, reprises par Donat et par Jacques Peletier du Mans :

---

14. Expression employée à propos de la tragédie dans la *Pratique du théâtre* de l'abbé d'Aubignac, éd. P. Martino, Paris, Champion, 1927, p. 127.

« Comediae igitur partes aliae primariae, aliae accessoriae, aliae attinentes. Verae et primariae sunt quatuor, protasis, epitasis, *catastasis* catastrophe. Scio a nonnullis tres tantum enumeratas, nos semper ad subtiliora semper animum appullimus ... » (*Poetices,* 14 C col. droite). Il les définit de la sorte :

« Protasis est, in qua proponitur et narratur summa rei sine declaratione exitus ... Epitasis, in qua turbae aut excitantur, aut intenduntur. Catastasis, est vigor, ac status Fabulae, in qua res miscetur in ea fortunae tempestate, in quam subducat est. Hanc partem multi non animadvertere, necessaria tamen est. Catastrophe, conversio negotii exagitati in tranquillitatem non expectatam. His partibus additus, uti dicebamus, Prologus...» (*Poetices* 15 B-C col. de gauche).

Il retrouve, ainsi, la répartition horatienne en cinq actes (avec des intermèdes, pour la comédie), mais, précise-t-il : « Harum partium communes portiones majores, Actus dicuntur, verum non penitus, neque semper ».(14 C. col. de droite). Pour relever, en effet, que la protase et l'acte premier ne coincident pas toujours exactement (la protase se trouve à ce que nous appelons l'acte II du *Miles gloriosus* de Plaute). C'était là rendre compte exactement de la pratique de Plaute et de Térence qui n'avaient pas divisé, eux-mêmes, leurs comédies en actes. En effet, la division en actes des pièces de Térence ne remonte pas, selon Donat, au-delà du temps de Varron. Mais c'est elle qui, inventée par les Alexandrins allait, à la suite d'Horace (*Art poétique,* 189-190), puis de Donat, s'imposer comme une loi, aussi bien à la comédie qu'à la tragédie.

Après Scaliger, la conception de la comédie humaniste régulière n'évoluera plus beaucoup. Lodovico Castelvetro [15] de Modène, en qui Kernodle [16] voit « the critic who was most closely related to the actual theatre of this day », n'a laissé dans sa *Poetica d'Aristotele* (1570) que des remarques incidentes sur la comédie, qu'il distingue fortement de la tragédie par l'action et par les personnages : il s'intéresse surtout, d'après Aristote, à la théorie du risible.

Un peu plus tard, Jean de La Taille, dans son *Traité de l'art de la tragedie* [17] (1572), expose implicitement des idées sur la comédie, qu'il doit, pour une bonne part, à Charles Estienne. La Taille a lu, aussi, Aristote et Horace, peut-être Peletier, vraisemblablement, Scaliger et Grévin ; il a, comme tout le monde, étudié Donat au collège, mais, rejetant tout ce qui sent « l'escolier *et* le pedante », il ne cherche nullement à composer un traité sur la matière et le langage de l'œuvre dramatique.

---

15. Castelvetro, *Poetica d'Aristotele vulgarizzata e esposta,* 1570.
16. [LXXVII], p. 201.
17. Voir des extraits de cet *Art de la Tragédie* dans le livre de J. Scherer, cité à la note 10, pp. 43-45.

Pour lui, la comédie doit divertir honnêtement sans manquer d'édifier [18]. Le premier, cependant, il exige, avec l'unité de temps, l'unité de lieu, qu'il observe de façon rigoureuse dans les *Corrivaus*, où toute l'action se passe dans la rue, devant les maisons de Jacqueline et de Frémin. Mais, à la vérité, son principal mérite—qui n'est pas théorique—est de nous avoir donné, avec les *Corrivaus*, « faite au patron » ... des anciens Grecs, Latins et quelques nouveaux Italiens » la première comédie française, originale, en prose.

C'est la voie qu'après les *Corrivaus*, qu'après la publication de l'*Art poetique* de Pierre de Laudun d'Aigaliers (1579), peu révélateur, en vérité, d'idées nouvelles, va remarquablement suivre Odet de Turnèbe dans *Les Contens*.

---

18. C'est aussi l'avis de Larivey, dans son *Épître* à François d'Amboise, en tête de son recueil de comédies de 1579 : « La Comedie... n'est qu'une morale filosofie, donnant lumiere à toute honneste discipline et par consequent à toute vertu, ainsi que le temoigne Andronique, qui, premier, l'a fait veoir aux Latins ». Mais, en fait, la préoccupation moralisatrice n'est pas une caractéristique générale et principale des comédies françaises de la Renaissance, qui veulent surtout divertir. L'*Eugène* — nous l'avons vu — est une pièce immorale dans son action et dans son dénouement. La *Trésorière* de Grévin repose sur l'adultère et sur les pratiques douteuses des gens d'argent. Plus tard, l'anonyme pièce *Les Ramonneurs* (éd. Austin Gill, Paris, Didier, 1957), mettra en scène une courtisane, Madelon, et une maquerelle, Dame Claude.

CHAPITRE III

ODET DE TURNÈBE ET « LES CONTENS »

I – TURNEBUS JUNIOR, ADRIANI FILIUS

Odet, non pas Adrien, avec lequel les manuels bibliographiques le confondent souvent. Odet de Turnèbe, fils aîné du célèbre humaniste [1] et de Madeleine Clément [2], naquit à Paris, le 23 octobre 1552, un mois donc après la représentation de L'Eugène de Jodelle.

A la naissance d'Odet, Adrien de Turnèbe, alors âgé de quarante ans, s'est déjà fait un grand nom dans le monde des lettres. Comme professeur d'abord : en 1547, après avoir enseigné les humanités à Toulouse, il a succédé, en tant que lecteur de grec au Collège royal, à Jacques Toussain, qui avait été son maître à Paris. Et, plus récemment, comme typographus regius : c'est en 1552 qu'il acquiert, avec son ami Guillaume Morel, une imprimerie qui peut s'enorgueillir de posséder les fameux caractères grecs que Claude Garamond avait gravés d'après les dessins de Vergèce. Dans l'imprimerie royale, Guillaume Morel s'occupe des impressions en latin ; Adrien de Turnèbe assume la direction pour les lettres grecques. La première œuvre qui sort des presses royales sous son nom est une édition, dédiée à Michel de l'Hôpital,

---

1. Sur Adrien de Turnèbe, voir Léger Du Chesne, *Oratio funebris de vita et interitu Adriani Turnebi*, Paris, T. Richard, 1566 ; J.P. Nicéron, *Mémoires*, Paris, 1727-1743, (réimp. Genève, 1971) t. XXXVIII, pp. 334-335 ; *La France protestante*, éd. Haag, Paris-Genève, 1846-1859, t. IX, pp. 433-436 ; Ch. Waddington, « Notice sur Adrien Turnèbe », *Bull. Société. Hist. Protest. française*, Paris, 1855 ; Ch. Legay, *Adrien Tournebus lecteur royal*, Caen, Leblanc-Hardel, 1877 ; L. Clément, *De Adriani Turnebi regii professoris praefationibus et poematibus*, Paris, Picard, 1899 ; J.E. Sandys, *A history of classical scholarship*, Cambridge, 1908, I, pp. 185-186 ; G. Cavalucci, [CXIX], pp. 1-3 ; P.O. Kristeller, *Catalogus Translationum*, Washington, 1971, II, p. 15 ; Geneviève Demerson, *Polémiques autour de la mort de Turnèbe*, Univ. Clermont II, 1975 ; J. Jehasse, *La Renaissance de la critique*, Saint-Étienne, 1976, *passim* ; M. Fumaroli, *L'âge de l'éloquence*, Genève, Droz, 1980, pp. 462-464.
2. Le mariage avait eu lieu le 9 novembre 1551. De leur union naquirent cinq enfants. L'aîné reçut le prénom d'Odet ou, sous sa forme latinisée, d'*Otho* ou *Odo*. Il eut deux frères, Adrien et Estienne, qui laissèrent quelques traces dans le monde érudit du temps et deux sœurs, sur lesquelles nous ne savons rien. Au XVIIème siècle, les registres des paroisses d'Andely nous apprennent qu'une Françoise Tournebus épousa Mathieu de Lamperière. De ce mariage vinrent au monde Marie et Marguerite de Lamperière, dont l'une devint la femme de Pierre Corneille et l'autre, l'épouse de Thomas Corneille.

de six tragédies d'Eschyle : *Prométhée enchaîné,* les *Sept contre Thèbes,* les *Perses, Agamemnon,* les *Euménides,* les *Suppliantes.* Collationnant plusieurs manuscrits, dont l'un lui avait été prêté par Aymar de Ranconnet, président aux Enquêtes du Parlement de Paris, s'appuyant, sans doute, sur l'édition (devenue rarissime ; actuellement à Trinity College, Cambridge, II, 8, 131) du *Prométhée* de son ami Jean Dorat (1548), Turnèbe corrige en plus d'un endroit le texte corrompu de l'édition *princeps* — un peu bâclée, à la vérité — parue en 1518, dans l'officine d'Alde Manuce. Travail honnête et méritoire [3], que Turnèbe complète, presque aussitôt, par la traduction latine — restée inédite [4] — de la triade eschyléenne : *Prométhée, Sept contre Thèbes, Perses* : version élégante et claire qu'il achève en 1555. L'année suivante, Turnèbe laisse l'imprimerie royale à Guillaume Morel. Pour s'adonner davantage à son enseignement : succédant à Vicomercato, il deviendra professeur de philosophie au Collège royal, à partir de 1561. Pour se consacrer plus librement à ses travaux d'érudition : éditions de Platon, de Philon, de Synésius, des scolies tricliniennes de Sophocle, d'une anthologie de dix-sept poètes gnomiques grecs que Ronsard dévorera [5] ; commentaires d'Aristote, de Cicéron, d'Appien de Cilicie, et de l'Hermès Trismégiste dont se servit François de Candale pour son *Pimandre* ; traductions de Pline, de Plutarque, de Théophraste, de Demetrius Pepagomenus, d'Arétée de Cappadoce. Autant d'ouvrages qui devaient, avec ceux qui furent publiés après sa mort, faire de lui l'un des savants les plus admirés de son temps, un érudit reconnu par tous comme un humaniste hors ligne. Montaigne, entre autres, parle de lui, avec louanges, en plusieurs endroits de ses *Essais,* notamment au livre I, 25, où il le tient, dit-il, « en la profession de lettres » pour « le plus grand homme qui fut il y a mil ans ». Et Joseph-Juste Scaliger — lui-même avare, pourtant, de compliments — salue sa compétence de philologue : « Turnebus plura habet uno libro quam Victorinus libris triginta septem » [6]. Fréquentent, alors, chez Turnèbe, outre de savants magistrats comme François Olivier, Michel de l'Hôpital ou Estienne Pasquier (avec lequel il lutte contre les Jésuites, que l'Université de Paris voulait empêcher d'enseigner) des écrivains connus : Jacques Dubois dit Sylvius, Jean Dorat, Denis Lambin, Léger du Chesne, Pierre Galland, son maître, qu'il soutient dans sa retentissante querelle contre La Ramée. Autour d'Adrien, comme dans d'autres cercles cultivés, on discute, en effet, avec passion, des mérites comparés d'Aristote et de Platon. Et de l'admiration qu'il convient —

---

3. Voir à ce sujet la thèse de Monique Mund-Dopchie, *La survie d'Eschyle à la Renaissance. Éditions, traductions, commentaires et imitations,* à paraître prochainement. Turnèbe ignore — bien sûr — les travaux de Robertello parus la même année, « comme le prouve son titre qui énumère (seulement..) six tragédies et fusionne une fois encore l'*Agamemnon* et les *Choephores,* mais « il s'est attaché à conférer un sens à un texte qui n'en possédait pas toujours » et bon nombre de ses conjectures ont été retenues par les éditeurs modernes.

4. B.N. *Parisinus latinus* 13042, XVIème siècle, provenant de l'abbaye de Saint Germain-des-Prés.

5. Voir P. de Nolhac, *Ronsard et l'Humanisme,* Paris, Champion, 1921, pp. 116-117 ; et H. Chamard, *Histoire de la Pléiade,* Paris, Didier, 1940, II, pp. 70-71, (repr. 1961).

6. *Scaligeriana,* La Haye, 1667, p. 237.

ou non — d'accorder à Cicéron. Sans négliger, pour autant, de s'intéres-
ser au vaste mouvement national de rénovation littéraire entrepris par
les membres de la Pléiade, dont plusieurs ont — d'ailleurs — profité des
leçons de Turnèbe. Celui-ci a assisté, en 1553, à la représentation de la
Cléopâtre et de *La Rencontre* de Jodelle ; en 1559, il adresse à Léger
du Chesne une épître latine [7], où se dissimule une mordante satire du
flatteur et paresseux historiographe, Pierre de Paschal, coupable de
n'avoir pas tenu la promesse, souvent proclamée, de chanter pour la
postérité la gloire des doctes personnages de son temps. Au nombre de
ces gloires du royaume, Adrien de Turnèbe plaçait, assurément, à ses
propres côtés, et ce Ronsard et ce Du Bellay, qu'il admirait entre tous.
    Le petit Odet grandit dans cette atmosphère de ferveur studieuse.
Émile Picot affirme qu'il « fut un enfant prodige » [8] : on le croit aisément, si l'on en juge par la facile rapidité avec laquelle il apprit non seulement les langues anciennes, mais aussi l'italien et l'espagnol. Aptitudes
naturelles, à coup sûr, qu'avait intelligemment entretenues le grand humaniste et dont celui-ci, surchargé, confia le plein épanouissement au
médecin limousin Antoine Valet [9]. La mort prématurée, le 12 juin
1565, de son père, au chevet duquel se tenait Ronsard, et qui, sans
doute, même s'il ne reçut pas le viatique, s'éteignit (quoi qu'en ait pensé
Waddington) en catholique sincère, en chrétien non engagé, certes, mais
convaincu (comme l'écrit Geneviève Demerson) ne put manquer de bou-
leverser la vie familiale et les études d'Odet, que nous retrouvons, l'année
suivante, comme élève au Collège de Lisieux, sur la Montagne Sainte
Geneviève, à Paris. C'est là qu'avec l'aide de Furdinus [10], un ami très
cher de son père, il découvrit, parmi la partie encore non éditée des

---

7. *De nova captandae utilitatis e literis ratione epistola ad Leoquernum*,
Paris, Vve Attaignant. Du Bellay traduisit aussitôt cette épître en français (B.N.,
Rés. Ye 1710) et il écrivit, dans le même temps, *Le poète courtisan*, satire des
poètes de cour. Turnèbe et Du Bellay s'inspiraient du *Rhetor* (Maître de Rhétorique) de Lucien, traduit en latin par Pirckeymer (1520). Dans les *Adversaria*,
Turnèbe fait, d'ailleurs, souvent allusion à Lucien, écrivain *festivissimus et poli-
tissimus*.
    8. *Les Français italianisants au XVIème siècle*, Paris, Champion, 1907, t. II,
p. 145. La notice consacrée à « Odet de Tournebu » occupe les pages 145-152 de ce
tome.
    9. Sur Antoine Valet, voir la note érudite de Cavalucci [CXIX], p. 4.
    10. Ce Joannes Furdinus avait été envoyé de Rouen pour lire les manuscrits
de Turnèbe. L. Clément, *op. cit.*, p. 145, pense qu'il s'agit peut-être de Jean du
Four, échevin de Rouen, de 1529 à 1541.

Adversaria [11] de l'humaniste, la version de *De fato* de Plutarque [12], mis en latin pour la première fois, et celle du *Septem Sapientium convivium*, qu'il fit publier, en 1566, chez Gabriel Buon [13], avec les commentaires qu'Adrien de Turnèbe avait laissés sur le traité *De lingua latina* de Varron [14]. A partir de 1566, et pour plusieurs années, la vie d'Odet nous échappe. Étudia-t-il quelque temps en Italie ? Il se peut [15]. En 1572, il suit, avec son frère Estienne, des cours à la Faculté de Droit de Toulouse [16], alors sur le déclin, après la période de prestige exceptionnel qu'elle avait connue de 1530 à 1554, c'est-à-dire depuis l'époque où triomphaient les tendances novatrices de Jean de Boyssonné, soutenues par le magistrat Jacques Minut, par l'évêque Jean des Pins, par le président Jean de Mansencal, jusqu'à celle, plus sombre, où l'illustre Cujas quitte la ville [17] et l'enseignement qu'il y donnait.

Reçu avocat au Parlement de Paris, Odet participe, à ce titre, aux Grands Jours [18] de Poitiers de 1579, en compagnie de son cousin Estienne Pasquier, qui, avec Antoine Loisel, l'avait précédé dans la cité poitevine, déjà célèbre par l'enseignement de son Université [19] et par la brillante activité poétique qui s'y développait depuis plusieurs décen-

---

11. Les *Adversaria*, où Turnèbe, comme le note Nicéron, « corrige et explique tant d'endroits difficiles de toutes sortes d'écrivains qu'on ne peut qu'y admirer sa sagacité », sont un recueil d'érudition en 30 livres. Les 12 premiers avaient paru en 1564, chez Buon, avec une dédicace à Michel de l'Hôpital ; les douze suivants, en 1565, chez le même Buon. Les 6 derniers livres furent publiés chez Martin Le Jeune, en 1573, dans un volume préparé par Odet et par ses deux frères, avec une épître dédicatoire à Christophe de Thou.

12. Turnèbe s'est vivement intéressé aux *Moralia* de Plutarque. Il avait annoté un exemplaire aldin de ces *Moralia* que ses héritiers communiquèrent à Henri Estienne et dont Amyot put avoir connaissance pour sa version française de 1572. A partir de 1552, Turnèbe avait édité en grec et traduit en latin le *De primo frigido*, le *De procreatione animi* et le *De defectu oraculorum*. Toutes ses traductions latines de Plutarque sont réunies dans l'édition des *Opera* de Turnèbe, Strasbourg, Zetzner, 1600.

13. (B.N. J. 10793 - 10795). Voir R. Aulotte, *Amyot et Plutarque. La tradition des Moralia au XVIème siècle*, Genève, Droz, 1965.

14. *Adriani Turnebi. Commentarii et Emendationes in libros M. Varronis De lingua latina*. Dédiés, aussi, à Michel de l'Hôpital.

15. C'est ce que Picot juge « probable », sans faire, à ce sujet, autre chose que des conjectures. Voir *op. cit.*, [CXXV], p. 145.

16. Adrien de Turnèbe y avait enseigné lui-même, avec Denis Lambin, entre 1545 et 1547 ; ce qui peut expliquer le choix fait par son fils. Michel de l'Hôpital y avait, aussi, été étudiant, qui put orienter la décision des deux jeunes gens qu'il protégeait.

17. Pour différentes raisons, entre autres l'insuffisance (déjà !) des traitements offerts aux maîtres et les troubles religieux dans le Sud-Ouest.

18. Il s'agit d'une juridiction extraordinaire qui, sur l'ordre du roi, se tenait dans les provinces à des dates variables, en des circonstances particulières. Voir Hugues Imbert, *Les Grands Jours de Poitiers...*, Niort, L. Clouzot, 1878, Extrait des *Mémoires de la Société de Statistique ... des Deux Sèvres, Niort, 1878 ;* et Jean Brunel, *Nicolas Rapin, Oeuvres*, I, pp. 262-263, Genève, Droz, 1982.

19. Rabelais avait fréquenté son école de droit, que célèbre aussi Scévole de Sainte-Marthe. Voir J. Plattard, « La vie et l'œuvre de Scévole de Sainte-Marthe ». *Bull. Soc. Antiqu. de l'Ouest*, VI, 1922, p. 534.

nies [20]. Pour les esprits cultivés et fins, Poitiers devait, cependant, son plus bel éclat, au salon des Dames des Roches, Madeleine et sa fille Catherine [21]. Chez elles, entre les audiences, les Messieurs des Grands Jours furent des hôtes assidus. La « prudente hardiesse » d'une puce, qui avait choisi, pour ses ébats, le bel hébergement du sein de Catherine fournit, on le sait, l'occasion d'une sorte de tournoi poétique dans le sillage ronsardien [22]. Odet y participa très activement, avec une ode française, ardente et sensuelle, de quelque deux cents octosyllabes, un sonnet italien, un sonnet espagnol et un sonnet français : « vers doux coulans », dont Madeleine sut gré au jeune avocat, qualifié par elle d'*esprit orné de beauté dine*, habile anagramme d'Odet de Turnèbe, Parisien. A son tour, Catherine reprendra cet anagramme pour remercier l'amoureux qui lui avait dédié, en plus, douze sonnets mélancoliques inspirés par les ruines du château de Lusignan [23] et marqués par le souvenir des *Antiquités* de Du Bellay. Las ! même les Grands Jours ont une fin. Rentré à Paris, Odet reprend des travaux plus sérieux : il fait paraître, en 1580, chez Martin Le Jeune, les *Poemata* [24] de son père et prépare, d'après un manuscrit de sa bibliothèque, une édition des lettres d'Arnoul, évêque de Lisieux, travail qui ne verra le jour qu'en 1585 [25]. Parallèlement, il s'intéresse et s'amuse, comme son ami François d'Amboise [26], à la comédie (ce qui nous vaudra *Les Contens*) tout en s'appliquant, avec zèle, à son métier d'avocat. Vers le milieu de l'année 1581,

---

20. Sur les bords du Clain, La Péruse retrouve, vers 1553-54, Vauquelin de la Fresnaye, Baïf, Tahureau, Guillaume Bouchet, Scévole de Sainte-Marthe, Boiceau de la Borderie, Charles Toutain, Robert Maisonnier, Marin Blondel : sorte de Brigade, qui « pindarise » et « mignardise » à souhait.
21. Sur les Dames des Roches, on se reportera au livre de Georges Diller, *Les Dames des Roches*, Paris, Droz, 1936. Pour une vue d'ensemble sur les salons littéraires de l'époque, on pourra recourir au travail de Clark L. Keating, *Studies on the literary Salons in France 1550-1615*, Cambridge, Mass, Harvard U.P. 1941, et pour les relations entre milieux littéraires poitevins et parisiens, à la thèse dactylographiée (que m'a aimablement signalée mon collègue Jean Brunel) de Christiane Lacour, *Un aspect de la République des Lettres d'après la correspondance de Gaucher de Sainte Marthe*. On y voit que Claude Binet écrit, le 26 juin 1580, au maire Gaucher de Sainte-Marthe, qu'il a intercédé auprès d'Odet de Turnèbe en faveur d'un certain Rolloc.
22. Les poèmes de *La Puce de Ma Dame des Roches* furent publiés à Paris, pour Abel L'Angelier, en 1582. Ils furent réimprimés en 1868 et en 1872, puis en 1926, avec une préface de Fernand Fleuret. Picot [CXXV] a reproduit, pp. 146-147, le sonnet italien et le sonnet espagnol. Nous n'avons aucune étude d'ensemble sur la poésie d'Odet de Turnèbe, dont Fournier [CXXI], p. 230, louait le rythme « alerte et leste, comme ce que Turnèbe chantait ».
23. Le château de Lusignan avait été pris et rasé, en 1574, dans le prolongement de la quatrième guerre civile, après un terrible siège mené par Louis de Bourbon, l'orgueilleux duc de Montpensier. Seule, restait la tour de Mélusine.
24. Montaigne, *Essais*, II, 17, p. 661, cite, dans sa première édition, Adrien Turnèbe, Dorat, Bèze, Buchanan, L'Hopital, Mont-doré, parmi « les bons artisans de la poésie » de son temps.
25. *Epistolae Arnulphi episcopi Lexoviensis nunquam antehac in lucem editae*, Paris, J. Richer. Arnoul fut évêque de Lisieux de 1141 à 1181. Voir Gams, *Series Episcoporum*.
26. Sur cet écrivain, consulter Dante Ughetti, *François d'Amboise (1550-1619)*, Rome, Bulzoni, 1974 [CXIV].

il est nommé Premier Président de la Cour des Monnaies [27], peu de temps avant qu'un accès de fièvre chaude l'emporte, après cinq jours de maladie, le 20 juillet 1581. Il n'avait vécu que vingt huit ans, huit mois et vingt-huit jours, comme le précise l'épitaphe liminaire du *Tumulus* [28] que ses amis lettrés composèrent à sa mémoire de « jeune avocat de grande espérance », d'homme de cœur, de savant et d'agréable dramaturge.

II – LE TEXTE

Présentation

La comédie des *Contens* est, conformément aux conseils de Charles Estienne dans son introduction aux *Abusés,* écrite en prose [29], plus fidèle à l'usage courant que l'écriture en vers. Elle est composée de cinq actes [30], divisés eux-mêmes en trente-six scènes. Elle est précédée d'un prologue badin et elle se termine sur un rapide et vif épilogue. Turnèbe, qui estimait que sa pièce devait se comprendre aisément, n'a pas cru devoir la résumer dans un *Argument* [31]. Il n'est peut-être pas inutile de reproduire ici – avec quelques modifications – l'analyse que Toldo [32] a donnée de la comédie :

« L'auteur ouvre la pièce, qui se passe à Paris, en nous présentant Geneviefve, jeune fille que sa mère Louyse a élevée fort religieusement. Celle-ci voudrait la marier à Eustache, fils d'un certain Girard, bourgeois riche et respectable. Geneviefve, sans s'opposer directement aux projets de sa mère, ne paraît pas trop contente de l'union qu'on lui propose, d'autant plus qu'à l'insu de Louyse elle a déjà prêté l'oreille aux soupirs d'un autre galant, son voisin Basile, tenant lui aussi à une bonne famille, mais qui ne jouit plus des sympathies de Louyse. Il y a encore un troisième prétendant : le « capitaine de foin », Rodomont, devenu désormais le représentant français du militaire fanfaron.

---

27. De la compétence de la Cour des Monnaies relevait tout ce qui concernait la fabrication, la circulation, la falsification et le rognage des pièces de monnaie.

28. Ce *Tumulus* (B.N. Yc 8822 ; Arsenal 8° BL 5774) – auquel participèrent plusieurs poètes de *La Puce* – fut publié en 1582, à Paris, chez Mamert Patisson. Il est décrit avec soin par Picot [CXXV], pp. 149-152. On y trouve des pièces en vers français, latins (Baïf, Du Vair...), hébreux (Jean de Cinqarbres), grecs (Nicolas Goulu), gréco-latins (Florent Chrestien), et des vers mesurés d'Estienne Pasquier.

29. Comme l'étaient les *Corrivaus* de Jean de La Taille, les comédies de Larivey et la tragi-comédie *La Lucelle* de Louis Le Jars (1576) ; comme l'est la comédie *Les Néapolitaines* de François d'Amboise. L'épître publiée par Larivey, en 1579, justifie l'emploi de la prose par l'argument de vraisemblance (à personnages du commun, langage du commun) et fait référence à Bibbiena, l'auteur de *La Calandria.*

30. Ce qui est, nous l'avons vu, l'une des caractéristiques de la comédie régulière française inaugurée par *L'Eugène* de Jodelle (1552) et parfaitement réussie plus tard avec *La Mélite* de Corneille (1629).

31. Les comédies, il est vrai, ne présentent pas, d'ordinaire, d'*Argument* complet. La *Reconnue* de Belleau, seule, comporte un *Argument* séparé, qui résume la pièce.

32. [CXXIX], VI, 1899, pp. 572-574.

Basile, se voyant à bout de ressources par le refus obstiné de la mère de Geneviefve, a recours aux conseils de son serviteur Antoine, qui lui suggère d'emprunter les habits d'Eustache. Il pourra, de la sorte, avoir libre accès dans la maison de la jeune fille, et, si celle-ci ne s'oppose pas à ses désirs, madame Louyse devra bien se résigner, ensuite, à l'avoir pour gendre.

Basile trouve bon le conseil d'Antoine et, pour atteindre son but, se ménage l'appui de la vieille Françoise, une hypocrite courtière d'amours, rusée et fort entreprenante, qui prend sur elle le soin d'éloigner Louyse, d'amadouer la fille et de persuader Eustache de chercher ailleurs son bonheur.

En effet, la vieille femme se met tout de suite à l'ouvrage et, en rencontrant Eustache, lui fait part que la jeune fille, dont elle loue, d'ailleurs, la bonté et la vertu, est affectée d'un chancre qui lui ronge le sein. Cette nouvelle refroidit tout à fait le jeune homme, qui, à la vérité, ne ressentait pas une passion très vive pour Geneviefve. Il établit, partant, de faire de son mieux pour s'opposer à la volonté de son père. En attendant l'occasion favorable pour faire échouer ce mariage, il reçoit chez lui, profitant de l'absence de Girard, une belle garce, qu'un certain Saucisson, escornifleur et maquereau, vient de lui procurer.

Sur ces entrefaites, le capitaine Rodomont, qui, suivi par son laquais Nivelet, a entendu le projet arrêté entre Basile et Françoise, décide de les prévenir. Il empruntera, avant Basile, l'habit de satin incarnat d'Eustache et, à l'aide de ce déguisement, obtiendra, pense-t-il, les faveurs de celle qu'il aime. Il se rend donc chez Eustache, mais celui-ci a déjà donné ses habits à Basile, de sorte que tout ce qui est en son pouvoir pour contenter le capitaine, c'est de lui en faire prêter, par son cousin René, d'autres, qui sont « tout de mesme les *siens* », qu'à empruntés Basile. Il va sans dire qu'Eustache ignore complètement l'intrigue de ses deux amis.

Le capitaine se hâte au rendez-vous, mais, malheureusement, il se trouve nez-à-nez avec trois sergents, commis par Thomas, l'un de ses créanciers, qui le fait arrêter et conduire en prison. Aussi Basile pénètre-t-il sans empêchements chez Geneviefve, laquelle, en suivant l'élan de son cœur et les conseils de Françoise, lui fait un accueil qui le rend heureux.

Tout marcherait donc à souhait, n'était le retour imprévu de Louyse qui, glacée par le froid, quitte l'église, revient au logis, et, en regardant par le trou de la serrure, voit sa fille entre les bras d'un jeune homme, qu'elle prend, à l'habit, pour Eustache.

Alors Louyse enferme « à double resort » les deux amoureux dans la chambre et, en proie à la rage la plus vive, se rend chez son frère Alphonse, en demandant une vengeance cruelle. Girard, de retour chez lui, apprend l'équipée qu'on attribue à son fils et tâche d'apaiser la vieille femme, en lui promettant qu'Eustache remédiera à sa faute par un mariage. Louyse ne veut point se contenter de cette réparation et ne demande rien moins que la vie du jeune homme. La scène prend de plus en plus une apparence tragique.

Heureusement le valet Antoine a l'œil au guet et, grâce à la chambrière de Geneviefve, il trouve le moyen de faire évader Basile en le remplaçant par cette garce [Alix] que Saucisson a procurée à Eustache et à laquelle il fait prendre l'habit accusateur. Alix, sous ce déguisement, se rend donc à la maison de Louyse, et, avant de s'installer chez Geneviefve, elle rencontre, sans qu'il la reconnaisse, son mari, Thomas, le créancier, qui, devinant une femme en train de mener une intrigue d'amour, se livre à des considérations fort plaisantes sur les malheurs des maris, auxquels le ciel n'a pas donné une épouse aussi « preude » et fidèle que la sienne.

Girard, tout troublé de la colère de Louyse, rencontre tout à coup son fils Eustache et le réprimande vivement de sa mauvaise conduite. Le jeune homme croit d'abord qu'il est question d'Alix, mais, lorsqu'il entend qu'il s'agit de Geneviefve, il se donne toutes les peines du monde pour persuader son père que c'est là un tour qu'on lui a joué. Sur ces entrefaites, Louyse survient ; elle traite Eustache de « meschant desloyal », entraîne tout le monde dans la chambre de sa fille, mais, à la place du séducteur, elle ne trouve que cette Alix, qui lui fait croire qu'elle a dû s'habiller en homme, pour épier les intrigues de son mari infidèle.

L'action, qui pourrait avoir là son dénouement, se complique de nouveau par l'arrivée du capitaine, qu'un ami généreux vient de faire délivrer. Louyse, ne pouvant plus marier Geneviefve à Eustache, parce que le jeune homme a profité de cette occasion pour faire échouer le projet de son père, décide de le remplacer par le capitaine. Mais celui-ci, qui sait l'aventure de la fille, renonce à l'honneur qu'on veut lui faire, de sorte que, faute de concurrent, Basile peut enfin épouser sa Geneviefve. Le capitaine met fin à la pièce, en priant les spectateurs de faire

« Quelque signe d'allégresse »
pour signaler que la comédie leur a été agréable ».

Les éditions des « Contens »

L'unique comédie d'Odet de Turnèbe ne fut publiée que trois ans après sa mort, grâce aux soins de son ami Pierre de Ravel, qui en avait retrouvé le manuscrit chez l'un de ses parents parisiens et qui le dédia « à Monsieur Du Sault, conseiller du Roy et son advocat general en la cour du Parlement à Bordeaux ». De cette édition, au tirage sans doute limité, ne subsistent que peu d'exemplaires, dont deux qui sont conservés à la Bibliothèque de l'Arsenal, à Paris [(8° BL. 14312 et 14313) et un autre, gardé à la Bibliothèque Mazarine (Rés. 21679, 3e pièce)] : «Les // Contens. // Comedie nouvel // le en Prose // Françoise // A Paris // Pour Felix le Magnier, Libraire Juré en l'Uni // versité de Paris, au Palais en la Gallerie al // lant à la Chancellerie // MDLXXXIIII // Avec Privilege du Roy ». In 8, de 4 ff. lim., 54 ff. chiffrés de 9 à 63 et 1 f., non numéroté, pour le Privilège, du 16 septembre 1584.

Les ff. lim. contiennent : le titre ; une épître, signée Pierre de Ravel, à Monsieur du Sault ; le *Prologue* et les *Personnages ;* à la fin : un sonnet : *Resjouy toy, Paris, œil unique de France,* qui doit être de Ravel, un *Erratum* (« *Fautes survenues en l'impression* ») et le *Privilège.*

Le nom de l'auteur (*Odet de Tournebu*) est cité dans l'épître et dans le sonnet, (v. 7, *Tournebu qui* vault / trop plus que l'Africain [Térence] et que son eloquence).

La pièce fut réimprimée en 1626 par le pédagogue blésois Charles Maupas, le fils de l'auteur de la *Grammaire françoise*, sur l'unique exemplaire qu'il possédait de l'édition de 1584 :

« *Les Desguisez, Comédie françoise. Avec l'esplication des Proverbes et mots difficiles. Par Charles Maupas. A Bloys. Par Gauché Collas. Devant la grand Fontaine*, 1626 [B.N. Yf 7128 ; Arsenal 8° B.L. 14329].

On le voit, Maupas — dont le propos était essentiellement didactique : il s'agit d'apprendre le français aux étrangers, d'où l'explication des mots difficiles — change le titre de la comédie, sans indiquer le nom de Turnèbe, ni dans son nouveau titre, ni dans l'Epistre dédicatoire *A tous Seigneurs et Gentilhommes Estrangers amateurs de la langue française* (où il loue la pièce « fort artistement et élégamment composée »), ni dans l'Avis au lecteur (qui appelle l'attention sur l'originalité de l'auteur, sur « son discours coulant, ses naïfves conceptions et ses heureuses rencontres »). Dans quel dessein Maupas a-t-il agi de la sorte? Il serait téméraire de se prononcer à ce sujet. Que le jeu des déguisements avec l'habit incarnat, lui ait fait préférer le titre des *Desguisez* [33] à celui des *Contens*, soit ; mais il semble difficile de suivre Paul Sydow [34] quand il écrit que Maupas n'a pas mentionné le nom de Turnèbe parce qu'il pensait que tout le monde savait que cette comédie — pourtant peu connue, sans doute ! — était de notre écrivain. Les raisons de Maupas devaient être autres, qui ne nous sont pas évidentes, dont on voudrait croire qu'elles étaient parfaitement honnêtes.

Après ce curieux avatar, la comédie de Turnèbe dut attendre le XIXème siècle pour être réimprimée, d'abord au tome VII (p. 107-231) de l'*Ancien Théâtre Français* ou *Collection des œuvres dramatiques les plus remarquables depuis les Mystères jusqu'à Corneille*, éd. Viollet-le-Duc, Paris, P. Jannet, 1856, puis dans le *Théâtre français au XVIème et au XVIIème siècles*, p. 91-131, qu'Édouard Fournier fit paraître chez les frères Garnier, à Paris, en 1871.

Près d'un siècle plus tard, à la suggestion du professeur R. Lebègue, un chercheur américain, N.B. Spector (Northwestern University in Evanston, Illinois), donna, chez Didier, à Paris, en 1961, une édition savante des *Contens* avec une introduction copieuse et des notes éclairantes. C'est à cette édition (dont le 3ème tirage, 1983, comporte un complément bibliographique par Robert Aulotte) qu'il sera fait référence dans ce travail.

---

33. Qui est celui d'une pièce publiée dans les *Oeuvres* de Jean Godard, en 1594 et adaptée (comme la comédie perdue des *Abusés* de Jacques Bourgeois, 1545, et la *Comédie des Supposez* de Jean Pierre de Mesmes, 1552), de l'Arioste, *I Suppositi*, œuvre traduite en français par Charles Estienne.
34. *Die Französische Original Komödie des XVIten Jahrundersts* [*CXI*],p. 68.

Date de composition

Sur la date à laquelle Turnèbe composa les *Contens,* nous n'avons aucune certitude. Les documents manquent à cet égard et il serait vain de vouloir tirer parti de telle ou telle indication imprécise du texte, comme l'évocation — très banale — de « l'année du grand hyver » (III, 7, ligne 1657). Les références à la bataille de Moncontour et à celle de Jarnac (IV, 2, 2029 et 2034) qui eurent lieu en 1569 et à la victoire navale remportée, en 1571, par Don Juan d'Espagne sur les Turcs à Lépante (IV, 2, 2036) n'interdiraient pas de penser que la comédie a pu être faite pendant la période des études de droit à Toulouse, en 1572. Mais à cette hypothèse s'opposent et le caractère très parisien de la pièce et les allusions à la prise d'Issoire (III, 2, 1473) en 1577 ou à celle de Maestrich (*ibid.*), ville assiégée en 1576 et en 1579. La date de 1577 est donc un *terminus a quo* assuré, qu'ont retenu la plupart des critiques. Comme le note Spector : « Fournier situe la date de composition en 1578. Les frères Parfaict la placent en 1580. Haraszti donne *avant 1580,* sans préciser et Picot cite 1580 comme la date probable ». On a fait remarquer, aussi, que la protestation de Girard, affirmant (V, 5, 3108-3110) que, pour venir au secours de Louyse, il n'hésiterait pas à « faire de la fausse monnaie », pouvait s'expliquer par la nomination, en 1581, d'Odet de Turnèbe comme premier président de la Cour des Monnaies. Mais Larivey — qui n'avait pas pareil titre — fait dire au maquereau Ruffin, dans *Les Esprits* (I, 3) que « la foy est aujourd'huy pire que la fausse monnaie », preuve que la fausse monnaie appartient aux préoccupations courantes du temps. Pourrait cependant confirmer cette datation tardive de 1580-1581 une phrase — négligée, semble-t-il jusqu'à présent, par la critique—de Rodomont dans la même scène 5 de l'Acte V : «Comment , avez-vous eu des nouvelles que l'on va en Flandres à ce coup, ou en Portugal » (lignes 2991-2992). Référence, croyons-nous, aux ambitions du frère cadet de Henri III de se tailler un royaume aux Pays-Bas [35]. Le duc d'Anjou, ayant accepté la demande des États et du prince d'Orange d'agir comme le défenseur des provinces contre l'Espagne, partit d'Angers pour occuper Mons, en juillet 1578. Claude Haton dans ses *Mémoires* (éd. F. Bourquelot, Paris, Impr. Impériale, 1837, p. 937) parle de la troupe de soudards faméliques [comme Rodomont] que le Duc a levée pour cette expédition. Après une action contre Binche, qu'il prit le 6 septembre 1578, Anjou se retira des Pays-Bas, mais sans que le projet fût abandonné. Après août 1580, en effet, Marnix de Saint-Aldegonde, négocie encore à Fleix, avec le

---

35. Les Pays-Bas, qui n'étaient ni assez prospères, ni assez unis pour s'opposer seuls au roi d'Espagne, vivaient en pleine confusion. Guillaume d'Orange apparaissait à tous comme le chef de la révolte contre les Espagnols du gouverneur Don Juan d'Autriche (nov. 1576-oct. 1578), mais, malgré de vives réserves, c'est au duc d'Alençon — plutôt qu'à la reine Elisabeth d'Angleterre, jugée trop versatile — que s'étaient adressés les Etats de Brabant, en quête d'un souverain. Sur ces affaires des Pays-Bas, on trouvera quelques indications dans le livre de C. Kramer, *Emmery de Lyere et Marnix de Sainte Aldegonde,* La Haye, M. Nijhoff, 1971, p. 53 et suivantes. Voir, aussi, Yves Cazaux, *Naissance des Pays-Bas,* Paris, A. Michel, 1983.

Duc des conditions dans lesquelles il sera revêtu de la souveraineté des
Pays-Bas. L'expédition « à ce coup » en Flandres, évoquée par Rodomont, pourrait se situer dans le contexte historique de cette reprise
d'actions aux Pays-Bas ; qui est aussi celui des préparatifs de guerre
contre Philippe II, devenu roi du Portugal [36] en décembre 1580 et,
dès lors, maître, grâce au contrôle de la route portugaise des Indes et
du Brésil, d'un empire plus vaste que l'avait été celui de son père
Charles-Quint. Il n'est donc pas invraisemblable de penser que la pièce
a été écrite – ou, tout au moins, révisée – dans la deuxième moitié de
1580, ou au début de 1581, peu de temps avant la mort de l'auteur. Ce
qui pourrait expliquer que Turnèbe n'ait pas eu le temps – à supposer
qu'il en ait eu le désir – de la publier.

Les sources et leur utilisation

Il serait bien difficile de trouver une œuvre littéraire du XVIème
siècle – si personnelle qu'elle puisse paraître – qui ne soit marquée, peu
ou prou, par l'imitation, pratique des plus honorables à l'époque. La
comédie Les Contens n'échappe pas à la règle et nous pouvons aisément
reconnaître, ici ou là, dans les situations, dans certains énoncés, dans la
création des personnages, dans les procédés comiques, des influences
qu'après d'autres, comme Toldo, a dépistées avec soin Norman B.
Spector, dont il suffit de rassembler ici, pour le gros, les utiles conclusions.
    Dans Les Contens, l'apport de l'humanisme est – constatation cu-
rieuse – tout à fait réduit. Dire, avec Marie Delcourt [37], que « le sujet
du Miles gloriosus (de Plaute) est à la base des Contens », c'est oublier
que « le couple d'amoureux, afin de pouvoir s'unir, doit écarter » non
seulement « un fanfaron épris de la jeune fille », mais un troisième compétiteur. Et, sans doute, vaut-il mieux suivre Marie Delcourt quand elle
écrit, un peu plus bas : « Ce qui donne à penser que Tournebu n'a guère
été influencé par la comédie latine, c'est qu'il n'a pas songé à faire du
parasite (Saucisson) et du Capitaine (Rodomont) le couple bien connu
qui figure dans l'Eunuque, comme dans le Miles gloriosus ».
    Sur la seule foi du titre, La Monnoye [38] avait – un peu vite –
réduit Les Contens à une simple traduction de I Contenti de Parabosco. En fait, Turnèbe ne traduit pas cette pièce italienne [39] (ce
qu'ont bien vu les tenants – souvent excessifs, par ailleurs – d'un Turnèbe dramaturge tout à fait original), mais il fait plusieurs emprunts à
d'autres comédies de Parabosco, La Notte, Il Marinaio, La Fantesca [40],

---

36. Sébastien Ier, roi du Portugal, avait été tué, le 4 août 1578, à la bataille
de Ksar-el-Kébir. Il ne laissait aucun héritier direct. Le trône revint à Philippe II,
fils d'une infante portugaise.
    37. La Tradition des Comiques Anciens en France avant Molière, Paris, Droz,
1934, [LXVI], pp. 42-43.
    38. Bibliothèques françoises de La Croix du Maine et de Du Verdier, éd. Ri-
goley de Juvigny, Paris, Saillant, 1773, t. IV, 56.
    39. Publiée, à Venise, en 1560, avec l'Ermafrodito, Il Viluppo, Il Pelegrino.
    40. Voir Fournier [CXXI], p. 231. Fournier rapproche aussi les Contens de
Gl'Inganni (1562) de Nicolo Secchi, dont Larivey fera la traduction dans Les
Tromperies (1611).

comme à *Lo Ipocrito* de l'Arétin [41]. Dans la *Poliscena,* généralement attribuée à Leonardo Bruni, Turnèbe a pu trouver l'histoire d'un jeune homme qui, ayant appris qu'il est éconduit par la mère de celle qu'il aime, réussit, avec la complicité d'un serviteur et d'une vieille servante entremetteuse, à s'introduire auprès de la jeune fille. La mère n'a plus alors qu'à se résigner et à oublier son déshonneur au prix d'une promesse, favorisée par le père, du mariage de sa fille avec celui qui « a pris un pain sur la fournée ». Mais il est plus vraisemblable que, comme le remarque Toldo [42], l'idée des *Contens* «« a pu se présenter à l'esprit de Turnèbe après la lecture d'une comédie bien connue alors des deux côtés des Alpes, l'*Alessandro* » d'Alessandro Piccolomini [43] (1508-1578), *commedia recitata dagli Intronati a Siena nel carnavale del 1544* où, comme dans *Les Contens,* l'accent se trouve mis sur la nature sociale de la comédie, miroir de nos fautes de tous les jours. Dans cette pièce, telle que nous la résume Cavalucci [44] : « une jeune fille chaste et vertueuse reçoit un jeune homme dans sa chambre. Son père les surprend par une fissure du mur, les enferme et s'en va demander justice au Duc. Pendant ce temps, l'amoureux s'évade et, Brigida, une femme de mœurs libres, revêtue de ses habits, vient prendre sa place » (Acte IV, 4 ; Acte V, 1). C'est là, effectivement, l'intrigue fondamentale des *Contens,* que l'on retrouverait, d'ailleurs, dans le *Décaméron* de Boccace [45].

La dette envers les œuvres italiennes [46] est donc évidente, plus grande du côté de la *commedia erudita* que de la *commedia dell'arte,* dont R.C.D. Perman [47] a, semble-t-il, exagéré l'influence sur *Les Contens* ; comme G. Reynier [48] avait majoré celle de la *Celestina* de Rojas,

---

41. Spector trouve dans *Les Contens* (duo du Ve acte) des échos de certains passages de cette pièce. Sur les premières comédies de l'Arétin, voir la thèse de P. Larivaille, *L'Arétin entre Renaissance et Maniérisme 1462-1537,* Lille, 1972, reprise dans *Pietro Aretino tra Rinascimento e Manierismo,* Rome, Bolzoni, 1980, pp. 105-137. Dans *Il Filosofo* de l'Arétin, il y a aussi substitution, mais c'est un âne qui vient remplacer l'amant auprès de la belle séduite. Cf. la substitution de la mule à l'amant dans le fabliau *Des Tresces.*

42. [CXXIX], *loc. cit.*

43. Voir F. Cerreta, *Alessandro Piccolomini letterato e filosofo senese del Cinquecento,* Siena, Accademia senese degli Intronati, 1960. Le même critique a donné une édition critique de l'*Alessandro* (Sienne, 1966).

44. [CXIX], p. 57.

45. VI. 8. Sur la présence de Boccace en France au XVIème siècle, voir L. Sozzi, *Boccacio in Francia nel Cinquecento* in *Il Boccacio nella cultura francese,* a cura di Carlo Pellegrini, Florence, Oslchki, 1971, pp. 211-356.

46. C'est ce que reconnaît aussi M. Kawczyński, *Uber des Verhältnis des Lutspiele « Les Contents » von Odet de Turnèbe zu « Les Ebahis » von Jacques Grévin und beider den Italiener,* in *Festschrift zum VIII allgemeinen deutschen Neuphilologentage,* Vienne et Leipzig, 1898 (Bibl. de la Sorbonne, LPC 649, 8°, 1898).

47. « The Influence of the « *commedia dell'arte* » on the French Theatre before 1640, *French Studies,* IX, 1955, pp. 293-303. Voir les conclusions différentes de Norman Spector « Odet de Turnèbe's Les Contens and the Italian Comedy » *French Studies,* XIII, 1959, pp. 304-313.

48. *Les Origines du roman réaliste,* Paris, Hachette, 1912, chapitre XI, *La Célestine* et spécialement, p. 311, à propos des *Contens* : « l'influence de la *Célestine* y apparaît d'une façon certaine ».

dans la mise en œuvre du caractère de Françoise. Réelle aussi — et directe — la présence dans *Les Contens* de souvenirs venus de farces [49], de pièces de théâtre contemporaines, que ce soient des comédies comme *Les Esbahis* de Grévin, *Les Corrivaus* de Jean de La Taille, *Les Jaloux, Le Morfondu, Les Escolliers* de Larivey [50], ou une tragi-comédie, telle la *Lucelle* [51] de Louis Le Jars, elle-même parée, comme *Les Contens,* de plusieurs réminiscences ronsardiennes.

Comme Plaute, comme Shakespeare, comme Molière plus tard, Odet de Turnèbe s'est donc inspiré de ses devanciers. Sa pièce n'est vraiment originale ni dans son fond, ni dans son action, ni dans le choix des personnages, mais des éléments qu'il a butinés, il a su, dans un intelligent effort de re-création, d'invention à partir de l'imitation, faire un miel tout personnel.

Reconnaissons donc les emprunts que — dans l'esprit de son époque — il a faits tout naturellement et dont l'inventaire risque de n'être jamais définitif. Mais ne nous privons pas du plaisir de lire, telle qu'elle s'offre à nous, dans le texte ingénieusement élaboré par l'auteur, pour ses lecteurs et — peut-être — pour ses spectateurs, cette remarquable comédie, « très nouvelle et très française » [52].

---

49. Voir B. Bowen [III], p. 123. « La pièce doit peu à la farce, mais assez pour qu'on s'étonne que ni M. Spector ni M. Perman n'en aient parlé ». B. Bowen découvre l'influence de la farce dans le Prologue, dans la scène d'amour précieux du 5e acte, dans quelques jeux de scène (II, 4), mais elle note que la langue des *Contens* a peu de rapports avec celle de la farce. Nous pensons que la comédie de Turnèbe doit plus à la farce que le dit déjà Barbara Bowen.

50. Voir Spector [CXXVIII], *Sources et Ressemblances*, pp. 145-168.

51. Cette pièce fut, dans une mise en scène de Pierre Constant, créée par le Centre dramatique de La Courneuve, le 18 juillet 1975, au XXIXe Festival d'Avignon, et elle a été représentée, au total, 86 fois en France et à l'étranger (Berlin, R.F.A., Barcelone) devant quelque 22 000 spectateurs. Voir R. Aulotte, « La Lucelle de Louis Le Jars », *Mélanges R. Lebègue,* Paris, Nizet, 1969, pp.97-106.

52. Lintilhac [XXXII], p. 377. A ce plaisir de lire *Les Contens*, nous invite aussi H. Kindermann, *Theatergeschichte Europas,* Salzbourg Müller, 1959, t. II, p. 176-177.

LES
CONTENS
COMEDIE NOVVEL-
LE EN PROSE
Françoise.

MVSARVM IN ODORE QVIESCET

A PARIS,

Pour Felix le Mangnier, Libraire Iuré en l'Vni-
uersiité de Paris, au Palais en la Gallerie al-
lant à la Chancellerie.

M. D. LXXXIIII.

AVEC PRIVILEGE DV ROY.

CHAPITRE IV

LES « CONTENS »
OU LES SCÈNES ANIMÉES
D'UN « JOUR DE FÊTE »

L'action des *Contens* se passe au temps de Carnaval, époque des bals, des visites en masques, des déguisements, des représentations de farces et de comédies — ce dont Turnèbe saura tirer parti — et un jour de fête paroissiale : nous l'apprenons dès l'Acte I, 1 : « aujourd'huy qu'il est feste à notre parroisse » (ligne 11). Louyse le répète, dans les mêmes termes, à la ligne 30. Françoise nous le confirme à l'Acte I, 7 : « à cause de la feste » (ligne 560) ; pour le redire à l'Acte II, 2 (ligne 976). Il est question dans la pièce de « plaisante histoire », de « patelinage » (IV, 5, 2410 et 2413), de « plaisante farce » (IV, 6, 2575). C'est donc, dans une pleine atmosphère de joie qu'à la différence, par exemple, de Grévin dans *La Trésorière*, Turnèbe a voulu placer sa comédie. C'est effectivement dans une pleine atmosphère de joie — menacée un moment, comme le veut la loi du genre, mais triomphante, à la fin — que, du prologue à l'épilogue se déroule la pièce. Une pièce que nous allons suivre, maintenant, dans son développement, dans sa progression interne.

Le Prologue

Dans le théâtre comique, le prologue est de tradition ancienne, à la fois latine et médiévale. Plusieurs comédies de Plaute, l'*Amphitruo*, l'*Asinaria*, l'*Aulularia*... comportent un prologue[1] . Les comédies de Térence [2] en ont toutes un ; l'*Hecyra* en a même deux. Au Moyen Age, dans leurs prologues, les fatistes des *Mystères* et Jean Bodel dans son *Jeu de Saint Nicolas*, appelaient, de même, le public à faire silence avant la représentation [3] .

Comme celle du chœur dans la tragédie (qui n'a pas de prologue), la fonction du prologue comique est d'établir — par la voix d'un annon-

---

1. Sur les prologues de Plaute, voir K. Abel, *Die Plautusprologue*, Dissert, Francfort-sur-le-Main, 1955.
2. Pour les prologues de Térence, on pourra consulter l'ouvrage — toujours valable — de Ph. Fabia, *Les Prologues de Térence*, Paris, 1888 et Eckart Lefèvre, *Die Expositionsteknik in den Komödien des Terenz*, Darmstadt,1969.
3. Ainsi « Or nous faites pais, si l'orrez » au vers 114 du prologue — tenu pour apocryphe par Albert Henry — du *Jeu de Saint Nicolas* de Bodel.

ceur [4] anonyme [5] — le contact direct avec les spectateurs, interpellés par un « vous » incitatif. Cette communication initiale et primordiale, les auteurs de comédies françaises à la Renaissance la recherchent dans presque [6] toutes leurs pièces : pour s'attirer la bienveillance de l'auditoire, par l'annonce d'une pièce divertissante [7] ; pour capter et retenir son attention ; à l'occasion, pour exposer, devant lui, leur conception de la comédie nouvelle, tenue pour bien supérieure aux productions du théâtre médiéval et digne, à coup sûr, de rivaliser avec la toute-puissante tragédie contemporaine. Particulièrement révélateur, à ce dernier égard, le prologue de l'*Eugène* [8], dans lequel Jodelle revendique, en plus, l'honneur d'avoir composé la première comédie originale en français :

> « Assez, assez le Poëte a peu voir
> L'humble argument, le comicque devoir,
> Le vers demis, les personnages bas,
> Les mœurs repris, à tous ne plaire pas :
> Pour ce qu'aucuns de face sourcilleuse
> Ne cherchent point de chose serieuse.
> Aucuns aussi de fureur plus amis,
> Aiment mieux voir Polydore à mort mis,
> Hercule au feu, Iphigene à l'autel,
> Et Troye à sac, que non pas un jeu tel
> Que celuy là qu'ores on vous apporte.
> Ceux là sont bons, et la memoire morte
> De la fureur tant bien representée
> Ne sera point : mais tant ne soit vantée
> Des vieilles mains l'escriture tant brave,
> Que ce Poëte en un poëme grave,
> S'ils eust voulu, n'ait peu representer
> Ce qui pourroit telles gens contenter.
> Or pourautant qu'il veut à chacun plaire,
> Ne dédaignant le plus bas populaire,
> Et pour ce aussi que moindre on ne voit estre
> Le vieil honneur de l'escrivain adextre,
> Qui brusquement traçoit les Comedies,
> Que celuy là qu'ont eu les Tragedies ;
> Voyant aussi que ce genre d'escrire
> Des yeux François si long temps se retire,
> Sans que quelqu'un ait encore esprouvé

---

4. Que l'on peut rapprocher — *mutatis mutandis* — de l'Annoncier dans le *Soulier de Satin* de Claudel.

5. Il n'est jamais l'auteur, dans les comédies de la Renaissance.

6. *La Reconnue* de Belleau est la seule, avec la pièce postérieure des *Ramoneurs,* à n'avoir pas de prologue (mais elle a — nous l'avons dit — un *Argument*).

7. La plupart de ces *Prologues* affirment, en effet, que le but de l'auteur est d'amuser par une pièce « plaisante et facetieuse », comme le dit l'Avant-Jeu des *Néapolitaines.* Deux seulement (*Les Déguisés* de Godard et *Les Escoliers* de Perrin, se reconnaissent un dessein vraiment moral.

8. Sur ce prologue, voir E. Balmas, *Un poeta del Rinascimento francese* [XLIX], pp. 236-240.

Ce que tant bon jadis on a trouvé,
A bien voulu dépendre ceste peine
Pour vous donner sa Comedie Eugene :
A qui ce nom pour ceste cause il donne,
Eugene en est principale personne.
L'invention n'est point d'un vieil Menandre,
Rien d'estranger on ne vous fait entendre,
Le style est nostre, et chacun personnage
Se dit aussi estre de ce langage :
Sans que, brouillant avecques nos farceurs
Le sainct ruisseau de nos plus sainctes Sœurs, [= les Muses]
On moralise un conseil, un escrit,
Un temps, un tout, une chair, un esprit,
Et tels fatras, dont maint et maint folastre
Fait bien souvent l'honneur de son theatre ;
Mais, retraçant la voye des plus vieux,
Vainqueurs encor' du port oblivieux,
Cestuy-ci donne à la France courage
De plus en plus ozer bien d'avantage ».

Le Prologue des *Contens* n'a pas, lui, d'intention apologétique, ni po-lémique, encore moins morale. Il ne s'adresse (c'est là son originalité) qu'aux dames et il ne se propose d'autre fin que d'affirmer, devant les spectatrices, la volonté de l'auteur de les rendre « satisfaites et conten-tes » à tous égards. L'orateur indique, d'entrée de jeu, qu'il était venu pour « raconter en deux mots » le sujet de la comédie, pour donner, en quelque sorte, un rapide Argument. Mais il a pensé que, dans ce do-maine, sa peine serait inutile, puisque le poète lui-même avait veillé à ce qu'après deux ou trois scènes le but auquel il visait apparût claire-ment. Ce but est, à la fois, d'ordre esthétique et érotique. Toute la co-médie, comme souvent dans la *commedia erudita,* se fonde sur l'amour, sujet dont — c'est ce que laisse entendre le prologue — sont friandes les dames qui prennent plaisir à en entendre parler et, plus encore, à le faire. D'où un discours, à double entente, sur les « demandes » des da-mes, discours tout ensemble spirituel et grivois. Puisque les dames « cu-rieuses » — comme le sont celles de Paris — ne se contentent pas de « peu de paroles », ne pourrait donc leur suffire un argument trop court, débité par un orateur unique, « à la voix » au demeurant « cassée » et enrouée. « Saffres », difficilement rassasiées, c'est d'un autre argument, plus long, plus solide, plus substantiel qu'elles ont besoin, elles qui ne se satisfont pas « de poires molles ». Il leur faut un argument qui soit « gail-lard » et qui, après le jeu plaisant de la pièce, les introduise activement à un autre jeu, plus privé. A ce jeu, les inviteront, non plus le seul an-nonceur « un peu foible de reins », mais tous les acteurs, ensemble et en corps, fort heureux d'employer au service des « appetis » des dames, qu'un seul homme, même « en pourpoint », ne pourrait satisfaire, « tous les nerfs et forces de leur engin » [9] ; comme ils auront déployé, pour elles, pendant le spectacle, toutes les ressources de leur « esprit ». Pour le moment, qu'elles se tiennent paisiblement en leur place, « la bouche close et les yeux ouverts ». Après le spectacle, lors du rendez-vous donné derrière la tapisserie, elles pourront, « sur le champ », en compagnie des courtois volontaires de la « bande » « besognante », se « remuer, rire et caqueter à *leur* aise », yeux clos et bouche ouverte, « en toute liberté... de conscience ».

Deux jeux donc, au total, sont proposés aux dames, ce qui, en vérité, n'est pas de trop, si le galant auteur de la comédie veut pleinement « faire le devoir » que méritent « les bonnes graces » de ces dames, « à l'esprit vif » et à la « grande capacité d'entendement ».

Deux jeux qu'évoque − avec une insistance un peu lourde, qu'il serait malséant de trop imiter ici − le jeu verbal de Turnèbe dans ce prologue. Celui-ci procède par association de mots qui peuvent être synonymes (ainsi *engin* et *esprit,* à la ligne 55) mais dont l'un présente une connotation sexuelle, ou par glissement de sens : des *questions* (sens intellectuel) des dames (lignes 19), on passe (ligne 37) au couple *demandes et appetis* (où le deuxième mot appartient au registre érotique) pour aboutir (ligne 54) au groupe : *doutes et difficultez* (est-ce un souvenir de Rabelais, *Quart Livre,* LXIII ?) où s'expriment à la fois les questions que les dames pourront adresser aux acteurs sur la pièce, leurs hésitations morales vites dissipées et les brèves résistances que certaines, par affectation de pudeur, seraient tentées d'opposer, avant de céder complètement au plaisir. Ailleurs (ligne 21), Turnèbe note que les dames ont « déjà desbouché les trous de leurs oreilles » pour mieux entendre la comédie et en tirer plus de satisfaction. Un « bon entendeur » (ligne 25) comprend, aussitôt, que les dames ont deux manières d'entendre. La « capacité de leur entendement » (ligne 28) ne se situe pas seulement dans leur cerveau, mais dans ce « goufre et abisme » (ligne 29) de leur « pièce du bas », qui fait songer au trou de la Sibylle rabelaisienne et par lequel, à la fin de la comédie, les acteurs leur feront « entendre clairement» (ligne 42), «mieux entendre» (ligne 47), le « roide » ·argument, qu'ils leur ont, « par maniere de dire » « *mis* dans la main ».

Deux jeux, et pas d'Argument placé traditionnellement au début de la pièce. On comprend maintenant pourquoi : l'argument attendu par les gourmandes dames ne viendra qu'après la représentation. Amusante originalité de notre Odet, tout à la fois gaulois et marqué par l'in-

---

9. Sur l'emploi métaphorique du mot « engin » voir B. Bowen, « Metaphoric Obscenity in French Farces, 1460-1550 », *Comparative Drama,* XI, 1977-1978, p. 333 : « *Engin,* a general word for *instrument* as well as for *intelligence* (from *ingenium*) can designate a penis or a vagina, and so can *cas,* while the horse-riding metaphor can be used by the man or the woman ».

De ce mot « engin », on rapprochera les « outils » dont Nivelet espère que Rodomont saura jouer, « quand il sera entré chez Geneviefve » (Acte I, 8, lignes 680-681).

fluence italienne [10], qui joue avec les jeux dans ce prologue, où le *la* se trouve, dès l'entrée, clairement donné à la pièce tout entière.

L'action proprement dite

Les cinq actes de la pièce sont à peu près d'égale longueur (entre 660 et 740 lignes), sauf le troisième[11], sensiblement plus court (moins de 500 lignes). L'action s'y développe en suivant le mouvement général que Josse Bade avait dégagé de son examen des comédies de Térence :
— In primo horum actuum, ut plurimum explicatur argumentum.
— In secundo, fabula agi incipit et ad finem tendere cupit.
— In tertio, inseritur perturbatio et impedimentum et desperatio rei concupitae.
— In quarto, remedium alicujus interventus affertur.
— In quinto, autem, omnia ad optatum finem, ut jam saepe dixi, perducuntur [12].

Le premier acte, en effet, introduit, dans un duo tout de contestation, deux personnages essentiels, Louyse, la mère, et sa fille Geneviefve (scène 1) ; puis le groupe contrasté de l'amoureux ridicule, Rodomont (vu, comme il sied à un personnage dont l'être ne coïncide pas avec le paraître, à travers les paroles de son valet Nivelet — scène 2 — et en personne — scène 3) et de Basile, le soupirant auquel vont les préférences de Geneviefve ; enfin « l'agent double », l'entreprenante entremetteuse Françoise (scènes 5 et 7) [13]. Nous connaissons ainsi, dès le départ, presque tous les personnages principaux et nous savons de quoi il s'agit : du mariage menacé de Geneviefve, qui voudrait devenir la femme de Basile, alors que sa mère s'entête à refuser celui-ci pour gendre et à vouloir « accorder » sa fille avec un troisième amoureux, Eustache, qui, lui, n'apparaît pas dans ce premier acte, mais dont on parle déjà comme d'une pièce maîtresse du jeu [14].
Nous avons, même, dans cet acte un début d'action : 1) avec la résolution de Louyse ; 2) avec le projet—bien arrêté—de Basile de s'introduire auprès de Geneviefve ; 3) avec le même projet — en fait, un contre-projet — que Nivelet va conseiller à Rodomont de mettre à exécution ; 4) avec l'intervention — décisive — de Françoise qui, faisant preuve d'habi-

---

10. Comme le fait justement remarquer G. Mathieu-Castellani, *Les thèmes amoureux dans la poésie française »*, *1570-1600*, Paris, Klincksieck, 1975 : « les gauloiseries ne sont pas seulement gauloises ; les Italiens, par exemple, ne dédaignent pas de plaisanter assez grassement et la vie sexuelle est encore, en cette fin de siècle, prétexte à calembours, à jeux d'esprit » (p. 200).
11. Dans *La Trésorière* de Grévin, c'est le dernier acte — vraiment trop statique — qui est le plus court.
12. Cité d'après H.W. Lawton, *A Handbook of French Renaissance Dramatic Theory*, Manchester, 1940, p. 30.
13. Les scènes 6 et 8 sont des monologues de Nivelet, qui occupe la scène pendant les déplacements de Françoise.
14. La technique de présentation des personnages est, ici, aussi bonne que dans *L'Eugène* de Jodelle et bien supérieure à celle des *Esbahis* ou de *La Reconnue*, où les amoureux n'apparaissent que tard.

leté perverse, balaie les scrupules qu'avait Geneviefve, à l'idée de recevoir Basile, chez elle, seul à seule.

Au deuxième acte, l'action progresse et commence à tendre vers le dénouement, puisque le troisième compétiteur, Eustache, renonce à concourir parmi les prétendants au mariage. Renoncement de plus en plus net : Eustache qui, dans la scène première, hésitait à s'engager, parce qu'il pensait que son ami, Basile, « estoit mieux aux bonnes graces de la fille » que lui, quitte la poursuite (scène 3) après que Françoise lui a, diaboliquement, fait croire que Geneviefve est « infiniement tourmentée d'un chancre qu'elle a à un tétin » (scène 2). L'acte II est, donc, celui de l'élimination d'Eustache qui, pour chasser un reste de regret et de mélancolie, envisage de se consoler agréablement avec « la belle garce » que lui a proposée « l'escornifleur et maquereau » Saucisson (scènes 5 et 6). Le chemin serait donc libre pour Basile, n'était qu'avance, parallèlement, le projet de Rodomont, qui réussit (scène 4) à se faire « accomoder » par Eustache un habit appartenant à son cousin et semblable à celui qu'Eustache a prêté à Basile pour son entreprise de « séduction ». Ce dont, bien sûr, ne sait rien Basile, que Françoise, de son côté, encourage (scène 7) à agir promptement, en lui racontant la « fable » qu'elle a « si bien inventée » et qui, selon elle, fait que « tout *est* rompu, au moins quant à Eustache ».

Le troisième acte nous fait connaître de nouveaux personnages : le marchand de la rue Saint-Denis, Thomas, et sa femme, Alix (scènes 4 et 5). Celle-ci a fait croire à son mari qu'elle allait en pélerinage à Notre-Dame de Liesse [15], mais elle n'est autre que le « tendron » promis à Eustache par Saucisson. Cet acte est celui de l'élimination momentanée de Rodomont, que le marchand Thomas fait emprisonner pour dettes

---

15. Liesse — dont l'étymologie repose sur un nom d'homme gallo-romain, *Licentius*, et non sur le *Laetitia* auquel le rattache la ferveur populaire — se trouve à quelque cent-cinquante kilomètres de Paris, à « quatre lieues » au Nord-Est de Laon (Aisne). C'était, depuis le XIVème siècle, le lieu d'un pélerinage célèbre aux pieds d'une Vierge noire (Voir Jean de Saint-Pérès, *Histoire miraculeuse de Nostre Dame de Liesse*, Paris, 1647 et 1657). La tradition voulait que, vers 1134 ou lors de la croisade de saint Louis en Égypte, des anges eussent apporté cette statue à trois chevaliers picards de Saint-Jean-de-Jérusalem prisonniers au Caire et qu'après leur libération miraculeuse, cette Vierge noire les eût guidés jusqu'à leur retour en Laonnois. Au XVIème siècle, les rois de France s'acheminèrent souvent vers Liesse, ce qui conduisit le cardinal de Lorraine à faire de son château de Marchais, tout proche, une sorte d'hôtellerie royale. L'apogée du pélerinage se situe précisément à l'époque des *Contens*, après la réparation des dégâts commis par les Huguenots, en 1567. L'atteste, entre autres, Belleforest au premier tome de sa *Cosmographie de France*, où il traite de la Picardie : « Non loin de Laon est ceste place tant renommée de Lyance ou Lyence, pour le temple sacré de la glorieuse Mere de nostre Dieu, la Vierge noire, le pelerinage ancien de nos Rois et où Dieu fait de grands miracles pour l'amour et pour les merites de celle qu'il a choisie pour sa mere ». (I, 1, 368) Depuis le XVème siècle, les confréries de Notre-Dame de Liesse s'étaient multipliées en France et Paris allait en compter jusqu'à trois. Dans leur théâtre, rue de la Grande Truanderie, près de la place de Grève, les confrères parisiens, appelés *gloutons* ou *goulus*, avaient joué des miracles composés pour eux par Jean Louvet, dont, en 1547, celui des *Trois chevaliers qui furent sauvés par l'image de Notre-Dame de Liesse*.

par trois sergents (scène 3). Basile, qui a vu l'arrestation, a donc tout lieu de se réjouir et, comprenant ce que Rodomont, vêtu de l'habit du cousin René, voulait faire, il « delibere de prendre l'occasion au poil » (scène 3), ce dont Antoine, son valet, se réjouit pour lui, imaginant quel plaisir il aurait lui-même, si « pareille commodité » lui était offerte avec Perrette, la chambrière de Geneviefve. Point, alors, avec Antoine, de « contes de la cigogne », foin de ces approches timorées des « amoureux de Caresme qui ne touchent pas à la chair », mais un vigoureux « branle de un dedans et deux dehors » (scène 6). Monologue qui ajoute un accord érotique à la partie voluptueuse [16] que Basile et Geneviefve sont en train de jouer dans la salle de la maison de Louyse. Hélas pour les amoureux, Louyse, chassée de l'église par le froid « morfondant », rentre précipitamment chez elle par la porte que Basile a laissée étourdiment ouverte. Elle surprend, « par le trou de la serrure de l'huis » le larron qui *vole* l'honneur de sa fille et le *sien* » (scène 7). Elle enferme le coupable et sa complice. *Perturbatio* donc, et *impedimentum*. *Impedimentum*, mais non pas exactement « obstacle » pour Basile. Louyse, en effet, abusée par l'habit incarnat, victime, elle aussi, du même quiproquo qu'avait fait Saucisson dans la scène quatrième, et qu'elle avait déjà commis lors du bal masqué donné, la veille, chez elle (Acte I, I, lignes 110-111), a pris Basile pour Eustache ! Ainsi, c'est d'Eustache que Louyse, horrifiée par ce qu'elle a vu, décide d'aller se plaindre avec véhémence, à son père Girard. Ne le trouvant pas chez lui, elle se résout à partir demander conseil à son frère [17] (scène 8). Pendant ce temps, Antoine, resté dans la rue, hèle Perrette, à qui il apprend que Louyse a vu son maître « jouant beau jeu » avec Geneviefve. Inquiète [18] de la tournure que l'affaire peut prendre pour elle-même, Perrette suit le conseil que lui donne l'avisé Antoine de faire sortir par l'une des « fenestres qui respondent sur la court », l'amoureux « serré à resort ». Et Antoine, de son côté, imagine de faire prendre à Alix, revêtue de l'habit incarnat, la place de Basile auprès de Geneviefve (scène 9).

L'action est, de la sorte, pleinement nouée dans ce troisième acte [19]. Louyse comprend clairement que Geneviefve n'est pas, comme elle le croyait naïvement, « la meilleure fille et la plus obeissante qui soit dans Paris » (lignes 1668-1669) et qu'elle n'a nulle intention de se

---

16. Que nous ne voyons pas, évidemment, mais dont le monologue d'Antoine nous rend l'atmosphère : façon habile de faire sentir sur la scène, ce qui, par bienséance, doit se passer en coulisse.

17. Même démarche dans *Les Esprits* de Larivey, II, 3, où Séverin déclare à Frontin : « Je veux premierement chasser ces diables de ma maison, puis j'iray trouver mon frere pour me conseiller avecques luy de ce que je doibs faire ».

18. *Desperatio* de Perrette : « Antoine, mon amy, nous sommes perdues (Geneviefve et elle), si Dieu n'a pitié de nous. Et tout le mal retombera sur moy, d'autant que l'on pensera que j'en auray esté la courtiere » (lignes 1824-1827). Mais *desperatio* active, agissante, puisqu'elle va permettre la libération de Basile.

19. C'est souvent le cas au théâtre. Cf. dans la tragédie de *Polyeucte*, le scandale du temple survient entre la fin du deuxième acte, scène 6 : « Allons briser ces Dieux de pierre et de métal » et le début de l'acte troisième, scène 1, où Stratonice raconte à Pauline la « brutale insolence » de Polyeucte et de Néarque.

faire religieuse : éventualité dont Bradamante menacera aussi sa mère, dans la tragi-comédie de Garnier. D'autre part, les deux soupirants qui restent en course se trouvent prisonniers, au cours de cet acte, mais l'avantage se dessine nettement en faveur de Basile, qui est promptement libéré et dont nous savons qu'il n'est pas soupçonné par Louyse. Certes, il a eu « la derniere de ses peurs », lorsque, « prest à rentrer en lice », à « fourgonner », il a « ouï fourgonner à la serrure », mais il est assuré de la « segnalée faveur » de Geneviefve et sa crainte ne concerne que la jeune fille, à l'honneur blessé, dont il faut apaiser la mère : ce dont Antoine lui fournit aussitôt le moyen. Rodomont, en revanche, à qui l'*impedimentum* d'un pénible emprisonnement peut paraître durable, a des raisons de s'abandonner à la *desperatio rei concupitae*.

Au quatrième acte : *remedium*. *Remedium* pour Rodomont, d'abord, dont Thomas nous apprend (scène 1) qu'il a été libéré, grâce à l'intervention d'un généreux gentilhomme. Pour Eustache, ensuite, qui peut s'expliquer devant son père en lui révélant le stratagème de Basile (scène 5) et se justifier devant Louyse, puisque celle-ci a trouvé, chez elle, dans la chambre de sa fille « une jeune femme de la rue Saint-Denis, habillée en homme » (scène 6). Et Eustache de confirmer publiquement que « jamais Geneviefve ne lui sera rien et pour cause » (lignes 2546-2547). Nous voici donc revenus presque à la case-départ, à la situation du début de l'acte deuxième, à ceci près, qui n'est pas peu, que c'est Basile qui a réussi son entreprise de séduction auprès de Geneviefve. Ce qu'ignorent encore et Louyse — à qui il faudra faire accepter la chose, quand elle la connaîtra — et ce Rodomont, dont la fin de la comédie, si elle veut être heureuse, requiert la définitive élimination. Celle-ci va survenir au dernier acte.

Cinquième acte [20] : *Omnia ad optatum finem perducuntur*. Dans la première scène, Françoise, bannissant toute idée de *desperatio*, trace à Basile sa ligne de conduite : « Trouvez le moyen de faire vostre paix avec Louyse, ou faites en sorte que le capitaine sache ce qui s'est passé entre vous et Geneviefve » (lignes 2689-2691). « Il ne se faut desesperer » (ligne 2701). Louyse, cependant, peu édifiée de « la masquarade » d'Alix et rendue méfiante par ce que son médecin Damian lui a appris des «garsons-fillettes»(scène 2), reste «bien deliberée de marier *sa* fille à Rodomont», si Eustache persiste dans son refus. Tandis qu'elle va

---

20. Ce cinquième acte, moins enlevé que celui des *Esbahis*, mais plus utile que celui de *La Trésorière*, est, comme le quatrième un peu vide, au plan théâtral. Au quatrième acte, le seul « effet » dramatique se situe dans la première scène, où Thomas ne reconnaît pas sa femme Alix sous l'habit incarnat, mais il lui semble, cependant, qu'une femme — « qui va planter des cornes au plus haut des biens de quelque pauvre mary » — se cache sous ce déguisement d'homme, autorisé par le carnaval, mais, au demeurant, assez habituel en toute saison, à l'époque (Calvin et les moralistes le déplorent). Au cinquième acte, la seule « action » virtuelle ne se passe que dans l'esprit de Rodomont, qui envisage d'enlever Geneviefve et, si elle résiste, de « mettre le feu au logis et brusler toute la rue, voire, pardieu, la moytié de Paris » puis de « hascher Basile plus menu que chair à pasté » (lignes 2898-2905). Paroles «verbales», pures rodomontades, sans effet aucun au plan de la réalité représentable.

trouver Girard, nous entendons le lyrique duo d'amour qui consacre l'accord entre Basile et Geneviefve (scène 3). A la scène quatrième, renoncement de Rodomont, à qui Nivelet confirme que Basile « a eu le pucelage de Geneviefve » et qui (scène 5) fait part à Louyse de son refus de jouer, en la circonstance, le rôle généreux, mais ridicule, des chevaliers courtois. Louyse se trouve alors réduite à la nécessité de souhaiter avoir pour gendre ce Basile dont elle ne voulait plus, mais dont elle sait, maintenant, qu'il a « consommé le mariage » avec sa fille. Ce à quoi s'accorde volontiers Basile. Le mariage, désiré par les amoureux, « resolu par Dieu en son conseil privé » est donc décidé. « Il n'est plus temps de desguiser les matières » conclut Girard (lignes 3069-3070). La comédie des masques, qui eût pu mal tourner, est heureusement terminée. Geneviefve, à qui Alix était venue « porter un mommon » (ligne 3067), portera peut-être un poupon, mais qu'importe, « puisque Dieu a permis que les choses se fissent ainsi » (lignes 3209-3210). Tout est bien qui finit bien.

Ainsi l'action de cette « comédie érudite » — en dépit de quelques longueurs et de la grande complication de l'intrigue [21], due, pour une bonne part, à la présence de trois amoureux pour une seule jeune fille[22] — tend-elle progressivement vers le but que s'est fixé Basile et qui est explicitement exposé dès le premier acte : que Geneviefve soit sienne, malgré l'opiniâtre — et peu claire — opposition de Louyse et les périls que constituent, au départ, Eustache et Rodomont. Ce but est, d'une certaine façon, atteint dès le troisième acte, mais ce n'est pas seulement d'un mariage forcé, consommé dans la hâte et dans la crainte, que veulent les cœurs enflammés des deux amoureux. La course, par éliminations, au mariage d'amour socialement approuvé, voulu par Dieu, accepté par tous dans la joie, doit donc continuer jusqu'à ce que le renoncement de Rodomont soit officiel et que se trouve levé l'obstacle de l'entêtement de Louyse. Ce qui n'intervient qu'au dernier acte où — notons-le, au passage — le dénouement procède, non du hasard, non d'un quelconque *deus ex machina,* mais de l'évolution psychologique des personnages.

---

21. L'imbroglio est, en effet, plus chargé que chez Plaute ou que chez Térence. Nous avons affaire ici à cette surcharge de matière, fréquente au XVIème siècle et à laquelle fait allusion Montaigne : « Il m'est souvent tombé en fantaisie, comme en nostre temps, ceux qui se meslent de faire des comedies (ainsi que les Italiens qui y sont assez heureux) employent trois ou quatre arguments de celles de Terence et de Plaute pour en faire une des leurs. Ils entassent en une seule Comedie cinq ou six contes de Boccace. Ce qui les faict ainsi se charger de matiere, c'est la deffiance qu'ils ont de se pouvoir soustenir de leurs propres graces : il faut qu'ils trouvent un corps où s'appuyer ; et n'ayant pas du leur assez de quoy nous arrester, ils veulent que le conte nous amuse ». (*Essais*, II, 10, p. 441, éd. Villey-Saulnier). Mais Turnèbe, lui, a de quoi « se soutenir de *ses* propres graces ».

22. Cette complication durera longtemps encore. Dans l'*Amélie* de Rotrou, représentée en 1633, publiée en 1637, nous retrouvons trois soupirants, Eraste, Dionis, Émile, dont un capitaine (Émile), autour d'une même jeune fille, Amélie. Le schéma de l'*Illusion comique* (première édition, 1639 ; représentée, sans doute, dès l'été de 1635) est le même, Corneille et Rotrou se référant sans doute à une source unique qui pourrait être, selon R. Garapon, une « comedia » espagnole de l'âge d'or. Dans l'*Illusion comique*, à côté d'Isabelle, nous avons Matamore, amoureux d'Isabelle, Clindor, son suivant, amant d'Isabelle, et Adraste, amoureux, lui aussi, d'Isabelle.

Au total, l'action des Contens pourrait s'organiser selon le schéma triparti d'Aristote [23] : 1) un mariage souhaité par deux amoureux, mais bien menacé dans sa réalisation, non seulement par la présence de deux autres compétiteurs, mais par l'aversion — obstacle apparemment irréductible — de Louyse à l'endroit de Basile (*protasis*) ; 2) le jeu mêlé des projet et contre-projet de séduction, avec ruses, péripéties, quiproquos, déguisements multiples, union clandestine (*epitasis*) ; 3) l'heureux dénouement (*catastrophe*). Mais il est vraisemblable que Turnèbe — conformément à l'attitude générale des dramaturges du XVIème siècle, qui ne paraissent pas avoir été vraiment gênés par ce qu'il pouvait y avoir de contradictoire dans les diverses manières théoriques de découper l'action [24] — s'est essentiellement soucié de la répartition en actes et en scènes — qui est, effectivement, celle de sa pièce. Et l'on peut dire qu'il y a bien réussi. A la fin de chacun des quatre premiers actes, l'action de ce « jour de fête » reste en suspens, dont on ne célèbre la joyeuse issue que dans les dernières lignes du cinquième acte. Et presque toujours [25] (ce qui est rare alors et le sera encore sous Henri IV et sous Louis XIII), Turnèbe a respecté la liaison des scènes entre elles, recourant tantôt à la liaison de présence, tantôt à la liaison de vue, tantôt à la liaison d'écoute. Dans la liaison de présence, un ou plusieurs personnages de la scène précédente restent devant les spectateurs : c'est le cas, par exemple, à l'acte II, scène 1 — 2 : Girard et Eustache, qui animent la scène 1, vont au devant de Louyse et Françoise et occupent, alors, le lieu théâtral avec elles. Dans la liaison de vue, tous les personnages d'une scène disparaissent, mais ils indiquent, en partant, qu'ils ont vu « l'entreparleur », qui interviendra dans la scène suivante : ainsi, dans l'acte I, scènes 1—2, Louyse et Geneviefve quittent la scène, pour faire place à Nivelet, le « garson habillé de vert » qu'elles ont aperçu « attendant au coing de la ruelle » (ligne 132). Dans la liaison d'écoute, un personnage présent, mais qui n'a pas été vu, apparaît pour commenter ce qu'il a entendu : comme à l'acte III, scène 3, où Basile, seul, se réjouit de l'arrestation (à laquelle il a assisté, sans y être mêlé le moins du monde) de Rodomont par les trois « bons » sergents. Monologue qui, comme tous

---

23. Et même selon le découpage en quatre temps de Scaliger. *Protasis* et *catastrophe* resteraient les mêmes ; l'*epitasis* couvrirait tout ce qui, après la *protasis*, précède la jouissance que Basile prend de Geneviefve « auparavant le jour des nopces » ; la séduction — forcée et consentie à la fois — avec ses conséquences immédiates, constituerait la *catastasis*, le point de *climax* ou d'*acmé* de la pièce.

24. Voir W. Beare, *The Roman Stage*, 3e éd., Londres, 1964, p. 217 : « The scholars of the Renaissance did the best to reconcile the two theories, five-acte and three part, but ... the two are mutually exclusive ».

25. Exception, par exemple, entre la scène 1 et la scène 2 de l'Acte IV, où rien ne lie la présence d'Eustache et de Rodomont (scène 2) à la scène 1 (Thomas, Basile, Alix, Antoine). Entre la scène 8 et la scène 9 de l'acte III, il y a, en revanche, liaison de présence : Antoine, muet, est resté sur la scène, pendant que Gentilly et Louise conversent dans la scène 8.

ceux des *Contens*, où un personnage est laissé seul sur l'estrade (I, 6, etc.), est — c'est là particularité de Turnèbe — qualifié de scène nouvelle [26].

L'épilogue

Il remplit exactement la fonction inverse du prologue. Celui-ci invitait les spectateurs à quitter le monde de la réalité pour se laisser emporter dans l'univers de l'illusion. L'épilogue, généralement prononcé par l'un des acteurs, et, à l'imitation des comédies italiennes, par un personnage mineur ou « minorisé », (ici Rodomont, qui témoigne, ainsi, de son contentement devant le mariage définitivement arrêté de Basile et de Geneviefve) marque la fin du jeu. Les dames sont invitées à se retirer chez elles, dans leur milieu prosaïque, pratique et bourgeois, «car voicy l'heure que l'on commence à souper aux bonnes maisons ». Il est donc temps pour elles de partir vaquer à leurs vespérales occupations quotidiennes. Mais non sans avoir, au préalable, montré leur satisfaction par « quelque signe d'allegresse ». Au *Silete* traditionnel du prologue, correspond le non moins habituel *Plaudite* de l'épilogue. Par leurs applaudissements, les dames indiqueront qu'elles sont bien désireuses de « revenir en ce lieu le jour des noces de Basile et de Geneviefve», jour de printemps, sans doute, après le temps de pénitence et de privation du Carême qui va s'ouvrir, jour où l'atmosphère érotique redeviendra celle « du bon temps » des « jours gras » de la pièce (ligne 1233) et sera telle que les ébats amoureux ne seront vraisemblablement pas réservés aux seuls nouveaux-mariés. Si elles n'y prennent garde, les dames pourraient en effet, se retrouver alors « à la renverse, toutes plates contre terre », sous l'effet couchant du vent de la Flamberge de Rodomont, épée non pas meurtrière, mais propre seulement à procurer d'agréables pâmoisons. Les voilà prévenues, ou plutôt appâtées, car elles seront trop contentes, assurément, de « prester » leur consentement à la chose et de réciter leur *In manus* [27] dans des mains qui ne seront, certes pas, celles du Seigneur.

---

26. En théorie, il y avait scène nouvelle quand un personnage sortait et qu'un autre entrait. Charles Estienne avait rappelé ce principe (dont on trouve l'application stricte dans *La Trésorière* et *Les Esbahis*) dans son *Epistre au lecteur,* en tête de l'*Andrie* (1542). Voir ch. II, p. 28. Donat avait, à tort — ce que lui reproche Scaliger — limité à cinq le nombre de sorties d'un personnage.

Dans *Les Contens*, à l'acte III, scène 3, tous les personnages qui ont parlé à la scène précédente, sont sortis ; seul, reste sur la scène Basile, qui, caché mais présent, a vu « le fendeur de naseaux ... empesché au millieu des trois sergens ». Turnèbe est donc justifié d'avoir vu là une scène nouvelle.

27. C'est la prière du Christ sur la Croix : « Père, je remets mon esprit entre tes mains » (Saint Luc XXIII, 46) récitée au début de Complies, dernière partie de l'office divin, qui se dit après vêpres. Marguerite de Navarre avait gardé à l'expression *In manus* son sens religieux, dans la XXVIème Nouvelle de l'*Heptaméron* où la Dame, sur le point de mourir, « commença à dire bien haut son *In manus* ». De même, Louis Le Jars dans la *Lucelle*, acte IV, scène 4. Dans *Les Esprits* de Larivey, il y a déjà parodie, lorsque Séverin, acte II, 3, déclare : « Or sus, au nom de Dieu et de Sainct Antoine de Padoue, *in manus tuas, domine, commendo spiritum meum*». En effet, ce que l'avare confie à Dieu, c'est sa bourse, qui est toute sa vie. Jeu aussi, mais grivois cette fois, à la fin des *Contens*. : les dames tomberont dans les

Sur un titre

La pièce ainsi examinée dans sa cohérente structure interne et dans son mouvement progressif, nous pouvons revenir sur la question controversée du titre de la comédie : *Les Contens.*

Ce titre, Maupas, nous l'avons vu, ne l'avait pas retenu en 1626 et, au début du XXème siècle, Paul Sydow [28] justifiait encore le maître blésois, en déclarant qu'à son avis cette appellation de *Contens* était « vide de sens ». Vide de sens, voire ! Ambiguë, si l'on veut, comme tout — ou presque tout — dans cette pièce. Serait-il tout à fait impertinent, en effet, de rattacher à la racine du verbe latin *contendere,* lutter, rivaliser, le titre d'une pièce où il y a rivalité amoureuse entre trois compétiteurs et lutte de l'un d'entre eux pour vaincre à la fois les deux autres prétendants et l'entêtée mère de la jeune fille, qui « pour mourir » ne le voudrait accepter comme gendre ? Nous aurions ainsi, en quelque sorte, des *Corrivaus* d'Odet de Turnèbe. Nous n'irons pas, personnellement, jusqu'à retenir cette interprétation, à nos yeux un peu forcée. La pièce s'appelle *Les Contens*—ce qui, à la vérité, n'est pas très original, pour une comédie [29] — parce qu'à la fin chacun des personnages principaux est content ou, si l'on préfère, déclare qu'il « seroit marry », si, en ce « jour de feste », le dénouement était autre qu'il n'est. La pièce s'achève par l'annonce que les deux amoureux seront *mariés* et que personne ne sera *marry.* Jeu avec les mots, sans doute, mais bien révélateur, croyons-nous, des intentions de Turnèbe, qui, avec une fréquence plus grande, nous semble-t-il, que les auteurs de comédies contemporaines, emploie *marry,* pour évoquer, par contraste ou par contrepoint, la notion de *contentement.*

Contents, Basile et Geneviefve le sont, il va de soi, à la fin de la pièce. Françoise prétend bien, au début, que Basile « seroit *marry* » d'avoir « tiré un cheveu de la teste » de Geneviefve, qu'elle ne lui eût « mis premierement le bout en la main » (lignes 595-597). Un peu plus loin, Basile déclare encore, à la même Françoise, qu'il est « *marry* du mal que Geneviefve endure à son occasion » (lignes 2694 et suivantes). Mais, dans le duo d'amour, les deux jeunes gens proclament à l'unisson leur vif contentement, d'abord souhaité (lignes 2806-2807), ensuite envisagé dans le futur (ligne 2810), puis considéré comme déjà présent (ligne 2811) [30] et, enfin, tout à fait réalisé, après la capitulation de l'obstinée Louyse.

---

mains gaillardes de Rodomont. Ajoutons, ici, que par cette référence, à la fin de la pièce, à l'*In manus* de la dernière heure canoniste, Rodomont peut préparer l'invitation qu'il va faire aux dames d'applaudir, avec leurs mains.

28. Paul Sydow [CXI], p. 68.

29. Dans l'Argument de *La Reconnue,* la comédie est ainsi résumée : « Et tous demeurent contens ». Et, dans *Le Brave* de Baïf, l'Épilogue joué par Raton est composé sur les mots *content* (sept occurrences) et *se contenter* (trois occurrences).

30. — Basile : « Madame, je prie à Dieu qu'il vous veuille rendre *contente* »
— Geneviefve : « ... Je seray assez *contente,* si vous l'estes »
— Basile : « Je suis maintenant assez *content* ... »

Content, lui aussi, Eustache, même si (ou parce que) Geneviefve lui échappe. Il eût été, confie-t-il, « bien *content* d'espouser Geneviefve », s'il avait été convaincu de l'amour de la jeune fille pour lui (lignes 777-778). Il se dit « bien aise et *marry* tout ensemble » (ligne 1506), d'avoir appris de Françoise – qui, « comme l'ange à Tobie [31], l'*a adverti de son* salut » (lignes 1089-1090) – l'imperfection physique malignement prêtée à Geneviefve. *Marrisson* de courte durée : dès la ligne 1099, dans la même scène, Eustache n'est plus que « bien aise » ; « bien aise » d'avoir rencontré Rodomont avec qui il se propose de « se desennuyer ». Il semble, cependant, encore « tout triste » à Rodomont dans la quatrième scène de l'acte second (ligne 1129), mais sa « melancolie », qui « n'estoit pas grande », a cessé dès la sixième scène du même acte, où il est « bien aise » que son père n'ait pas réussi à « contracter » avec Louyse. A l'acte IV, 2 (lignes 1987-1989), il est seulement « *marry* que le Seigneur Basile ne *lui ait* pas plustost déclaré l'affection mutuelle que Geneviefve et luy se portoient ». Il se fût ainsi évité les soins d'une cour dont l'issue ne lui paraissait pas sûre ; et c'est « de bien bon cœur» qu'il cède la place et qu'il se réjouit de la « bonne fortune » méritée par Basile. Absent du cinquième acte, tout comme Françoise – qui n'est certainement pas « *marrie* » que Basile ait entrepris à l'endroit de Geneviefve chose qui n'était pas à faire (I, 7, 590-592) – il sera, ainsi qu'elle, invité par Louyse à « venir souper en *son* logis » (V, 6, 3230) : contents, tous deux, de l'issue d'une intrigue où Eustache n'aura rien laissé de sa liberté, qu'il ne veut pas encore aliéner, et où Françoise – sans perdre l'estime de Louyse, qu'elle abuse toujours – aura gagné quelques écus, impur loyer de ses équivoques services auprès de Basile et d'Eustache lui-même.

Content, de même, Girard. S'il était « bien *marry* » (II, 6, 1280) de n'avoir pu – à cause du refus de Geneviefve – s'entendre, comme il l'espérait, avec Louyse pour un premier ban de mariage dès «l'aprèsdisnée» (II, 1, 785-786) ; s'il promet, sur sa foi, qu'il est « bien *marry* » que Louyse ne veuille pas « rentrer en grace » avec Eustache (IV, 6, 2486), qu'elle tient pour celui qui a ravi l'honneur de sa fille, il se félicite, au contraire, à l'acte cinquième de l'aide dont il voit Dieu le gratifier (ligne 3134) et, à l'extrême fin de la pièce (ligne 3227), il dit tout uniment qu'il ne se fera pas « prier deux fois » pour accepter l'invitation à souper de Louyse, qui, «de bon cœur», a pardonné à Basile.

---

31. Référence à l'intervention de l'ange Raphaël, qui conduit le jeune Tobie au pays des Mèdes, et qui guérit son père de la cécité provoquée par la chute de fiente chaude d'oiseaux sur ses yeux. (*Ancien Testament, Livre de Tobie* – non reconnu par les protestants, I, VII). La mise en garde de Françoise est donc tenue, par Eustache, pour providentielle et éclairante. On se rappellera, aussi que Catherine des Roches avait donné en 1579 : *Un Acte de la Tragicomedie de Tobie, où sont représentées les Amours et les Noces du jeune Tobie et de Sarra, fille de Raguel.* Nous avons peut-être ici un « coup de chapeau » de Turnèbe à celle qu'il avait célébrée à Poitiers. Celle-ci avait repris, dans sa pièce, l'épisode du même *Livre de Tobie* où Raphaël délivre Sara du démon Asmodée qui avait fait mourir ses sept premiers maris dans la chambre nuptiale, la nuit où ils allaient vers elle. On voit de quelle richesse signifiante se charge ici l'allusion à Tobie.

Car Louyse, elle non plus, ne laisse pas d'être contente de l'heureux achèvement de cette journée. L'opposition de Geneviefve dans la scène initiale l'a, sans aucun doute, irritée sur le moment, mais, à cause de la pluie glaciale, elle s'inquiète pour la santé de sa fille qu'au fond, elle aime et apprécie : « Vrayment le bon vrayment, je serois bien *marrie* si ceste fille là avoit mal »[32] (III, 7, 1667-1668) et, en écho, elle prie Dieu de lui « donner un mary tel qu'elle le merite » (ligne 1676). Peinée d'avoir mal placé sa confiance en Geneviefve, elle n'a, à son adresse, que des plaintes et non de rudes reproches. Elle est profondément fâchée, en revanche, à l'acte quatrième, scène sixième. C'est d'un ton ironique et menaçant qu'elle déclare à Girard qu'elle est « bien aise de l'avoir trouvé » (ligne 2181). Un peu adoucie, ensuite, par son frère Alphonse qui l'invite à *contenter* Girard, elle concède à celui-ci qu'elle ne le hait point, même si elle entend toujours faire emprisonner son fils. Lorsque, « appaisée par Girard », elle consent à donner sa fille à Basile, dont elle va devenir, ainsi, la mère[33], comme elle était déjà celle de Geneviefve, elle n'est plus «*marrie*» que du seul procédé utilisé par son futur gendre (V, 6, 3187-3188) et elle reconnaît qu'elle serait « bien *marrie* de contredire » au sage raisonnement du père d'Eustache (ligne 3208) et aux desseins contraignants de la Providence divine.

Expression à laquelle fait, enfin, écho le «Et moy, je serois bien *marry* de vous desdire» où s'affirme la joyeuse adhésion de Rodomont à l'idée de souper chez Louyse[34].

Ed i sei contenti tutti quanti, si dispongono per andare a cena[35].
Non pas seulement « Tout se contente », comme dans *La Trésorière* de

---

32. Ce serait, vraisemblablement, trop forcer que d'ımaginer dans cette déclaration de Louyse qui reprend presque exactement les mots de Jacqueline concernant sa fille « en sainte », dans Les *Corrivaus*, III, 1, un jeu sur *mal/masle* (Cf. ligne 1046), mais il y a dans cette scène, III, 7, un contraste marqué, à valeur comique, entre la confiance aveugle de Louyse dans la vertu de sa fille et la réalité érotique qu'elle voit de ses yeux. Au lieu des larrons, dont, trouvant ouverte la porte de la maison, elle avait tout naturellement (Cf. Larivey, *Les Esprits*, II,3) craint la venue, elle ne voit par le trou de la serrure de la porte de la salle qu'un seul « larron », viril et vidant « les points principaux et les plus facheux », plus amateur de virginité que de vaisselle. Les illusions de Louyse sur sa fille font penser à celles d'Alisa dans la *Célestine,* acte XIV.

33. Significatif, dans la bouche de Basile, le passage de *Madame* (ligne 3189) à *Ma mere* (ligne 3212).

34. A ce souper, Alix et Thomas assisteront-ils ? Sans doute pas, car il ne sont pas de « la compagnie » (ligne 3230) et les mœurs légères de la marchande risqueraient d'y être révélées. Mais nous avons lieu de croire qu'Alix est contente de ne pas avoir été compromise aux yeux de son mari et d'avoir montré qu'elle savait « *jouer* dextrement *son* personnage » (IV, 1, 1965-1966). Et que son niais de mari, toujours heureux d'avoir une « si preude femme », se tiendra, par ailleurs, *content* (IV, I, 1932) d'avoir récupéré, au moins, la moitié de la dette qu'avait envers luı Rodomont, à qui, à la vérité, il avait vendu sa marchandise « au double de ce qu'elle valoit ».

35. Comme l'indique Cavalucci [CXIX], p. 51, c'est sur cette phrase que s'achèvent *I sei Contenti* de G. del Carretto.

Grévin (v. 1368) (c'est-à-dire que tout rentre dans l'ordre, après « l'avantureux desordre » que présentait l'amour du vieux Josse pour une toute jeune fille). Mais « Tous sont contents » et vont convivialement célébrer dans l'atmosphère chaude et réconciliée de la maison de Louyse — où la pièce a commencé, où elle va se prolonger — la « felice» fin d'une journée, courte [36] mais animée, qu'avaient menacée le froid morfondant d'un hiver pluvieux, les ambiguités psychologiques qui divisent et désenchantent, sans oublier l'ennui des interminables sermons jacobins, ennemis de la vraie fête des joyeux jours gras [37].

---

36. Nous sommes, en effet, en plein hiver, en février, sans doute, quoique Girard parle (IV, 4, 2168) d'un « mois de janvier », ce qui n'est pas tout à fait incompatible avec la référence aux Jours Gras, le Dimanche Gras de 1581 s'étant situé dès le 5 février. Les journées sont courtes. On tarde à se lever : c'est le cas pour Geneviefve (acte I, 1). Et l'obscurité, vite venue, permet de se cacher, d'épier dans l'ombre.

37. On lira, avec intérêt, le texte reproduit par J. Lough (*French Studies*, XI, 1957, p. 260-264) de *L'ouverture des jours gras ou l'entretien du Carnaval*, Paris, Michel Blageart, 1634.

Scena comica de Sebastiano Serlio
(*Il primo libro d'archittetura*, Paris, 1545).

CHAPITRE V

SUR QUELQUES POINTS
DE TECHNIQUE DRAMATIQUE
DANS « LES CONTENS »

Comme le remarque N.Spector, « aucun document n'atteste une représentation des *Contens* au XVIème siècle » [1]. Il se peut, d'ailleurs, que la pièce que Turnèbe avait faite « en s'esbatant » n'ait pas été destinée à être publiée, encore moins à être jouée. Mais, sans aller jusqu'à affirmer, avec P. Kohler, « qu'il est infiniment probable que *Les Contens* ont été joués » [2], nous devons cependant poser le problème de la mise en scène, car certaines indications du texte laissent entendre que Turnèbe, même s'il ne s'est, en un temps de Carnaval, proposé que son propre divertissement et celui de ses amis, a pu, quand même, songer à la représentation de sa comédie. Dès le prologue, en effet, il est question d'une « tapisserie » (ligne 52), c'est-à-dire d'un rideau, d'une courtine, qui sert de fond de scène et qui cache les coulisses ; ailleurs, il est fait référence à des logis, à une rue, à des ruelles, avec des recoins où, sous des auvents, l'on peut se cacher, pour épier. Même si la pièce n'a pas été jouée au XVIème siècle, ce qui reste vraisemblable à nos yeux — elle est assurément jouable, puisqu'elle fut jouée, — en version remaniée—à l'Odéon, en 1893 [3]. Et jouable, encore de nos jours (c'était tait, selon Raymond Lebègue, l'opinion des directeurs de deux troupes théâtrales qui, il y a quelque vingt ans, songeaient à donner une adaptation des *Contens*), à condition, pensons-nous, d'en réduire un peu la longueur. Turnèbe y a voulu, à l'évidence, montrer qu'il pouvait respecter les conventions de la comédie de la Renaissance. Non seulement — nous l'avons vu — l'action, malgré sa complexité, est une et se développe progressivement selon un schéma qui peut être aussi bien celui d'Aristote que celui d'Horace, mais sont observées, également, avec une grande attention, l'unité de lieu et l'unité de temps.

---

1. Spector [CXXVIII], p. XXXV.
2. P. Kohler, *Autour de Molière. L'esprit classique et la comédie*, Paris, Payot, 1925, p. 150.
3. L. Lemaître [CXXIV] : « *Les Contens* seront donc représentés publiquement tout à l'heure ... C'est certainement la meilleure comédie faite au XVIème siècle à l'imitation des Anciens ... La composition [certes] laisse à désirer, la grossièreté du fond et du dialogue [est regrettable], mais les types de la comédie antique sont habilement transposés, le milieu est excellemment établi et le style [se recommande] par la franchise, la couleur, le nombre, la correction et même la limpidité ».

L'unité de lieu et le problème de la mise en scène

Le théâtre religieux du Moyen Age avait connu le décor juxtaposé, rassemblant une pluralité de lieux souvent éloignés les uns des autres dans la réalité [4], et représentés par des mansions situées dans le cadre multiple et stylisé d'une mise en scène qui pouvait être grandiose ou manquer tout à fait d'opulence. Quand, dans un mystère, un personnage devait aller d'un lieu dans un autre, géographiquement fort distant, il le faisait dans les coulisses. Avant sa réapparition dans la deuxième mansion, une scène intercalée rendait sensible [5] la durée de son déplacement.

Le décor de la farce, lui, était, d'ordinaire, des plus sommaires — même dans le cas de *Pathelin* — souvent peu coûteux et parfois voisin du décor zéro [6] : une plate-forme en plein vent, posée à l'occasion sur des tréteaux ; la partie arrière ou *scena* de ce plateau nu est séparée de la scène proprement dite par un rideau, une tenture, qui dissimule au public ce que Michel Rousse appelle avec raison l'espace-coulisse et qui, « sur le devant forme un fond de scène où, par des fentes ou des rideaux à glissières, les acteurs font leurs entrées et leurs sorties, ou bien encore, passant la tête, épient sans être vus. Au besoin, une échelle permet de faire paraître un personnage au-dessus de ce fond de scène... qui peut,

---

4. Voir R. Lebègue, *Unité et pluralité* [LXXXVII], p. 349 : « La miniature de la *Passion* de Jérusalem juxtapose Jérusalem, Nazareth et une mer. Le décor de la *Vie de Saint Didier*, mystère d'étendue moyenne, représente simultanément les villes de Langres, de Lyon, d'Arles et le palais de l'empereur à Rome ». Cette pluralité des lieux se retrouvera dans la tragédie irrégulière et dans la tragi-comédie, florissante un peu avant 1580.

5. Ces scènes d'attente ne disparaîtront pas complètement, quand on respectera l'unité de lieu. Nous les retrouvons dans le théâtre du XVIème siècle, pour occuper le temps du déplacement, même rapide, d'un autre personnage qui a quitté la scène. Ainsi, dans *Les Contens,* le monologue de Basile (I, 4, 400-410) pendant la commission vite faite d'Antoine ; ainsi, également, les conversations d'Eustache et de Saucisson (II, 5) durant l'aller-et-retour de Gentilly, et celles de Girard et d'Eustache (IV, 5) alors que Louyse est allée consulter Bartole. De même, dans la *Bradamante* de Garnier : quand Léon a laissé Roger pour aller voir l'empereur Charlemagne, Bradamante (acte III, 2) s'abandonne à un monologue lyrique de quelque cinquante alexandrins, où elle chante tristement son amour pour « son » Roger. Les dramaturges du XVIIème siècle y recourront, eux aussi, pour meubler le temps pendant lequel se déroule en coulisse un événement important. Dans *Polyeucte* (III, 1), Pauline confie sa crainte, alors que Polyeucte va au temple briser les idoles. Dans *Britannicus,* pendant le banquet fatal qui sera raconté par Burrhus, nous avons un dialogue d'attente entre Agrippine et Junie (V, 3). Même scène intercalée, entre Thésée et Panope, dans *Phèdre* (V, 5) après le départ d'Hippolyte et avant le récit de Théramène.

6. Un simple rideau de fond avec fentes sur les côtés. C'est le décor représenté par la gravure de Liefrinck, intitulée *Comédie ou farce à six personnages.* Sur ce plateau nu, doublé par un « espace-coulisse », symbolisant l'ailleurs, servant de vestiaire, inscrivant « le jeu dans la fiction », voir les pertinentes et profondes remarques de Michel Rousse (que nous remercions vivement ici) dans « L'Espace scénique des farces » *Le théâtre au Moyen Age*, Actes du Colloque d'Alençon 1977, Montréal, G. Muller, 1981, pp. 137-146, et surtout « Fonction du dispositif théâtral dans la genèse de la farce », Colloque de Viterbe, 1983, à paraître.

aussi, suggérer une ou plusieurs maisons » [7]. En effet, l'action peut —
s'agissant de la farce — se passer dans un, deux, ou trois lieux auxquels
seules donnent l'existence les indications des personnages intégrées au
dialogue ou la présence d'un objet-symbole (une cuve dans *Le Cuvier,*
une table dans *Le Gentilhomme et Naudet*).

Les auteurs des comédies françaises de la Renaissance purent, à
l'occasion, se contenter de ce décor rudimentaire de la farce, mais,
semble-t-il, ils empruntèrent plutôt, au théâtre des Anciens, la place ou
la rue théâtralisée dans laquelle tous les personnages peuvent, sans difficulté, se rencontrer : décor commode, qui devait ressembler à celui
des gravures du *Térence* de Trechsel [8] ou, encore, à ceux des dessins de
Peruzzi et des gravures de l'architecte Serlio. Celui-ci, dans son livre
d'*Archittetura* (1545) avait discuté les trois types (tragique, comique,
satirique, c'est-à-dire pastoral) de décor indiqués par Vitruve et avait
offert aux lecteurs ses propres illustrations de chacun d'entre eux, en
mettant l'accent sur la perspective, pour donner l'illusion de la profon-
deur. Au fond, apparaissent des maisons bourgeoises, proches l'une de
l'autre dans la réalité, devant lesquelles l'action se passe, en plein air [9],
dans un espace libre et neutre, qui constitue un lieu unique, entendu au
sens large [10]. Un décor simultané donc (non plus artificiellement juxtaposé) avec maisons praticables ; décor que les auteurs comiques du règne d'Henri III perfectionneront sur certains points (fenêtres, ruelles) à
l'imitation, sans doute, de ces comédiens italiens de la *Commedia dell'
Arte,* sur le décor de laquelle nous renseignent fort bien les gravures du
Recueil Fossard.

L'action des *Contens* se passe dans un même quartier du centre, à
Paris. Le décor se compose de deux maisons, celle de Louyse et celle de
Girard, peut-être d'une troisième, celle du juriste Bartole, comme le suggère, mais sans nécessité absolue, Brian Jeffery [11]. Ces maisons sont voisines, ainsi que le précisent certaines indications de la pièce (III, 4, 1594
et IV, 5, 2440). La maison de Girard s'ouvre par une porte, sous une fenêtre (« Qui est *là-bas* ? », IV, 5, 2305). Le logis de Louyse présente
une porte de devant, qui peut être fermée à clef (V, 3, 2760) et un
« huys de derriere » (V, 2, 2713). Il comprend une « salle », au rez-de-
chaussée, et au-dessus une chambre ou des chambres. Geneviefve occupe une chambre à l'étage (« Qu'on se despeche de descendre », I, 1, 10)

7. Voir J. Jacquot, *Les types de lieu théâtral* [LXXIV], p. 487. De ce théâtre
forain, nous gardent le témoignage iconographique la miniature du recueil de chansons du manuscrit 126 conservé à la Bibliothèque municipale de Cambrai et un détail de la *Kermesse villageoise* de Pieter Balten, au Rijksmuseum d'Amsterdam.
    8. Au fond d'un espace neutre, quatre ou cinq mansions juxtaposées qui rap-
pellent le décor multiple des mystères. Chaque mansion représente une maison
schématisée, sur laquelle un écriteau indique le nom du propriétaire. Un rideau, qui
peut s'ouvrir ou se tirer, dissimule l'intérieur du rez-de-chaussée.
    9. Chez Molière, en revanche, sauf dans *Dom Juan* et l'*École des Femmes* (la
scène est sur une place de ville) toute l'action se passe à l'intérieur de maisons
bourgeoises.
    10. C'est ainsi que le comprenait Castelvetro, pour qui tout ce qu'un œil hu-
main pouvait embrasser sans peine, d'une seule fois, constituait un lieu unique.
    11. Brian Jeffery [LXXVI], p. 78.

avec un petit oratoire (III, 7, 1673). La « salle » où est rangée la vaisselle d'argent, où un « lict vert » est posé dans un coin « assez obscur »
(III, 7, 1706), est percée de deux ou plusieurs fenêtres qui donnent sur
la cour (III, 9, 1829) et d'une autre fenêtre, côté rue, par laquelle Geneviefve parlera à Basile (V, 3).

Devant les maisons, une rue où peut passer « une charrete » [12] (V,
4, 2946), et où se déroule l'essentiel de l'action vue [13]. Avec, au moins
deux ruelles, qui permettent d'éviter de fâcheuses rencontres. Tous ces
éléments peuvent être − on le voit − assez facilement représentés dans
l'unité complexe et composite du décor simultané [14] de Serlio, celui de
sa *scena comica*. Le décor de Serlio est plus élaboré, en vérité, que celui
dont Turnèbe a besoin dans *Les Contens*, puisqu'il comporte aussi, en
trompe-l'œil, les maisons de la maquerelle Rufia, celle d'un boucher,
une église et les logis de plusieurs bourgeois. A Turnèbe, il ne faut qu'un
décor simultané réduit, ce qui lui permet de se plier aisément à la règle
de l'unité de lieu.

Nous ne pouvons, cependant, pas exclure une autre possibilité de
décor pour *Les Contens* : celle du dispositif scénique minimal de la farce, tel que la pratiquaient ces Basochiens, auxquels professionnellement
se rattachait Turnèbe et que Louyse évoque, de manière explicite, à
l'acte III, 7 : « Si je le mets en justice, un chascun se rira de moy et, qui
plus est, on me jouera aux pois pillez et à la bazoche » [15]. Référence que
l'on aurait tort, croyons-nous, de négliger. Dans le cas d'une scène nue,
sans doute peu profonde, où les personnages se rangeraient pour déter-

---

12. Nous apprenons (V, 4, 2945) que Rodomont s'est caché derrière une
charrette pour entendre le dialogue de l'acte I, 4 entre Basile et Antoine. Dans
l'acte I, 3, Turnèbe avait écrit que Rodomont s'était alors retiré « un peu à quartier sous *un* auvent ». Petite inconséquence.

13. Assez curieusement pour nous, à l'acte IV, 5, Girard, qui a dû renoncer
à aller jusqu'à Charenton, revient chez lui et au lieu d'entrer dans la maison, en fait sortir son fils, pour lui parler de la «séduction» de Geneviefve. Craint-il, comme le
pense Spector, l'indiscrétion de ses gens et se sent-il plus libre dans la rue, à un
moment où personne n'y passe ? En fait, une telle conversation privée dans la rue
n'a rien de surprenant pour le théâtre de l'époque. En revanche, le début de l'acte I,
1, doit se passer, non dans la rue, mais dans la maison de Louyse, ou, tout au moins,
dans le lieu de l'espace scénique qui est supposé la représenter.

14. Ce décor, où l'unité de lieu est faite de maisons voisines juxtaposées, per-
sistera au moins jusqu'au *Cid*. Ce n'est que vers 1640 qu'on arrive au lieu vraiment
unique : « conquête plus coûteuse que profitable, « victoire à la Pyrrhus » comme
le remarque J. Scherer, car elle condamne souvent à l'invraisemblance [CXXXVIII],
p. 195.

15. Sur les « pois pillez » ou « pois baiens », voir J. Dufournet, *Sur le Jeu de
la Feuillée, Études complémentaires*, Paris, SEDES, 1977 : « Les pois étaient asso-
ciés à la folie. Varlet demande à Saint Acaire *asses de pois pilés*. L'expression, qui
désignait des pois en purée, devint le nom de pièces comiques assez grossières ou de
choses sans valeur qui n'abusent que les sots. Il existait à la fin du Moyen Age, dans
l'Hôpital de la Trinité, un Hôtel des *Pois Pilés*, qui était le siège des confrères de la
Passion », p. 135, n.7. Sans doute, Louyse fait-elle allusion à cet *Hôtel des Pois
Pilés*. Sur La Basoche, ensemble des avoués et des clercs du Parlement, voir Howard
Harvey, *The theatre of the Basoche* [XXI], qui a peut-être tendance à exagérer l'importance des représentations dramatiques données sous les auspices de cette confrérie.

miner eux-mêmes, à volonté, plusieurs lieux de jeu, la tapisserie, indiquée dans le prologue, trouve, en effet, plus que s'il y a décor simultané, son plein emploi. Elle délimite « l'espace-coulisse » et fournit, ainsi, à l'espace de jeu un prolongement qui peut (tout comme « l'espace vu », où les maisons ne sont plus que suggérées) se transformer, selon les besoins de l'action, grâce aux indications fournies par les propos des personnages.

Peut-être objectera-t-on qu'il devient difficile, dès lors, de comprendre le « Sus, qu'on se despeche de descendre » de l'acte I, 1, 10, qui paraît impliquer que le spectateur (une fois supposé « enlevé » le mur de façade de la maison de Louyse) voit l'intérieur à étage du logis. A cette difficulté, une seule solution : l'appel − tout à fait normal au théâtre − à l'imagination du public. Dès lors, la mise en scène ne fait plus problème. Devant la tapisserie − qui porte peut-être un écriteau mentionnant le nom de Louyse − dans l'espace de jeu censé être cette maison, Louyse, qui est alors sur le même niveau de « l'echaffaud » que Geneviefve, accompagne d'un geste vers le bas l'exhortation (*on*) qu'elle s'adresse, ainsi qu'à sa fille, de descendre. Ou bien − autre possibilité − Geneviefve se trouve, seule, à l'étage et l'invitation pressante, avec un geste différent, de haut en bas, ne s'adresse qu'à la jeune fille. Dans l'un et l'autre cas, c'est aux spectateurs de se représenter la scène, guidés par les mots et par les gestes de Louyse, qui suggérera, de même, les ruelles mentionnées à la fin de la scène.

Faut-il croire que c'est à cette mise en scène dépouillée de la farce qu'a songé, aussi, Turnèbe : décor moins onéreux, donc mieux adapté à la représentation éventuelle d'une comédie faite pour le plaisir ; décor de basochien « content » de faire rire son public à l'évocation (au sens plein) de cette « folle journée »? Rien, bien sûr, n'impose cette hypothèse, qui aurait l'avantage supplémentaire de rendre moins sensibles − intellectuellement − quelques « inconséquences » comme le dialogue, dans la rue, d'Eustache et de Girard (IV, 5) ou la divergence « charrete/ auvent » signalée dans la note 12, mais présenterait l'inconvénient de réduire l'aspect théâtral de la scène « à la fenêtre » du cinquième acte. Quelle que soit la mise en scène retenue, décor simultané ou plateau nu de la farce, Turnèbe, on le voit, s'était habilement arrangé pour n'avoir aucune difficulté avec la règle de l'unité de lieu, liée à l'unité aristotélicienne de temps.

L'unité de temps

Réclamée, en effet, par Aristote, strictement respectée chez Térence (sauf dans l'*Heautontimoroumenos* qui se développe sur deux jours) jamais observée dans les Mystères, prônée par les commentateurs italiens d'Aristote et par Jean de La Taille, l'unité de temps est scrupuleusement suivie dans *Les Contens* par Turnèbe qui − conformément aux prescriptions de Robertello − réussit même à renfermer son intrigue, pourtant embrouillée, entre le point du jour et le coucher du soleil [16],

---

16. Spector [CXXVIII], p. XXXVIII. Voir aussi Jeffery [LXXVI], p. 133.

entre la première messe basse du matin et les Complies d'après vêpres, aux environs de six heures [17]. Spector, à qui nous pouvons nous contenter simplement de renvoyer ici, à dénombré une cinquantaine d'allusions variées à l'heure du jour pendant le cours de l'action, preuves de la volonté manifeste de Turnèbe de préciser le temps, comme il avait soigneusement indiqué le lieu. Le temps est scrupuleusement marqué par des références aux offices religieux, aux repas, à la position du soleil, à la venue de l'obscurité, aux sonneries de cloches. Turnèbe procède de la sorte, non pas seulement par désir de ne pas violer la règle, mais par souci dramatique. Lorsque l'action ne requiert pas de précisions chronologiques, l'indication reste vague sur le progrès du temps : ainsi, la plus grande partie des actes III et IV se situe dans « l'après-disnée ». Mais les notations se font plus exactes, au besoin. Par exemple, dans la première scène de la pièce. La discussion entre Louyse et Geneviefve commence au bruit de la volée rapide des cloches qui appellent les paroissiens à se préparer pour aller à la messe. A la fin de la scène, Louyse observe que l'on en est à la sonnerie lente des cloches, qui tintent cette fois, annonce du début presque immédiat de la messe. Il y a donc, marquée par la différence de branle, urgence de plus en plus grande, si la mère et la fille ne veulent pas arriver après le *Confiteor*, c'est-à-dire après le rite d'entrée de la messe basse. Et si Louyse veut éviter « les mouches » [18] (II, 2, 818), échapper à la rencontre de ceux qu'elle tient pour d'importuns soupirants de sa fille, comme Basile et le Capitaine Rodomont !

Les monologues

En relation — du moins partielle — avec les unités de lieu et de temps, le recours, dans la pièce, aux monologues dont nous allons étudier la fonction. En rappelant, d'abord, qu'à l'époque, le monologue de théâtre s'inscrit dans un système de conventions, souvent contraires à la vraisemblance, mais parfaitement admises. Ce système vient des Anciens [19]. Il n'est donc pas, ici, de l'invention de Turnèbe. Celui-ci sait, au demeurant, que le procédé ne choquera pas dans la pièce. Ses contemporains trouvent normal que des personnages de théâtre monologuent (ou dialoguent) en pleine rue sur leurs affaires les plus secrètes

---

17. L'unité de temps (vingt-quatre heures) est généralement observée dans la plupart des comédies, sauf dans *Les Déguisés,* et au XVIIème siècle, dans *Les Ramonneurs* et dans *Mélite.* Dans *L'Eugène, La Reconnue, Les Esprits,* les références chronologiques sont précises ; elles restent vagues dans *La Trésorière, Les Esbahis, Les Corrivaus, Les Escoliers.* Cette unité de temps est d'ordinaire respectée, aussi, dans les tragédies, à l'exception de l'*Abraham sacrifiant* de Bèze, qui s'étend sur plusieurs journées.

18. Cf. l'apophtegme latin bien connu « abige muscas », qui met en garde contre la « levitas ac molestia complectentium ».

19. Par exemple, Plaute et Térence. Pour l'abbé d'Aubignac — qui écrit vers 1610 —, s'il n'y a pas de monologues véritables, chez les anciens tragiques, les personnages parlant en présence des chœurs, « les deux Comiques latins que nos Modernes ont imitez, ont inséré (pas toujours à propos, dit-il) plusieurs monologues presqu'en toutes les comédies que nous en avons » (*La Pratique du Théâtre*, III, ch. 8, éd. Martino, pp. 250-251.

et que leurs révélations soient, ainsi, surprises par des gens cachés, qui les épient. Plus tard, encore sous Henri IV et sous Louis XIII, les œuvres dramatiques ne manqueront pas, (que l'on songe aux *Galanteries du duc d'Ossonne* de Mairet ou à l'*Amélie* de Rotrou), où une héroïne feindra de s'endormir sur la scène et, rêvant alors de son amour, livrera ses pensées les plus intimes à son amoureux ou à un rival de celui-ci [20].

Sur ce monologue intérieur extériorisé, les théoriciens du théâtre du XVIème siècle ne s'étaient guère exprimés. Certes Scaliger [21] fait, de façon assez confuse d'ailleurs, allusion au « monoprosopos » dans son premier livre *Historicus,* aux chapitres IV (consacré aux pastorales) et IX (sur les parties de la comédie et de la tragédie). Dans un premier passage, il constate que, de l'*otium* — « voluptatis ac lasciviae pater » — des bergers, sont nées « duae species Cantiuncularum. Altera, cum singulis sub aestivam reducti umbram saturi canerent amores : Monoproposos haec. Altera ... » (ch. IV, p. 6, C, col. de droite, éd. de Lyon, Antoine Vincent, 1561). Un peu plus loin, après s'être intéressé aux vêtements des nymphes et des satyres, il s'interroge sur les occupations des satyres : « Quid igitur facerent curis soluti ... ? Primum itaque omnium monoprosopon Amatorium. Huic proximum Oaristyae : in quibus procus et puella de amore vel disputant mutuo vel contendunt inaequali. Cujus modi est Idyllium mollissimum atque candidissimum Theocriti » (ch. IV, p. 7, C, col. de gauche). Enfin, dans le chapitre IX, il note que : « Fuit autem per initia, Monoproposopos Chorus in Fabulis. Unus enim quispiam prodibat civium vitia recensens, idque sine cantu. Talis est apud Plautum Choragus in Gurgulione » (p. 16, C, col. de gauche).

Mais, on le voit, Scaliger entend par « monoproposos » autre chose qu'une forme du langage dramatique. Ce dont il parle, c'est d'une sorte de genre, de « ce que les Anciens appelloient en Grec *Recit d'un seul personnage,* comme ont esté plusieurs Eglogues grecques et latines et plusieurs discours du Chœur dans les premieres Comedies et que Stiblin appelle Monodie » [22]. Ce qui, bien sûr, n'a pas empêché les dramaturges du XVIème siècle de pratiquer le monologue au sens de parole expressive qui ne s'adresse ni au public [comme c'est le cas pour le faux aparté [23] de Geneviefve (I, 1, 124-128) et pour celui — de tradition plautinienne — de Nivelet [24], à l'acte I, 3 (lignes 191-193], ni à aucun interlocuteur. Désireux d'imiter l'emphase, la rhétorique abondante et fleurie de Sénèque — dont l'influence s'exerce fortement dans ces temps

---

20. De même encore, sur un autre registre, dans l'*École des Femmes* (IV, 2), la scène du notaire et d'Arnolphe, qui est si préoccupé qu'il ne s'aperçoit pas que le notaire répond à son monologue. Donneau de Visé la critiquera au nom de la vraisemblance, mais il reconnaîtra qu'elle a obtenu un grand succès.

21. Je remercie Monsieur Magnien, à qui je dois les références aux trois passages, qui vont être cités, des *Poetices libri septem.*

22. Abbé d'Aubignac, *Pratique,* p. 250.

23. Dont l'emploi est rare au théâtre, note P. Larthomas, *Le langage dramatique,* Paris, P.U.F., 1980, p. 381.

24. « Ne vous avais-je pas bien dit que tous ses propos n'estoient autre chose que fer esmoulu, feu et sang ». Le *vous* indique clairement, ici, l'adresse au public.

des plus troublés — les auteurs de tragédies multiplient dans leurs pièces, jusqu'aux environs de 1580 [25], de fort longs monologues ; suivis dans cette voie par ceux qui écriront les tragédies irrégulières conduisant au théâtre de Hardy [26]. Dans les comédies, les monologues abondent, aussi : ils occupent près de quarante pour cent du texte des *Esbahis* et plus de la moitié de celui de *La Reconnue,* où neuf scènes seulement sur vingt-six sont entièrement ou partiellement composées de dialogues. La proportion est moindre chez Turnèbe : entre quinze et vingt pour cent. Signe manifeste que Turnèbe se préoccupe davantage que ses prédécesseurs de ce qui, dans l'action, est proprement mouvement dramatique.

Sur les trente scènes des quatre premiers actes, les deux tiers comportent des monologues ; l'acte cinquième n'en a qu'un, celui d'Antoine au début de la première scène. Les scènes faites toutes entières d'un monologue — ou d'un monologue double [27], comme dans l'acte III, 7 où Louyse parle et Antoine commente sans que Louyse l'entende — ne se rencontrent que dans les trois premiers actes [28] qui sont, par ailleurs, les mieux réussis au plan dramatique. S'expriment en monologues presque tous les personnages : les trois amoureux, Louyse et Françoise, Girard et Thomas, et même le serviteur Antoine ainsi que le laquais Nivelet. Mais non Geneviefve, ce qui peut paraître curieux, si l'on admet, avec J. Scherer, que la fonction essentielle du monologue est de « permettre l'expression lyrique du sentiment » [29] ; expression qui, en ce qui concerne Geneviefve, trouve, en fait, sa place dans le dialogue amoureux du cinquième acte.

Dans *Les Contens,* les fonctions du monologue sont multiples. Pour respecter au mieux les unités de temps et de lieu, comme pour ne pas manquer aux bienséances, Turnèbe doit, en effet, *multa tollere ex oculis,* faire se passer une grande partie de l'action dans les coulisses. Comment informe-t-il les spectateurs de ces événements cachés ? Par des récits, qui peuvent être des monologues ou — il est vrai — prendre, à l'occasion, la forme d'un dialogue : c'est le cas pour le « beau jeu »

---

25. On assiste alors à une réaction : quand il réédite ses premières tragédies, Garnier réduit ses monologues, qui atteignaient parfois les deux cents vers.
26. Selon J. Scherer, *La dramaturgie classique en France,* p. 256, les monologues occupent « une place exorbitante » dans la littérature dramatique du début du XVIIème siècle ; ils sont plus nombreux dans les tragi-comédies et les tragédies sous Louis XIII qu'après, où le souci de vraisemblance limite ces morceaux de parole. Voir aussi R. Garapon, *Les monologues en France au XVIIème siècle. Dramaturgie et Société,* [LXXV], I, pp. 253-258.
27. On peut — avec des nuances — rapprocher ce monologue double de la première sorte d'apartés distinguée par l'abbé d'Aubignac : « quand deux Acteurs parlent comme en eux-mêmes de leurs interests aux deux coins du théâtre, feignant de ne pas se voir et de ne pas s'entendre » (*Pratique,* éd. citée, p. 255). Pour l'abbé d'Aubignac, les deux autres sortes d'apartés sont : quand l'un des acteurs voit et entend l'autre qui ne le voit ni ne l'entend ; quand ils se voient et s'entendent et que, pour certaines considérations, l'un d'eux vient à parler comme s'il n'était pas entendu de l'autre.
28. Dans la plupart des comédies de la Renaissance, c'est surtout aux premiers actes que les monologues sont nombreux.
29. *Dramaturgie,* [CXXXVIII], p. 246.

auquel se sont livrés sur « le lict vert » Basile et Geneviefve, et qui nous
est commenté par Basile et Antoine (III, 9), après, d'ailleurs, nous avoir
été révélé par Louyse (III, 7, lignes 1695-1707), dans un monologue.

L'une des fonctions du monologue, est, ainsi, de renseigner, après
coup, sur ce qui s'est passé. Parmi ces monologues, *ubi narrantur quae
facta sunt,* celui de l'acte II, 7, lignes 1298-1309, où Françoise informe
les spectateurs sur ce qu'elle a fait depuis qu'elle a laissé Eustache, à
l'acte II, 2 ; ou ceux de l'acte III, 7, où Louyse nous apprend qu'elle a
surpris les amoureux sur le fait et qu'elle les a enfermés dans la salle. Et
aussi, après le monologue de l'Acte IV, sc. 1, qui, par la bouche de Thomas, fait connaître la libération de Rodomont, l'étourdissant monologue du début du cinquième acte, dans lequel Antoine annonce qu'il a
parcouru deux lieues dans Paris, et qu'il est passé par treize églises pour
essayer — en vain — de retrouver Françoise.

D'autres monologues annoncent ce qui va se passer. Ainsi, à l'acte
I, 8, Nivelet, « seul », déclare qu'il va avertir son maître du projet de
Basile. De même, à l'acte II, 3 ; à l'acte III, 1, 3, 7 (lignes 1729-1732).

A ces monologues d'information importante sur les faits — comme
encore celui de l'acte III, 7 (1703-1707) révélateur de la méprise de
Louyse sur l'identité du « larron » — peuvent se rattacher des monologues d'explication, de simple renseignement, d'éclaircissement acces-
soire. A l'acte III, 7, le début (lignes 1656-1663) du monologue de
Louyse justifie par le froid d'un « temps morfondant » son retour pré-
cipité de l'église. Et, plus encore, ceux qui nous présentent un personnage et nous font connaître sa personnalité ou un aspect de sa personnalité, autrement que par des actes : tels ceux des actes I, scènes 2, 3, 6 ;
II, 4 et III, 1, où, par touches successives, se peignent le portrait et la
psychologie de Rodomont.

A côté de ces monologues « informateurs », d'autres répondent à
des impératifs d'ordre plus spécifiquement dramatique. Monologues
d'attente, comme à la fin de l'acte I, 4 (lignes 400-408), le monologue
pétrarquiste de Basile, qui se situe entre le départ et le retour d'Antoine ; ou celui de Girard (acte IV, 4, lignes 2167-2175) s'apitoyant sur les
malheurs des « pauvres artisans » en ce temps « merveilleusement vil-
lain », qui favorise le développement des épidémies, déjà évoquées à
l'acte I, scène 1. Et, aussi, les monologues d'interruption, tenus sur la
scène pour empêcher que deux personnes se rencontrent. Ainsi, celui
de Rodomont, à l'acte IV, 3, permet à Eustache de rentrer chez lui,
(ligne 2125) sans qu'il ait à se trouver en présence de son père qui arrive et qu'il préfère ne pas voir, tout de suite du moins.

Enfin, d'autres monologues visent surtout à faire rire le public.
Parmi ces monologues comiques, celui des plaintes traditionnelles [30]

---

30. On les trouve chez l'esclave romain et chez plusieurs personnages des dra-
mes latins du XVIème siècle. De même, dans *La Reconnue* de Belleau, où, à l'acte
II, 2, le laquais Potiron se plaint d'avoir à servir un maître toujours préoccupé de
« sçavoir des nouvelles de sa maistresse » :
« Dieu sçait si Potiron repose
Et s'il a seulement loisir
De boire un trait à son plaisir

du laquais contre son misérable métier qui l'oblige à patauger dans la boue neigeuse avec de méchants souliers (acte I, 2). Ou ceux qui nous révèlent plaisamment l'erreur psychologique d'un personnage sur l'un de ses proches : l'aveuglement (rapidement détrompé) de Louyse sur l'obéissance de sa fille (acte III, 7, lignes 1665-1676) et la crédulité, à toute épreuve, elle, de Thomas à l'endroit de sa gourgandine d'épouse (acte IV, 1), qui sort, alors, des bras d'Eustache. Avec, comme couronnement, ce remarquable morceau de bravoure que constitue le monologue — déjà mentionné — d'Antoine, au début de l'acte cinquième, rendu si amusant par son comique d'énumération. Pour le plaisir, écoutons le serviteur de Basile. Pendant une heure, il a cherché dans les églises de l'île de la Cité et des environs, sur la rive droite, la diabolique (cf. « au diable », ligne 2591) Françoise :

« J'ay esté en son logis, où j'ay trouvé une petite fille qui m'a dit qu'elle estoit allée ouir le salut du Saint Esprit. Où je suis allé en toute diligence, pensant l'y trouver, mais elle n'y estoit pas. De là j'ay esté à Saint-Jean, Saint-Gervais, Saint-Paul, Saint-Antoine, l'Ave-Maria, pour voir si je la trouverois, d'autant qu'elle est plus souvent aux églises qu'à sa maison. Après, j'ay passé par les Blancs-Manteaux, les Billetes, Sainte-Croix et m'en suis venu à Saint-Merry, Saint-Jacques, Saint-Eustache, Saint-Germain et autres églises et lieux de dévotion [31]. Mais jamais je n'ay trouvé personne qui m'en peust dire certaines nouvelles » (lignes 2592-2603).

Pendant que Monsieur escarmouche
A toutes heures cette mouche
Qui lui poinçonne le cerveau
....
Potiron, sus, allez après
....
Voilà Potiron bien crotté
Potiron aussi mal traité
Qu'un vieil potiron au vinaigre ».

31. La plupart d'entre eux (aucune mention n'est fantaisiste) ont fait l'objet d'une tentative de localisation par Spector. Saint-Jean est vraisemblablement Saint-Jean-de-Grève, située alors entre l'Hôtel de Ville et Saint Gervais ; Saint-Jacques, Saint-Jacques de la Boucherie, dont il reste la Tour Saint-Jacques. De même Saint-Germain paraît désigner Saint-Germain l'Auxerrois, tandis que Saint-Antoine n'a guère de chance d'être Saint-Antoine-des-Champs, église située dans l'actuel douzième arrondissement. L'église des Blancs Manteaux est l'ancienne chapelle du couvent fondé par saint Louis, en 1258, pour un ordre mendiant, les Serfs de la Vierge. C'est peut-être pour cette raison qu'après le couvent de l'*Ave Maria*, Antoine redescend aux Blancs-Manteaux, d'où il ira, dans le même quartier actuel des Archives, au couvent fondé par des frères de la Charité, appelés Billettes, à cause de leur scapulaire qui reproduit une billette, pièce héraldique rectangulaire. Sur l'emplacement de ces lieux de dévotion à l'époque, on pourra consulter la « carte » *Lutetia vulgo Paris, 1575, Veue de la Tour de Nelle du Pré aux Clers, Josse de Reveau fecit.*
Sur les anciennes églises de Paris, voir, entre autres, L. Hautecœur, *A travers les vieilles églises de Paris*, Paris, L'Estampe moderne, 1944 et J. Wilhelm, *Vieilles Églises de Paris*, Aquarelles et dessins de Monique Jurgensen, Paris, La Renaissance du Livre, 1953, t. I : *Rive droite et îles.*

Les monologues ont donc des fonctions diverses dans *Les Contens* et, souvent, Turnèbe y vise à des fins multiples, dans un même monologue. Ainsi, tel monologue comique, comme celui de Nivelet, à l'acte I, 2, nous éclaire, aussi, sur la psychologie de Rodomont.

Dans sa pratique habile des monologues (comme dans celle des écoutes ou des apartés souvent ironiques), dans l'aisance avec laquelle il respecte les unités de lieu et de temps, Turnèbe fait preuve d'un solide sens de la technique dramatique. La vraisemblance est parfois, il est vrai, un peu malmenée dans *Les Contens,* mais beaucoup moins que dans nombre d'autres comédies de l'époque. Ce que Turnèbe peut perdre en vraisemblance, il le regagne, pour notre contentement, en possibilités variées et vivantes de corser une intrigue « vaudevillesque », à laquelle il sait, par ailleurs, dans le jeu de la nécessaire illusion théâtrale, garder les caractères de la réalité vraie et du parfait naturel.

Nivelet, « ce garson habillé de verd » (I, 1, 131).

CHAPITRE VI

UNE SCÈNE D'EXPOSITION ENLEVÉE : « LES CONTENS » ACTE I, SCÈNE I

C'est ici, assurément, la scène la plus célèbre des *Contens,* celle que la critique unanime admire sans réserve. Jules Lemaître attirait déjà sur elle l'attention de ses auditeurs [1]. Lintilhac déclare que «la pièce s'ouvre par un dialogue entre Louyse et sa fille Geneviefve, qui forme l'exposition la plus naturelle et la plus vive que nous ayons encore rencontrée et qui n'aura pas sa pareille de longtemps » [2]. Raymond Lebègue ne résiste pas au plaisir d'en citer un large extrait, dans son étude sur *Le théâtre comique en France de Pathelin à Molière* [3]. Aucune source n'a pu être, jusqu'à présent, repérée pour cette scène, qui a donc toute chance d'être la plus caractéristique du talent dramatique de Turnèbe. Ce qui nous justifie de l'étudier tout spécialement.

Idée directrice.

Si tôt, c'est trop tôt : pour sortir avant le soleil levé, en période d'épidémie ; pour vouloir, immédiatement, marier, sans l'avoir consultée, une fille dont les préférences vont ailleurs et à qui, d'autre part, les « bons marchez » ne manquent pas.

Mouvement de la scène

1er temps : Pourquoi donc, ma mère, vouloir sortir si matin, « en ce temps icy » ? – Pour éviter les importuns (lignes 1-26).
2e temps : Il y a fâcheux et fâcheux. Et Basile n'en est pas un pour Geneviefve (lignes 27-59).
3e temps : Foin des propos d'enfant et des soupirs de jeune fille ! La ferme résolution de Louyse : Geneviefve épousera Eustache (lignes 60-71).
4e temps : Une fille doit, certes, obéir à sa mère, mais rien ne presse pour ce mariage, qui pourrait bien ne pas être le plus avantageux (lignes 72-89).

---

1. [CXXIV], *Rev. Art dram.,* p. 266 : « Remarquez la scène d'exposition ».
2. [XXXII], p. 378.
3. [XXVI], p. 110.

5e temps   :   Paix, ma fille, et « que Basile s'en torche hardiment la
               bouche !». (lignes 90-105).
6e temps   :   L'amour masqué ou les signes trompeurs : sous le dégui-
               sement d'Eustache, c'est, en réalité, Basile qui a fait, la
               veille, à Geneviefve une cour bien reçue. Comme Louyse
               est abusée ! Le «jeu» va commencer :avec la messe.

Étude du détail

Si nous supposons un décor simultané, la scène se passe dans la maison de Louyse qui, au rez-de-chaussée, est prête à partir pour la messe du point du jour. Geneviefve, invisible au début, s'habille dans sa chambre à l'étage, qu'elle a peine à quitter, en ce froid matin d'hiver. Dans le cas d'une mise en scène de farce, les deux personnages sont devant la tapisserie, sans doute sur le même plan.

Le ton est donné dès les deux premières phrases − interrogatives − de Louyse, qui révèle, ainsi, son caractère impatient, impérieux.

1.1 − *Avez-vous tantost assez musé ?* , Avez-vous bientôt fini de perdre votre temps ? Dès le début, Turnèbe adopte le langage non relevé qui convient à une comédie, ce « stylus popularis » qu'après Aristote avait conseillé Scaliger.

1.2−*Ne serez-vous preste d'aujourd'hui?* Reprise de la même question, sous forme négative. Est-ce pour aujourd'hui ou pour demain ?

1.3 − *des mystères,* des cérémonies et des cachotteries. A la ligne 1686, (III, 7) le mot a le sens de « machination cachée ».
Quand j'estoie fille, comme vous. Recours traditionnel des parents au « bon vieux temps », qui n'est pas si vieux et qui n'était pas si bon. Cf. Béatrix, dans la *Bradamante* de Garnier, Acte I, 1, 205 : « Le bon temps que c'estoit » et Acte I, 3, 643-644 : « O chose vergongneuse/ô l'impudicité des filles de present ».

1.4 − *à m'habiller et à me coiffer.* Louyse évoque, sans complaisance, les futilités, auxquelles s'est employée sa fille.

1.5 − *à qui Dieu face pardon.* Cf. III, 7, 1712. Formule habituelle à l'époque (comme « à qui Dieu doint pardon ») pour évoquer le souvenir d'une personne défunte, mais qui montre, ici, le côté religieux de la personnalité de Louyse.

1.6 − *m'eust bien hasté.* Emploi transitif ancien du verbe *hâter* avec un complément d'objet désignant une personne. Sur le flottement des verbes, voir F. Brunot, *Histoire de la langue,* t. II, *Le XVIe siècle,* n. éd., Paris, Colin, 1967, p. 347. Les dictionnaires actuels enregistrent encore cet emploi transitif direct de *hâter* au sens de «presser quelqu'un ».
Mais à qui parlé-je ? Mouvement comique de surprise et signe d'irritation de Louyse devant le silence de sa fille.

1.7 − *Geneviefve !* Nous apprenons ainsi, sans tarder, le nom de la jeune fille. Ce qui laisse entendre que la pièce devait pouvoir être jouée. Mais le prénom interpelle, aussi, très vivement, « la musarde ». C'est à vous que je m'adresse (et non à une autre).

1.8 −*Plaist-il, ma mere ?* Geneviefve feint de comprendre, seulement à cet instant, que c'était à elle que s'adressait le discours de sa mère.

1.10 – *Sus,* adverbe ici (latin pop. *susum* ; class. *sursum*). «Debout !»
Qu'on se depesche de descendre. On, pronom dédaigneux, pour désigner Geneviefve. *Descendre* est une indication scénique. La traduction
anglaise de D. Beecher [CXVIII] laisse, elle, entendre que la mère et la
fille sont, toutes deux, dans une chambre du haut : « We're in a hurry
to go downstairs ».
1.12 – *messe du point du jour,* petite messe, dont toutes les parties sont
lues à voix basse ; suivie, dans la matinée des dimanches et des jours de
fête, d'une grand-messe.
1.13 – *desjeuner,* prendre le petit déjeuner.
si vous voulez. Fait pendant à l'autoritaire je *veux* de Louyse (1.10). Dans
le programme de la mère, la liberté de la jeune fille se limite à la possibilité de prendre, ou non, un repas, entre les deux messes de la matinée.
1.16 – *Je ne suis pas encore agrafée,* Je n'ai pas fini d'agrafer ma cotte
ou mon corselet. Paroles que Geneviefve prononce en descendant de sa
chambre (décor simultané) ou en étant censée descendre (estrade de
farce).
1.18 – *de maladie dangereuse,* de la peste qui, à l'époque, pouvait se
présenter sous trois formes : peste pulmonaire (rapidement mortelle),
peste septicémique, et peste bubonique, relativement moins grave,
caractérisée par des inflammations ganglionnaires au cou, sous les ai-
selles et aux plis de l'aîne. Le cycle pesteux avait fait sa réapparition
au milieu du XVIème siècle. Des « pestes », coïncidant avec des crises
de subsistances et les reprises de guerre, avaient, en effet, affecté l'Europe entière entre 1563 et 1568, entre 1575 et 1578. En 1581, comme
l'indique Spector, les Parisiens eurent le droit de tuer ceux qui étaient
suspects de propager la peste bubonique, cause de mort et de misère
(Cf. IV, 4, 2170). En cas d'épidémie grave, les Parisiens les plus riches
quittaient, souvent, la ville pour se réfugier à la campagne, comme les
Florentins du *Décaméron,* comme les Bordelais du temps de Montaigne, qui se repliaient à Libourne. Dans *Les Contens,* la « maladie » n'est
pas encore très forte (IV, 4, 2171-2172) : les bourgeois, même très aisés,
sont donc restés. Sur ces épidémies, dont Montaigne, par exemple, eut à
souffrir à Bordeaux, en 1585, puis chez lui, durant l'été de 1586 (Cf.
Essais, III, 12, *De la phisionomie*), voir H. Harant, *Les épidémies,*
P.U.F., « Que sais-je » ?, 1953 ; J.N. Biraben, *Les hommes et la peste en
France et dans les pays européens et méditerranéens,* 2 vol. Paris, 1975.
1.21 – *Après ?* Raccourci expressif pour : « Et après, que direz-vous
encore ? »
Causeuse. Familier pour « bavarde, toujours prête à discuter ». Cf.
Cotgrave : « a babler, pratler, tatler, jangler, idle talker ; one whose
tongue never rests ».
1.23 – *Saint-Roch.* Que l'on priait pour guérir de la peste et des pustu-
les. Sur ses statues, il porte un ulcère visible, à la jambe.
1.23-25 – *Angélique. Vinaigre.* Recettes populaires de médecine empi-
rique, contre les maladies. L'angélique, plante herbacée, tirait son nom
d'un radical « ange », à cause des grandes vertus médicinales qu'on lui
attribuait, notamment contre les venins. Louyse conseille à sa fille de
mettre dans sa bouche un morceau de bâton d'angélique, tige de la plante confite dans le sucre.

L'allusion à « l'esponge trempée en vinaigre », que doit emporter Geneviefve, s'explique par le fait qu'au XVIème siècle, on était convaincu
que les maladies pestilentielles se propageaient surtout par putréfac-
tion de l'air, due aux puanteurs. Beaucoup de représentations de l'époque montrent des personnes encore saines, qui se protègent la bouche
au moyen d'un linge ou d'une éponge imprégnée d'aromates ou de vinaigre, de nature, croyait-on, à purifier l'air pestiféré. Voir aussi A.
Paré, *Livre de la Peste*, ch. 8, 9-10.

1.27 – *qui vous meut,* ce qui vous pousse. Emploi courant de la forme
du relatif pour le pronom interrogatif sujet inanimé de l'interrogation
indirecte. Sur ce *qui* se référant non à une personne, mais à un sentiment de nature à agir sur quelqu'un, voir G. Gougenheim, *Grammaire
de la langue française,* Paris, Picard, nouv. éd., 1971, p. 100. Un tel
usage se retrouvera dans la langue classique.

1.32-34 – *Basile, Rodomont.* Il est habituel, à l'époque, que les galants
attendent les jeunes filles à leur entrée dans l'église, qu'ils leur offrent
l'eau bénite. On notera la manière différente dont Louyse parle des
deux soupirants : « Cest importun de Basile » et « le Capitaine Rodomont ».

ne faudront à, ne manqueront de.

sur l'heure du sermon, au moment de la grand-messe de la matinée. A
cette grand-messe, Geneviefve n'assistera pas. Louyse y entendra le long
sermon du jacobin.

1.36 – *je n'ay pas peur.* A la fois, « il m'est indifférent de rencontrer
Rodomont » et « je ne crains pas cette *mauvaise beste,* dont les propos
effroyables font peur aux filles de Paris » (I, 3, 227-232).

beau capitaine de foin. Expression méprisante. Cf. dans *Les Contens,*
V, 5, 3130 : « ce beau traine-gaine de foin », et dans *Le Brave* de Baif,
à propos de Taillebras, « ce beau capitaine de foin » (vers 643-644),
comme dit le serviteur Finet, bien conscient que son maître n'a aucune
valeur militaire.

1.37 – *Seigneur Basile.* Par cette réplique à «cest importun de Basile»,
Geneviefve commence à marquer son désaccord avec sa mère.

1.40 – *Becquenaud,* babillarde. Cotgrave : « *Bequenaulde,* a pratling
girl ». Maupas : « Bequette, causeuse, qui a bon bec ». Provincialisme.

1.41 – *Elle sçait bien.* Mais, nous, nous ne savons pas et nous ne sau-
rons jamais pourquoi Louyse en veut à Basile qu'elle a pourtant « recherché autrefois » : il y a « plus d'un an » nous apprendra Françoise
(II, 2, 917). Les « mobiles » intéressent moins l'auteur comique que
celui qui écrit des tragédies.

1.44 – *songé,* rêvé, imaginé.

de son conseil, d'intelligence avec lui. Indication, par l'intermédiaire
de Louyse, d'une éventuelle connivence entre Geneviefve et Basile,
dont les relations commencent à se préciser pour le spectateur.

1.47 – *lorsque vous me voulustes marier avec luy* : précieux renseignement sur le passé.

1.48 – *Bien humblement.* Aux yeux de Geneviefve, signe de courtoisie envers les dames et contraste avec la tapageuse « braverie » de
Rodomont.

1.50 – *Geneviefve, Geneviefve.* La répétition du prénom montre l'impatience croissante de Louyse qui, s'adressant à sa fille, va passer du *vous* au *tu,* la ramenant ainsi au statut d'enfant, qu'elle évoque de manière imagée.

1.51 – *Boulie,* aliment des petits enfants, fait de lait et de farine.

1.52 – *Que tu n'es qu'un enfant.* D'une part, le XVIème siècle accorde d'ordinaire peu d'intérêt à l'enfant. D'autre part, en insistant sur la naïveté de sa fille, Louyse vise à faire ressortir sa propre sagesse et son expérience. Cf. Acte II, 1, 704-705, même remarque de Girard à Eustache : « Tes propos monstrent bien que tu n'es qu'un enfant ».

1.57 – *Si est-ce que,* locution adversative : et pourtant.

1.59 – *mestier,* besoin.

1.60 – *que le four chauffe.* Encore une expression populaire, imagée, empruntée au registre de la vie quotidienne. Cf. Grévin, *Les Esbahis* II, 3, 789 : « Ce n'est pas pour toy/que le four chauffe ».

1.64 – *ce beau Basile.* Emploi ironique de l'adjectif *beau.* Cf. 1. 36 *le bec en l'eau,* dans l'indécision.

1.65 – *qu'avez-vous à souspirer ?* Retour au *vous,* normal puisqu'il vient d'être question de marier Geneviefve, que Louyse ne peut plus, dès lors, traiter comme une enfant.

1.67 – *C'est une foiblesse.* Défaillance traditionnelle chez une jeune fille que l'on veut marier contre son gré, mais que Geneviefve justifie habilement, en invoquant un lever trop matinal.

1.71 – *Trop bien.* Réponse à double entente. Louyse comprend « Très bien ». Geneviefve, elle, n'a que trop bien compris ce que veut sa mère.

1.73 – *Je t'ai tousjours estimé fille.* Nouveau passage au *tu,* par lequel Louyse marque, derechef, sa volonté d'autorité sur sa fille qu'elle rappelle à son devoir (« ... tu dois »).

1.75 – *J'aimerois mieux mourir.* Protestations analogues de Bradamante devant sa mère Béatrix, qui l'incite à épouser Léon dans la *Bradamante* de Garnier, II, 3, 664 et suivants.

1.76 – *deviez,* devriez. Emploi fréquent de l'indicatif imparfait à valeur de conditionnel.

1.77 – *Et quand vous aurez bien considéré.* Appel à la réflexion, amusant et bien nécessaire en ce qui concerne l'impulsive Louyse. Cf. à l'acte V, 6, lignes 3189 et 3190, où Basile s'adresse à Louyse : « Madame, quand vous aurez bien pesé les raisons...». Il faut toujours rappeler à la raison cette Louyse qui « s'esmeut aussitôst qu'il luy passe une mouche devant le nez » (IV, 6, 2536).

1.81 – *conseiller,* consulter, prendre des avis.
mesmes, surtout.
en ce temps dangereux. Que veut-elle dire ? Que si la peste emportait Louyse, celle-ci ne pourrait plus réparer les dommages d'une union conclue inconsidérément ? Il serait, alors, non plus trop tôt, mais trop tard. Cf. Eustache à son père : « Advisez au moins que ce ne soit pas trop tard » (II, 1, 782).

1.82 – *tous les bons marchez,* tous les bons partis ou toutes les bonnes occasions.

1.85 – *Non, non.* Dénégation énergique qui montre que l'amour-propre de Geneviefve pourrait être atteint par une pareille supposition et que, d'autre part, elle est sûre de l'amour de Basile.

l.88 – *assez jeune*. Le portrait d'Eustache se précise : il est fils unique ; il est, aussi, très jeune encore, donc peu capable de bien gérer le patrimoine du futur foyer. Serait-il sage, dès lors, que Louyse, puisqu'elle considère sa fille comme un enfant, la marie à un autre enfant qui – c'est ce que reconnaîtra Eustache lui-même– «ne se pouvant pas bien gouverner *soy*-mesmes, à grand peine en pourroit-*il* gouverner deux » (II, 1, 711-712) ? Mieux vaudrait à Geneviefve un mari plus âgé, plus solide, plus sûr (ligne 86) ... comme le Seigneur Basile.

l.89 – *manger tout mon bien et le sien*. L'ordre des mots est révélateur.

l.90 – *Qu'on ne m'en parle plus*. On désigne Geneviefve et peut-être des amis de Basile.

pour mourir, dussè-je en mourir ! Expression courante à l'époque. Elle fait écho, ici, au « J'aymerois mieux mourir qu'estre autre » de Geneviefve, à la ligne 75.

l.96-97 – Habileté de la jeune fille qui joue sur le verbe «se repentir». Puisque sa mère s'est déjà trompée, elle peut commettre une nouvelle erreur. La prétendue clairvoyance de Louyse n'est donc pas la garantie assurée d'un heureux choix. Sage remarque de Geneviefve, revanche de la jeunesse sur l'âge mûr, qui va pousser Louyse à se montrer plus autoritaire encore et à repasser au *vous*.

l.99 – *s'en torche hardiment la bouche*. L'expression, qui se rencontre avec une légère variante à la ligne 831 : « qu'il s'en torche hardiment le bec », se trouve sous sa forme complète à la ligne 1327 : « que l'on ne me face torcher la bouche avant que d'avoir disné ». Elle signifie : ne pas obtenir ce que l'on désire. Voir E. Huguet, *Le langage figuré au XVIème siècle*, Paris, Hachette, 1933, p. 229, qui cite, avec celui-ci, un exemple emprunté à la comédie *Les Desguisés* de Godard. *Hardiment,* assurément. Adverbe fréquent, avec cette acception, dans *Les Contens*. Cf. lignes 462, 725, 831, 920... Spector [CXXVIII] p. 145 signale une ressemblance avec *Les Esbahis*, I, 2, 159 : « qu'il en torche hardiment sa bouche ! ».

l.101-105 – Sur ce type d'aparté avec rectification, et « resaisissement », voir Spector [CXXVIII] p. XLIV-XLV. Le jeu sur « volonté » montre bien l'opposition des désirs entre les deux femmes.

l.106 – *Si tu m'obeis*. Nouveau retour au tutoiement après la déclaration de soumission de Geneviefve à sa mère.

l.107 – Double promesse de Louyse. Si sa fille lui obéit, elle sera bienheureuse dans l'autre monde et, déjà, la plus heureuse fille de Paris, sur cette terre. Mais Louyse met aussitôt Geneviefve en situation de ne pas avoir confiance en elle, puisqu'elle fait comprendre à sa fille qu'elle a été abusée, à la soirée des masques.

l.109 – *t'ayme plus que son cœur*. Phraséologie amoureuse banale. Dans la *Lucelle* de Louis Le Jars, le valet Philippin use d'un style plus bas, quand il affirme que Lucelle aime Ascagne « plus que ses menuz boiaux » (III, 5).

l.110 – *Et si j'ay bien pris garde,* et notamment j'ai bien remarqué.

l.115 – *d'assez bonne affection,* avec un très grand empressement.

l.117-120–Nouvelle habileté de Geneviefve. Elle accorde à sa mère qu'elle a pris plaisir à entendre les « gentils propos » du masque, mais, honnêtement, elle ne l'assure pas que c'était Eustache. Le quiproquo se précise, que Geneviefve va révéler dans l'adresse au public des lignes 124-127, où le spectateur apprend, aussi, qu'Eustache ignore les sentiments réciproques de Geneviefve et de Basile.

1.131 – *ce garson habillé de vert.* Le vert est, associé au jaune, la couleur des fous. La folie va faire, bientôt, son entrée dans la pièce, avec le personnage de Rodomont qu'annonce son laquais.

1.132-138 – *au coing de ceste ruelle/passons par ceste autre ruelle.* Précisions utiles pour la mise en scène, s'il y a décor en trompe-l'œil. Dans le cas d'un décor simplifié de farce, en désignant la ruelle, en annonçant le déplacement et sa destination, Louyse crée, dans l'imagination du public, ces lieux situés en marge de l'espace théâtral du jeu.

Intérêt de la scène

Elle nous offre une exposition très complète en informant les spectateurs sur tout ce qu'ils ont besoin de savoir concernant cette action découpée dans une histoire plus large : Où sommes-nous ? A quelle époque ? Qui sont les personnages qui conversent sur la scène ?

La scène se passe à Paris (ligne 108) dans une maison bourgeoise. En hiver, au temps des joyeuses sorties en masques d'avant le carême, un matin de fête paroissiale. Conversent devant le public, une mère – dont le nom ne nous est pas encore indiqué – et sa fille, Geneviefve. Il est question de la décision qu'a prise la mère de marier sa fille ; belle occasion de nous faire connaître, aussi, les personnages qui sont appelés à jouer un rôle important dans l'action : les trois soupirants, le Seigneur Basile auquel vont les préférences de Geneviefve, le « beau capitaine de foin » Rodomont – qui paraît disqualifié dès le départ [4] – et le jeune Eustache, sur qui s'est porté le choix de la mère, laquelle avait auparavant « recherché » Basile.

Le public est donc au courant et des antécédents lointains et de la situation telle qu'elle se présente au moment où la pièce vient de commencer.

Mais l'exposition des *Contens* ne se borne pas à informer, sur les faits passés et présents, ce qui la rendrait plutôt froide. Dès le début, elle intéresse, comme il se doit, le spectateur ; elle le conduit à attendre quelque chose. En révélant, en plus, la situation psychologique, elle prépare et amorce l'action, dont elle est partie éclairante [5]. Le conflit – on le sent d'entrée de jeu – ne manquera pas d'éclater entre Louyse, d'une part, veuve pieuse, mère attentive au salut de sa fille et à ce qu'elle croit être son bonheur sur la terre, mais femme autoritaire et impulsive et, d'autre part, Geneviefve, éprise de Basile, qui ne voulant pas ici se montrer révoltée, n'en défend pas moins sa position, avec habileté, à fleurets mouchetés : bien supérieure, à cet égard, à tant de jeunes filles impersonnelles du théâtre du XVIème siècle.

---

4. Et qui pourtant restera la dernière carte du jeu de Louyse.
5. Cf. Boileau, *Art Poétique*, III :
        « Que des les premiers mots l'action preparée
        Sans peine de sujet aplanisse l'entrée ».

Le style de la scène correspond parfaitement aux sentiments de deux personnages. Chaque réplique est — nous l'avons vu — une esquisse de caractère, un frémissement de vie vraisemblable et vraie. L'illusion, grande loi du théâtre, n'est heurtée que par l'adresse de Geneviefve au public (lignes 124-126). Partout ailleurs, nous pouvons saluer ce parfait naturel que Voltaire réclame pour les expositions dans la *Lettre sur Oedipe* et que Lintilhac appréciait ici. Louyse et Geneviève ne reprennent pas devant le public un débat déjà ancien. C'est pour la première fois que Louyse apprend à Geneviefve, au saut du lit douillet, sa froide décision de la marier à Eustache : d'où la » foiblesse » qui surprend Geneviefve.

Complète, dramatique, vraisemblable, cette exposition est aussi, à sa manière, « poétique » : elle faisait vivre devant l'imagination des spectateurs du temps une époque caractérisée par des croyances, des rapports familiaux, des comportements particuliers ; elle reconstitue, pour nous, une civilisation qui donne le branle à tout un cortège bigarré d'images. Chaque œuvre théâtrale a sa couleur, sa tonalité. Turnèbe nous livre celles de sa pièce, dès cette première scène, fouettée, menée tambour battant ou, mieux, rythmée par la pressante sonnerie des cloches appelant à l'office, à l'action. Il s'y montre, ainsi, le digne devancier de ce Molière, dont Goethe sut, avant nous, admirer, comme il convient, l'inoubliable exposition de l'immortel *Tartuffe*[6].

---

6. C'est à cette scène de Tartuffe que R. Lebègue nous invite à penser «*mutatis mutandis*» [XXVI], p. 110. Même souci d'informer sur la situation ; même volonté de caractériser les personnages : on songe au ton impérieux de Madame Pernelle ; même amorce de l'action.

CHAPITRE VII

LES PERSONNAGES DES « CONTENS »

Nous comptons, au total, dix-huit personnages dans *Les Contens,*
dont trois sergents. Nombre relativement élevé. Par rapport au théâtre
antique, d'abord : chez Térence, les personnages sont moins nombreux :
quatorze dans l'*Andria* , onze dans l'*Heautontimoroumenos* ; et sept
seulement dans l'*Amphitruo* de Plaute, treize dans les *Bacchides.* Par
rapport au théâtre comique contemporain, ensuite : neuf personnages
dans l'*Eugène* (où l'intrigue est assez simple) et dans *La Trésorière,*
onze dans *La Reconnue* et dans *Les Esbahis,* quinze dans *Les Corrivaus,*
onze dans *Les Esprits,* douze dans *Les Néapolitaines* [1].
Sur ces dix-huit personnages des *Contens,* cinq sont des personnages féminins, ce qui pose un problème de représentation, puisque, semble-t-il, il n'y a guère d'actrices au théâtre avant 1610, quand joue pleinement l'influence de la Commedia dell'Arte. Si la pièce avait été représentée au XVIème siècle, les rôles des «vieilles» (Louyse et Françoise)
auraient, sans doute, pu être tenus, comme ceux de nourrices, par des
hommes ; quant aux autres femmes, il n'est pas invraisemblable d'imaginer — simple hypothèse — que leurs personnages pouvaient être joués
par de jeunes hommes, porteurs de masques, comme on en voit dans le
Recueil Fossard.

Les utilités

Ce sont essentiellement les trois sergents, censés être les gardiens
de l'ordre dans une « ville où la justice regne » (III, 1, 1445). Sergents
peut-être, mais qui assurément ne peuvent être assimilés à nos modernes
« Incorruptibles ». Thomas doit, en effet, leur promettre de les « bien
contenter » (ligne 1452) et il s'astreint à les suivre de loin, pour les sur-
veiller, de peur qu'ils ne laissent aller leur prisonnier « en prenant de luy
un pot-de-vin » (IV, 1, 1917). Éventualité qu'il a quelque raison de ne
pas exclure puisque l'un des sergents reconnaît que, si Rodomont lui
graissait la main, avec plus que la petite pièce d'une maille qu'il lui présente, il le laisserait s'évader (III, 2, 1520).

---

1. La moyenne sera de dix dans les pièces du temps de Louis XIII, le personnel disponible n'étant pas nombreux dans les troupes ambulantes. Plus tard, les
troupes s'étofferont : douze personnages dans *Le Malade Imaginaire,* treize dans
Les Femmes Savantes, seize dans *Dom Juan.*

Les rôles secondaires

Thomas n'a qu'une présence épisodique dans la pièce : il ouvre, sur des maximes de portée générale, proverbiale, les actes troisième et quatrième, pour y jouer un double rôle, celui de marchand et celui de mari trompé.

Comme marchand (on ne sait pas ce qu'il vend, mais il vend cher, très cher [2], trop cher), il est l'un des moteurs auxiliaires de l'action, puisqu'il fait arrêter Rodomont pour dettes et il constitue l'une des cibles — traditionnelles — de la satire contre les « mercadants », cupides et peu scrupuleux. En tant que mari trompé, il assure, comme dans les farces, (par exemple, celle de *La Cornette*) une part du comique de la pièce, par la confiance sottement crédule qu'il place en son épouse la légère Alix. Dans ce domaine, Thomas ne porte son nom que par antiphrase : même quand il voit, il ne croit pas ! Marchand et cocu [3] vont souvent de pair dans la littérature comique. Obligé de faire des voyages parfois lointains pour assurer ses bénéfices, le marchand laisse seule, à la maison, une épouse qui sait profiter de sa liberté. Ici, Thomas ne pérégrine pas, c'est sa femme qui, fait-elle croire, « pélerine » on sait où et comment.

Alix appartient, en effet, à cette catégorie de femmes folles de leur corps, à qui, depuis longtemps, et pour longtemps encore [4], les pélerinages (comme les cures thermales) offrent, sans qu'elles risquent de perdre « leur bruyt d'honnestes » de commodes prétextes de «faire plaisir aux compagnons et prendre du bon temps » (II, 5, 1232), loin des habituelles servitudes conjugales. Elle porte ce qu'Halina Lewicka appelle un prénom spécialisé : celui de la « fille de joye, en culetis la plus experte » dont Marot avait écrit l'épitaphe plaisante, qui devait devenir si célèbre (éd. Mayer, *Oeuvres diverses*, pp. 227-228). Cependant l'Alix de

_____

2. On songe à *Pathelin* et à maître Guillaume, le drapier, dont les propos sont à peu près les mêmes que ceux de Thomas (IV, 1, 1933). Pathelin lui a pris « pour vingt et quatre solz l'aulne », du « drap qui n'en vault pas vingt ». (v. 350-351).

3. Nous avons, là aussi, un trait relatif aux catégories sociales. Au théâtre, jusqu'à la fin du XVIIIème siècle, le « privilège » d'être un mari bafoué n'appartient qu'aux gens « mechaniques » et aux petits bourgeois, rarement à un gentilhomme. Une seule exception, peut-être, dans la farce *Le Gentilhomme, Lison, Naudet* (1525), où Naudet, d'ailleurs, ne fait que se venger du gentilhomme qui a séduit sa femme. Mais dans *La Mère coupable,* de Beaumarchais, la femme du comte Almaviva a eu un enfant de Chérubin.

4. Le motif du pélerinage-prétexte est ancien : il apparaît dans les farces, les fabliaux et dans la huitième des *Quinze joyes de Mariage* (éd. Rychner, Genève, Droz, 1963, p. 68-69). Au XVIème siècle, H. Estienne émet des doutes sur la vertu des « femmes qui ne pouvans avoir enfans de leurs maris alloient chercher quelque saint qui leur en fist » (*Apologie pour Hérodote*, éd. Ristelhuber, I, p. 277) et cite nommément Notre-Dame de Liesse (*ibid.*, II, p. 323). Au début du XVIIème siècle, les *Caquets de l'Accouchée* (éd. Fournier, p. 217) présentent des dames qui « alloient ... l'autre jour en pelerinage à Notre-Dame des Vertus (souvenir d'Henri Estienne, I, 27 ?), accompagnées de deux braves courtisans » et rappellent, dans ce qui est peut-être une allusion aux *Contens*, qu'un passementier de la rue Saint Denis fut trompé par sa fausse pélerine d'épouse.

Turnèbe, semblable en cela à l'Alix de l'*Eugène,* « n'est pas une garse publique » (IV, 5, 2351). Son corps est assurément avenant, mais elle ne l'abandonne pas à tout venant : encore faut-il que son compagnon soit « sain ». Elle n'est pas sans méfiance, en effet, et elle reproche à Saucisson de ne pas s'être davantage informé sur la santé du « client » qu'il lui propose et qui a, peut-être, « quelque mal sur luy » (III, 5, 1598). Manifestement, le spectre de la syphilis la hante. Saucisson la présente comme une « belle garce », bien fraîche, qu'Eustache , dit-il, aurait tort de prendre pour « quelque reste de chanoines ou quelque lampe de convent » (II, 5, 1222-1223). Non pas, donc, l'une de ces dames parisiennes, « plus chanoinisées que canonisées », auxquelles s'en prenait Marot [5], ni une vulgaire « bagasce », mais une « bague », digne de considération (II, 5, 1235), un « tendron », « de première classe », selon la traduction anglaise des *Contens.* Cousine de l'Agnès des *Esbahis,* exerçant, comme elle, « par intérêt sans doute, mais non sans plaisir » [6], ni sans talent, un « métier » occasionnel, qui la désigne aux traits amusants de la satire de mœurs. Elle intervient dans l'action pour prêter son aide à Basile en acceptant volontiers d'endosser — ce que rend moins coupable le temps de carnaval — un costume masculin et de le remplacer auprès de Geneviefve dans la salle de séduction. Sûre, là encore, de son aptitude à « jouer dextrement son personnage », en rouée confirmée, non pas en « petite novice » (IV, 1, 1967).

D'Alix qui reste, aux yeux de son mari, « l'une des plus preudes femmes qui soit d'icy à Notre-Dame de Liesse » (IV, 1, 1945), nous pouvons rapprocher Saucisson, « le plus gentil poisson d'avril [7] qui soit d'icy à Rome » (II, 6, 1253). De ce gentil fallot — dont le nom est inconnu par ailleurs — la liste des personnages nous apprend qu'il est « escornifleur » [8], c'est-à-dire parasite, et « maquereau », entendons par là : entremetteur. Comme entremetteur, il double, au théâtre, mais avec plus de cynisme affiché, la vieille courtière d'amours, traditionnellement hypocrite. Escornifleur, il est l'héritier du *parasitos* de la comédie moyenne du temps de Ménandre et d'un dialogue de Lucien, ainsi que de l'*edax parasitus* de Plaute et de Térence, souvent entremetteur, flatteur et bouffon.

Comme le note justement Marie Delcourt [9], Saucisson dans *Les Contens* est « plus maquereau qu'il n'est escornifleur ». Sans doute, aime-t-il «le vin [bourru] et les frians morceaux »(II,6,1251),mange-t-il «un coq d'Inde ou un cochon de trente cinq sols»,comme s'il «*cassait* une noix » (II, 5, 1208), et menace-t-il Eustache, s'il l'invite, de « mettre la famine chez *lui* » (II, 5, 1200), mais l'essentiel de ses activités reste d'approvisionner ses clients en dames de petite vertu. Ce qui ne l'empêche pas de renforcer comiquement ses propositions d'un « Par la vertu,

5. *Aux dames de Paris,* 144-145. Marot, *Oeuvres Satiriques,* éd. C.A. Mayer, Londres, Athlone Press, 1962, p. 83.
6. M. Lazard, [LXXXII], p. 107.
7. C'est-à-dire maquereau.
8. Le mot appartient au vocabulaire familier.
9. [LXVI], p. 42.

sans jurer Dieu » (II, 5, 1224) ou de se disculper d'un « Foy d'homme de bien » (III, 5, 1601). Personnage peu recommandable, donc, mais sympathique et amusant [10], « qui a la gueule fresche et dit mots nouveaux » (II, 6, 1249), dont Turnèbe a su traiter le rôle avec une louable discrétion.

Ajoutons, enfin, parmi les rôles secondaires, celui d'Alphonse, le raisonnable frère de la peu raisonnable Louyse, avec laquelle il forme un contraste saisissant. Homme de bonne volonté, conciliant, pondéré, prudent (V, 5, 2972-2974), qui sait attendre que sa sœur ne soit plus en colère (IV, 4, 2270), la « *conseiller* en saine conscience » (IV, 6, 2450), la rassurer sur la nature « simple » d'Alix (V, 2, 2726), défendre ses intérêts et restaurer l'honneur de Geneviefve malmené par les propos de Rodomont (V, 5, 3045).

Les personnages de serviteurs

Gentilly, le laquais d'Eustache, pourrait, sans détriment pour lui, prendre place parmi les utilités ou les rôles très secondaires. C'est le type du valet balourd, biberon (III, 8, 1735-1737) : cousin du badin de la farce — n'est-il pas « fait au badinage » ? (III, 8, 1747) — et proche parent des valets de la *Commedia dell'Arte* ; étourdi, aussi, comme le serviteur de l'*Alessandro,* ahuri, qui n'est là que pour faire rire. Ainsi, lorsque dans la scène quatrième de l'acte second, Eustache l'envoie chez Basile. Gentilly part aussitôt, rappelé par Eustache :

— Eustache — Et bien, que luy diras-tu ?

— Gentilly — Je ne scay.

— Eustache — C'est ce qu'il me semble (l. 1175-1177).

Sans être particulièrement original, le « bon entendeur » Nivelet, laquais de Rodomont, mérite de retenir davantage l'attention. Son nom [11] aurait certes mieux convenu à Gentilly. Ce « garson habillé de vert » n'a, lui-même, rien d'un fou : il annonce, ainsi vêtu, l'entrée de la folie, qu'incarne son maître. Provincial, sans doute (il déplore que son maître puisse « estre saintré par un jeune homme de Paris » I, 6, 480), amateur de ce bon vin blanc d'Anjou cher à Rabelais (*Pantagruel,* XXVIII) et de pain d'agréable goût (I, 3, 245-247), Nivelet trotte et se dépense sans compter, mais non sans se plaindre, pour son maître, dont il sert les intérêts avec diligence, avec prudence, sans être dupe de ses « braveries », sans ignorer que Rodomont est cousu de dettes. Il fait preuve dans la pièce d'un bon sens terre-à-terre, mais varié, qui fait songer à celui de ses semblables de *La Notte.* Il sait qu'un bon valet doit courir « faire aprester à desjeuner » pour son maître plutôt que d'écouter ses rodomontades (I, 3, 253), auxquelles il fait parodiquement écho, comme le badin de la farce *Le Gaudisseur et le sot.* Il n'ignore pas que l'argent fait tout auprès des dames et que le « mestier des armes ne vaut rien qu'à créer des debtes » (I, 6). Et, judicieusement, il conseille à Rodomont d'entretenir les filles de Paris de « petits propos

---

10. Son langage est parfois celui de la farce. Il y a plus de huit jours, dit-il, « qu'il est gros » de voir Eustache. Cf. *Pathelin,* 220 « Bref, je suis gros de ceste pièce ».
11. Il signifie « niais ». Voir le *Dictionnaire* de Huguet. Un personnage d'une sottie du *Recueil Trepperel* s'appelle Nivelet.

joyeux, de chansons, de masques et de danses », et non de leur parler d'effroyables « meurtres et carnages ».

C'est une sorte de Sancho Pança avant la lettre, qui intervient souvent dans la pièce par ses monologues ; assez habile pour rectifier, à l'occasion, tel aparté trop révélateur de sa propre pensée (I, 3, 208-213), assez activement ingénieux pour « advertir » son maître et lui conseiller tantôt de «temporiser» (I,4,336), tantôt de « s'abiller de l'habit que doit porter Basile », et d'entrer ainsi vêtu chez Geneviefve (I, 8, 677-685).

Plus inventif encore, plus débrouillard, Antoine [12], le serviteur de Basile. Il bénéficie de la cordiale confiance de son maître, avec lequel il peut librement plaisanter : ainsi, lorsqu'il répond à Basile (I, 4, 268-270) que son habit neuf lui est « faict comme de cire » et qu'il « l'arme fort bien » (pour le combat amoureux ?). C'est lui qui l'encourage à ne pas « *se soucier* beaucoup de la vieille, estant certain du cœur de la fille » (I, 4, 297-299) ; qui, s'il laisse à Françoise la conduite de l'intrigue, trouve l'expédient de l'habit incarnat [13], puis le moyen de faire sortir Basile de la salle où Louyse l'a enfermé ; avant d'imaginer la ruse qui sauvera l'honneur de Geneviefve.

Un serviteur intelligent, donc, extrêmement actif, capable de « *pourvoir* bien à tout » (III, 9, 1860), esprit « polymechanos », qui ne connaît ni les hésitations, ni les perplexités. Autoritaire, au besoin. Basile est-il, par chance extraordinaire, sorti de son «sepulchre» ? Antoine l'invite fermement à ne plus jamais s'exposer à pareil danger : «Monsieur, il faut conter pour une» [14] et n'y retourner plus à telles enseignes » (III, 9, 1855). Mais soucieux, ailleurs, de rester à sa place de serviteur, en faisant remarquer à Basile que ce serait plutôt à lui, Antoine, de demander des conseils à son maître, non de lui en prodiguer, comme il en est requis par celui-ci, qui, dit-il, ne manque pas d'en donner aux autres et n'a que faire d'emprunts (V, 1, 2618-2621). Personnage dévoué, entreprenant, remuant même : que l'on songe, ici, à sa course (dans la tradition des valets de Térence, reprise peut-être de *La Nanna* de l'Arétin) d'une église à l'autre de Paris, pour essayer de retrouver Françoise (V, 1).

Mais personnage comique aussi, qui, commentant de façon railleuse les projets dévastateurs de Rodomont, reprend avec une évidence intention d'amuser, la populaire contrepéterie rabelaisienne : « Il tuera tantost un peigne pour un mercier » (V, 4, 2907-2908) [15]. Sa concep-

---

12. Il porte le même nom que le serviteur du marchand Josse, dans *Les Esbahis*, pièce que Turnèbe connaissait bien.

13. Dans *Les Esbahis*, c'était l'entremetteuse lavandière Marion, qui avait eu l'idée de subtiliser un habit appartenant à Josse.

14. « Il faut désormais en tenir compte ». Cf. Marguerite de Navarre, *Heptaméron*, Troisième journée, sixième nouvelle : « Or contez cette cy pour une », p. 213, éd. Michel François ; p. 185, Le Hir.

15. Une ancienne locution proverbiale disait « tuer un mercier pour un peigne », c'est-à-dire tuer un homme pour rien. Voir E. Huguet, *Le Langage figuré au XVIème siècle*, p. 189. Rabelais avait, par feinte distraction, interverti les termes en faisant dire à Merdaille, *Gargantua*, 31 « O, si vous me faictes vostre lieutenant, je tueroys un pigne pour un mercier ». L'emprunt de Turnèbe montre que, si Rabelais doit beaucoup au théâtre comique de son temps, les auteurs de comédies du XVIème siècle (et du XVIIe) savent, réciproquement, s'inspirer de lui.

tion de l'amour — qui n'a rien de pétrarquiste — forme un plaisant contraste avec celle de Basile. Ses imaginations érotiques, voluptueusement
sensuelles, s'expriment en termes apparentés à ceux des farces les plus
grasses (III, 6). Son dialogue avec Perrette — qu'il entreprend de séduire
en l'assurant qu'il n'engendre point [16] — est marqué de grivoiseries qui
évoquent les réalités physiques les plus crues, et il parodie, à l'occasion, le
langage religieux [17], vers lequel l'avait — il est vrai — orienté l'allusion
de Perrette à « l'aumosne faite dès le matin ».

Au service des dévotes dames de la maison, Perrette, la chambrière,
en qui Geneviefve se fie avec raison (I, 7, 579) et dont le vocabulaire
est d'ordinaire assez vert [18], a appris, en effet, de pieuses façons de parler. Chez elle, une forte émotion, comme celle qui la saisit lorsqu'elle
apprend — avec la légitime crainte de passer elle-même pour une entremetteuse [19] — que Louyse a surpris les deux amoureux dans la salle,
déclenche une kyrielle d'invocations et d'interjections religieuses :
« Vierge de grace » [20] (III, 9, 1810) / « Mon Dieu, mon pere, mon createur » (1814) ; « par Nostre Dame » (1829). Son rôle dans la pièce est
peu important et il serait pratiquement nul, si Perrette n'aidait Antoine
à faire sortir Basile de la salle où il est enfermé avec Geneviefve. Éprouve-t-elle de l'inclination pour Antoine qui l'entoure — en vain, semble-
t-il, mais est-ce toujours le cas ? — de pressantes assiduités et dont elle
paraît redouter l'appétit sexuel ? Turnèbe ne nous le dit pas, pour qui
la question n'a, sans doute, pas d'intérêt ; pour qui, peut-être, une certaine psychologie féminine est trop compliquée, pour qu'on se hasarde
à vouloir y voir clair. En fait, Perrette est là, surtout, pour mener avec
le gaulois Antoine ce dialogue grossièrement réaliste, qui offre un amusant contraste avec le délicat duo lyrique de leurs maîtres, au cinquième
acte de la pièce.

Les personnages des soupirants

Des trois soupirants de Geneviefve, Rodomont est celui dont la
présentation a été la plus soignée par Turnèbe. C'est, enrichi par l'auteur
des *Contens*, le type même du soldat fanfaron, bien étudié par Made-

---

16. Souvenir de Grévin, *La Trésorière*, III, 3, 748-749. Richard s'adresse à
Marie : « Je suis niez, laissez moy faire. Aussi bien n'engendré-je point ». Cette assurance se retrouve, comme l'a fait remarquer R. Lebègue, dans *Les Illustres françaises* de Robert Chasles, éd. Deloffre, Paris, Belles Lettres, 1973, t. II, *Histoire de
Monsieur Dupuis et de Madame de Londé*, p. 495 : « Pour moi ... j'aurois toute sorte de commerce avec une femme qu'elle ne deviendroit jamais grosse, si je ne
voulois ». Amusante au demeurant, elle prend, chez Turnèbe, toute sa valeur si l'on
songe qu'à l'époque le système démographique s'appuie sur un code de valeurs religieuses et morales pour renforcer les notions institutionnelles et juridiques de mariage légitime et de rejet des enfants naturels.
17. Ainsi l'expression « vêtir les nus », qui appartient au vocabulaire des œuvres de bienfaisance devient « loger les nuds », où s'exprime — sans équivoque — le
désir sexuel d'Antoine.
18. « Tu peux bien trainer tes dandrilles ailleurs ». Le serviteur Julien avait
employé la même expression dans *Les Esbahis* de Grévin, II, 3, 825.
19. Voir R. Lebègue [LXXXIX], p. 8.
20. « Vierge de grace » est une expression de Louyse (IV, 6, 2504), comme
« Vierge Marie » (III, 7, 1677) et « Vray Dieu » (III, 7, 1695).

leine Lazard [21]. Type ancien que Plaute (Pyrgopolinice) et Térence (Thrason) avaient emprunté à la comédie de Ménandre, le *miles gloriosus* avait déjà fait une belle carrière dans la farce, notamment dans le *Franc Archier de Baignollet* (1468) quand il réapparut au XVIème siècle, sous l'uniforme français que Baïf, dans *Le Brave*, avait fait endosser à son Taillebras, descendant direct du Pyrgopolinice (= vainqueur des tours et des villes) de Plaute, puis sous le costume du capitan italien [22] ou espagnol [23], avant de s'affubler de la grotesque « caricature de vêtements militaires » [24] du fanfaron de la *Commedia dell'Arte* [25]. Turnèbe donne à son personnage un nom inventé [26] par Boïardo, repris par l'Arioste, mais, Rodomont, s'il évoque le capitan italien par sa pauvreté et sa prodigalité, comme le Dom Dieghos des *Néapolitaines*, comme le Brisemur du *Fidèle* ou le Capitaine des *Tromperies* de Larivey, doit beaucoup à Pyrgopolinice (panégyriste de ses exploits guerriers), à Thrason (qui parle d'enfoncer la porte de Thaïs), sans doute aussi au Centurio de *La Celestine* de Rojas, dont Turnèbe n'avait pas eu à attendre, pour le connaître, la traduction française de Lavardin (1578). Personnage complexe, dans la composition duquel il serait vain de rechercher quelle part revient exactement à telle source ou plutôt à telle prétendue source.

Rodomont, qui, à la différence des autres personnages principaux — tous bourgeois — appartient à la noblesse d'épée, alors, en vérité bien déchue, apparaît dans chacun des cinq actes. Il est presque toujours flanqué de son valet, avec lequel il forme le couple traditionnel, fort utile par ailleurs, pour la réussite, dans la pièce, de ces sortes de chants amébées, révélateurs et comiques à la fois. Le personnage nous est présenté d'abord par Nivelet, qui met l'accent sur sa gueuserie, rendue évidente par cet « habit de velours, lequel il porte autant meschant que bon » (I, 2, 154). Rodomont se peint lui-même dans la scène suivante : amoureux «réduit sous l'obéissance du petit dieu Cupidon», mais, aussi,

---

21. [LXXXII], pp. 211-243. Voir aussi O. Fest, *Der Miles gloriosus in der Französischen Komödie von Beginn der Renaissance bis zu Moliere*, Leipzig, 1897 ; D.C. Boughner, « The Braggart in Renaissance Comedy », P.M.L.A., LVIII, 1943, p. 42-83 ; M.D.L. de Malkiel, « El fanfarron en el teatro del Renacimiento », *Romance Philology*, XI, 1957-1958, p. 268-291.
22. Voir G. Cavalucci [CXIX], p. 77 : « Les Arsenico, Malagiggi, Giglio, Tinca Brandonio et autres fanfarons qui doivent la vie à l'Arioste, à l'Arétin, à Dolce, à Parabosco, à Piccolomini ou à d'autres auteurs de la *commedia sostenuta* sont tous des émules de Pyrgopolinice, de Thérapontigone, de Platagidore, de Cléomaque, d'Antamœnide ou de Thrason ».
23. Plus caricatural encore, car les auteurs français incarnaient dans ce faux brave l'oppresseur espagnol détesté.
24. Mic [XCI], p. 61.
25. Voir le *Teatro delle Favole rappresentative* de Flaminio Scala, qui montre la grande importance du rôle dans les scenarii de la *commedia dell'arte*: sur cinquante pièces, il n'y en a, comme le note Cavalucci, p. 78, « que six où n'apparaisse pas la silhouette fameuse [du Capitan] à qui est toujours dévolue *una parte ampollosa di parole et di gesti* ». Ces capitans portent des noms évocateurs : Spavento (joué par Francesco Andreini de la compagnie des Gelosi), Cocodrillo, Matamoro (qui tue les Maures), Rhinoceronte. En 1607, Francesco Andreini réunira les traits les plus comiques de son rôle dans un recueil intitulé *Le bravure del Capitano Spavento*.
26. Il y a un Rodomont dans *La Reconnue*.

favori de Mars. D'où cette évocation hyperbolique de ses « exploits » :
une armée de cinquante mille hommes (chiffre énorme à l'époque, si
l'on se rappelle qu'à Saint-Quentin, Henri II n'avait engagé que quelque
vingt mille soldats) ne pourrait venir à bout de son invincible courage !
Il s'est trouvé, pour le moins, en vingt-cinq batailles rangées (trois fois
plus qu'un d'Aubigné ou qu'un Monluc !). Il ne craindrait pas, dit-il,
d'affronter la terrible armée du roi d'Espagne, ni celle— non moins re-
doutable alors — des Turcs qu'évoquent, dans sa bouche, les mots sug-
gestifs de « Jannissaires » [27], de « Spacchis » [28], de « Mammelus » [29].
Brave donc, en paroles du moins, qu'il orne volontiers d'images em-
pruntées à la guerre et aux arts militaires.

A ces deux portraits, Nivelet apporte quelques touches nouvelles
dans son monologue de l'Acte I, 6. Son maître « fait aussi bien valoir
son estat qu'homme de sa robe ». Entendons — par ce transfert, comique et cruel, à Rodomont d'une expression qui convient à un magistrat
— que le capitaine s'y entend à « piller, rançonner [30], desrobber les gai-
ges des soldats [31], faire trouver force passevolans [32], partir [33] le gain
avec le thresorier et contre-rolleur et chauffer les pieds à son hoste » :
au total, un picoreur, un « abuseur » de biens publics, un inquiétant ancêtre du sinistre chauffeur Jean l'Écorcheur, capable de torturer, pour
prendre leur argent, ceux qui étaient réquisitionnés pour le loger. Tout
cela pour satisfaire ses goûts de joueur de dés et de pilier « de bordeaux
et de cabarets ». L'homme, cependant, est, parfois, plus calme. Le marchand Thomas l'a tenu — peut-être par intérêt — pour l'un de ses meilleurs amis. Dans la maison de Thomas, Rodomont venait boire et manger, deviser avec le marchand ou avec sa femme — dont il recherchait,
peut-être, les faciles faveurs. Mais tout bruit de guerre l'excite, le met en
branle et le voici à cheval pour partir en Flandres ou au Portugal, dans

---

27. A l'origine, il s'agissait d'une milice composée uniquement d'enfants chrétiens enlevés à leur famille, puis convertis à l'Islam, sorte de garde prétorienne qui
pouvait être employée contre le peuple turc par les sultans. Ce n'est que plus tard
qu'on y admit des Turcs. Cette garde subsista jusqu'en 1826. On voit encore à Thes-
salonique la fameuse Tour Blanche où le sultan Mahmut fit massacrer les jeunes
Grecs enrôlés dans son armée comme janissaires.

28. Spahis, cavaliers turcs, recrutés d'abord en temps de guerre, puis consti-
tués vers la fin du XVIème siècle en corps permanent. Ils s'opposaient souvent aux
révolutions de palais fomentées par les janissaires.

29. Milice turco-égyptienne faite au départ d'esclaves (en arabe *mamlouk*,
esclave), puis sorte de féodalité militaire qui domina l'Egypte de 1254 à 1811, date
à laquelle le vice-roi Méhémet Ali fit fusiller les Mameluks.

30. Il n'y aura de véritable intendance militaire qu'avec Louvois. Au XVIème
siècle, les troupes — dont les passages étaient redoutés — vivaient souvent sur les
populations.

31. La paie donnée aux gens de guerre. L'italianisme *solde* — qui remonte à
1465 — a été évité ici pour des raisons stylistiques.

32. Faux soldats que les capitaines faisaient figurer en costume militaire dans
les revues (*monstres*) pour obtenir plus de subsides : pratique courante au XVIème
siècle.

33. Partager.

le mépris le plus complet des paisibles bourgeois de Paris [34] qu'effraye la rumeur des armes.

Au demeurant, moins inculte que ses ancêtres dont aucun, suivant un préjugé nobiliaire bien ancré [35], « n'eust le cœur si lasche que de s'adonner aux lettres » (IV, 2, 2081-2082). Sans doute, Rodomont ne s'adonne-t-il pas vraiment aux lettres, mais il lit et un développement, original, que l'on ne retrouve pas dans les autres comédies du temps, nous renseigne sur ses lectures : *Perceforest, Amadis, Palmerin d'Olive, Roland le Furieux* ; tous romans d'aventure, œuvres frivoles qu'appréciaient encore les contemporains d'un Antoine du Saix [36], mais auxquelles un Jacques Amyot, dans la préface à sa traduction de l'*Histoire ethiopique* avait, dès 1547, dénié « la grace et la force de delecter le loysir d'un bon entendement ».

Homme de bon entendement, Rodomont ne l'est assurément pas : il aurait plutôt « l'âme de travers », comme dirait Des Périers. Il est « brave et furieux », plus brave que hardi, lui qui, en ayant peur de ses rivaux, se vante que son « seul regard faict souvent tomber les hommes tous morts à terre » (I, 2, 163) et qui se désirerait, malgré le « grand abreuvoir à mouches » de la balafre « qu'il a sur la joue gauche » et ses « grandes moustaches noires retroussées en dent de sanglier » (III, 2, 1455-1457), « bien voulu » de Geneviefve, à l'adresse de qui il fait, comme jadis en avaient l'habitude ses courageux ancêtres, une (incrédible) offre de services [37]. Incapable donc de comportements et de desseins raisonnables ; porté, comme invinciblement, vers les folies.

Fol, mais pas sot, capable de ruser avec les sergents en inventant une mission dont le Roi l'aurait chargé. Pas de véritable mépris, d'ailleurs, à son endroit dans *Les Contens,* sauf peut-être dans la bouche traditionnellement railleuse des valets, et dans celle, forcément partiale, de Basile [38]. Jusqu'à la fin de la pièce, Louyse, malgré les mises en garde, le considère comme un gendre possible. Et Eustache le traite avec plus de « scepticisme gouailleur » [39] que de mordante ironie.

Manifestement, Turnèbe a aimé camper ce « beau traine-gain de

---

34. Ce mépris à l'endroit du bourgeois durera longtemps. Il n'est que de songer aux réactions blessées de Bussy-Rabutin et de Mme de Sévigné, lorsque le Roi charge des bourgeois comme Racine ou Boileau de fonctions d'historiographe.

35. Révélatrice, à cet égard, la notation de Marguerite de Navarre qui, dans l'*Heptaméron,* nouvelle 18e, parle, comme d'une exception, d'un seigneur de bonne maison, qui « estoit aux escolles ».

36. Voir son *Esperon de discipline,* 1532, où se trouvent cités les ouvrages en faveur à l'époque : *Perseforest, Roland, ...*

37. De laquelle on peut rapprocher celles de Matamore à Isabelle et à Géronte (« Où sont vos ennemis que j'en fasse un carnage ? ») dans l'*Illusion comique,* actes II et III.

38. Qui le qualifie (Cf. Rabelais, *Pant.,* XXXI) de « beau capitaine de trois cuites », le compare à une « belle happelourde » (Cf. Larivey, *Les Esprits,* III, 5) c'est-à-dire à une pierre fausse ayant l'apparence d'une vraie et qui l'accable de pareilles gentillesses.

39. Cavalucci [CXIX], p. 82.

foin » [40], auquel il a prêté des traits du *gracioso* espagnol. Il a aimé nous le montrer pour le comique caricatural parfois, mais assez mesuré dans l'ensemble, et à la limite émouvant, qui naît du contraste entre ce qu'il est et ce qu'il prétend être. De même que le « droit nom » de Flamberge est Pleuresang, c'est-à-dire que cette épée n'a jamais dû faire couler de sang, de sang de poltron ou d'homme courageux, de même Rodomont, en dépit de ses braveries qui n'abusent que lui, n'est au fond qu'un homme qui fait rire certes, mais que l'on peut soupçonner de quelquefois souffrir de sa situation de déclassé. Ce qui justifie la place exceptionnelle [41] que Turnèbe lui réserve dans l'action, où il constitue, à lui seul, deux obstacles et par son contre-projet de séduction et par le projet qu'entretient toujours Louyse de la garder en réserve, pour un mariage avec Geneviefve.

A côté de Rodomont, deux autres compétiteurs : Eustache et Basile, les bons amis rivaux, qui, d'ailleurs, ne se rencontrent jamais sur la scène [42]. Des deux, Eustache est le plus jeune : il n'a, si l'on en croit une indication de Françoise (II, 2, 1020), que dix-huit ans, ce qui n'a rien de surprenant à une époque « où la vie de l'adulte commençait beaucoup plus tôt que de nos jours, pour finir aussi beaucoup plus tôt » [43]. Il est le fils de Girard, ce qui fait de lui un riche héritier. A cause de ses « grans biens » (II, 2, 957), Louyse le recherche pour gendre. Mais, lui, estime qu'il n'a pas encore atteint « l'aage de discretion » (II, 1, 714), c'est-à-dire qu'il ne se sent pas encore assez mûr pour pouvoir judicieusement choisir celle qui sera sa femme. En attendant, il s'accorde, avec l'aide de Saucisson, quelques divertissements agréables, tout en se gardant bien de faire déplaisir à son père, qui voudrait le voir se marier rapidement avec Geneviefve. Il aime d'ailleurs Geneviefve—dont la beauté naïve, non fardée lui plaît—mais «non pas si ardemment que l'on diroit bien » (I, 6, 350) et pas au point de s'être aperçu de l'affection mutuelle qu'elle et Basile se portent. C'est un fils de famille d'un bon naturel, un « épicurien léger » [44], mais non pas le débauché, le cynique, aux propos anticléricaux, antiféministes, que voit en lui N. Spector. Plutôt un jeune homme d'agréable compagnie (il danse bien II, 2, 962),

---

40. L'expression paraît créée par Turnèbe sur le modèle de ces expressions fréquentes au XVIème siècle, qui s'achevaient par le mot « foin ». Cf. Rabelais « bataille de foin ». A Rabelais, Turnèbe doit encore la comparaison relative à Flamberge « abatant plus de testes qu'un faucheur ne fait d'herbes au mois de juing » ; à rapprocher des exploits de la jument de Gargantua (I, XVI) dont la queue « abatoit bois comme un faucheur faict d'herbes ».

41. Il n'est peut-être que dans *Le Jaloux* de Larivey, où un même personnage intervienne dans autant de scènes.

42. Ce qui fait que nous n'avons dans *Les Contens* qu'une esquisse de l'amitié, sentiment moins envahissant que l'amour dans la littérature du XVIème siècle, mais bien présent, quand même ; que l'on songe à Montaigne et La Boétie et à Saint-Gelais, lieutenant d'Henri de Navarre... Et dans la *Bradamante* de Garnier, à Léon et à Roger. Sans parler des amis dans les comédies de Larivey.

43. J. Scherer [CXXXVIII], p. 20, qui indique que, par exemple, le héros des *Bergeries* de Racan, Alcidor, a dix neuf ans.

44. Expression heureuse de M. Lazard [LXXXII], p. 62.

qui vit, insouciant, au jour la journée ; incapable, aussi, de se venger
de Basile qui lui a pourtant — faute contre l'amitié — caché ses sentiments, et tout à fait heureux, à la fin, de la bonne fortune qui échoit
à son ami. En résumé, un personnage séduisant, amateur de jolies
femmes et de mets délectables, fils respectueux, ami sincère, qui n'a
rien du rival traditionnel, presque toujours âgé et antipathique.

Basile, lui, est plus âgé qu'Eustache : il a, semble-t-il, dépassé les
vingt-cinq ans (I, 6, 503), comme le héros de *Cléomédon* de P. du Ryer.
Sa réputation est celle d'un homme « riche » qui, à la différence de
Rodomont, ne fait pas « de folles depenses ». Un prétendant sérieux
donc, « honnete », « de bonne parenté », soucieux de son salut éternel (I, 5, 447), qui aime Geneviefve, qui est aimé d'elle. Seul, l'entêtement de Louyse s'oppose à son bonheur et le contraint à son entreprise de séduction. Cette entreprise, Turnèbe a voulu la rendre moins dé-
plaisante qu'elle n'est habituellement. Rien ici du viol, courant dans les
comédies anciennes et qui sera encore tenu pour convenable dans bon
nombre de pièces préclassiques, comme les tragédies *Scédase* de Hardy
et *Crisante* de Rotrou. Basile n'avait pas d'autre solution pour vaincre
l'opposition de Louyse ; et Geneviefve fut, si on l'en croit, consentante
à sa volonté. Lorsque Geneviefve lui a cédé, il ne l'en aime que plus et
mieux, et il emploie toute son activité à sauver son honneur, en attendant de pouvoir, après ce « plaisir transitoire », l'épouser en « loyal
mariage ». Un amoureux sincère, fidèle, solide, bien digne de
l'amour de Geneviefve et qui, croyons-nous, n'a — sauf quand il raconte
sa peur — rien de comique dans cette pièce, à la différence d'Eustache,
avec sa tirade excessivement indignée contre les femmes fardées, plâ-
trées, puantes (II, 2).

Le personnage de la jeune fille

La farce, souvent centrée sur une mésentente conjugale, n'avait,
naturellement, fait que peu de place à la jeune fille. Pour des raisons
différentes, parce peut-être la jeune fille n'était guère présente dans la
comédie romaine, la comédie régulière du XVIème siècle ne lui accorde elle aussi, d'ordinaire, qu'un rôle limité et fort discret. Dans *Les Contens*, Geneviefve n'apparaît que trois fois :pour montrer, parmi des protestations d'obéissance et de respect, son opposition à sa mère dans l'acte I,
1 ; pour se laisser convaincre par les captieuses raisons de Françoise (I,
7) ; pour chanter son amour et sa confiance dans le duo de l'acte V, 3.
Une héroïne « rare », dont la présence peu fréquente sur la scène s'explique non par une négligente médiocrité de l'auteur, mais par un souci
délibéré de Turnèbe qui « préfère, pour mieux exciter [après la scène
d'introduction] le désir maintenant affirmé des spectateurs, ne la montrer que dans des situations bien choisies et bien préparées » [45].

---

45. J. Scherer [CXXXVIII], p. 28. Sur la présence réduite des jeunes amoureuses sur la scène des comédies au XVIème siècle, voir M. Lazard, « Comédiennes
et rôles féminins dans la comédie française du XVIème siècle, *Mélanges F. Simone*,
Slatkine, Genève, 1980, p. 365.

Geneviefve est assurément jeune, très jeune, ce qui autorise sa mère à la traiter d'enfant. Peut-être a-t-elle quinze ans, seize ans tout au plus [46]. Jeune et belle, d'après l'éloge que Françoise fait d'elle (acte II, 2) devant Eustache, qui la connaît bien et qui ne s'inscrit pas en faux. Belle, bonne catholique, discrète dans son maquillage et dans ses habits, cultivée et musicienne, pieuse et chaste [47]. Dithyrambique, l'éloge ne manque pas d'être, en partie, comique, mais rien ne nous permet de le prendre totalement « au rebours ». Il faut que Geneviefve ait des qualités physiques et morales certaines, pour que trois jeunes gens la recherchent en mariage.

Est-elle une « saincte-nitouche » ? (III, 7, 1714) Peut-on la taxer d'hypocrisie ? Nous ne le croyons pas. Sans doute montre-t-elle quelque habileté à retarder son départ pour la messe, dans l'espoir de rencontrer en chemin ce Basile qu'elle aime. Est-ce là péché grave ? Sans doute, après s'être rendue aux arguments de Françoise, trouve-t-elle, elle-même, le moyen de rester seule à la maison, en prétextant un malaise, mais tenons compte des mœurs libres de l'époque et de celle qui suivra : beaucoup de jeunes filles du théâtre pré-classique auront une conduite infiniment moins édifiante que la sienne, où l'amour, sincère et impossible autrement, tient véritablement sa place. Et encore, dans la scène de la sédction, est-ce « plus de force que de son bon gré » que Basile obtient d'elle cette avance sur mariage ?

Non pas une ingénue ; non pas une poupée passive et pleurarde qui n'aurait trouvé d'autre solution à son problème que l'entrée au couvent ou que la mort. Mais une jeune fille amoureuse, bien décidée à rester fidèle à l'homme qu'elle aime, ferme et souple à la fois, avec une personnalité attachante, plus nuancée que celle des autres jeunes filles de la comédie de la Renaissance. Turnèbe l'a peinte avec naturel ; avec plaisir aussi : pour Geneviefve, il a eu les yeux de Basile.

Les personnages des parents

Louyse, la mère de Geneviefve, est une riche veuve (III, 7, 1712) de la bourgeoisie parisienne [48]. Comme le remarque Cavalucci [49], « sous ce double aspect de mère et de bourgeoise, elle incarne un personnage assez nouveau dans la comédie de la Renaissance ». Jean de La Taille

---

46. La Chimène du *Cid* doit avoir le même âge ; peut-être, un peu moins. Dans *Les Eaux de Pirmont* de Chappuzeau, les deux héroïnes se marient à la fin de la pièce, l'une, pour la première fois, à quatorze ans ; l'autre, déjà veuve d'un premier époux, à seize ans.
47. Ce sont là, d'après Castiglione, les qualités requises de la dame vraiment « honnête », comme l'est Geneviefve. A la chasteté près, ce sont ces qualités que l'Arétin recommande à la *meretrix* de simuler, si elle veut se hisser au niveau de sa respectable clientèle, devenir une *meretrix honesta*. Voir Paul Larivaille, *La vie quotidienne des courtisanes en Italie au temps de la Renaissance*, Paris, Hachette, 1975.
48. Peut-être est-elle d'origine provinciale, picarde ou normande, si l'on se fie à sa prononciation *carogne* pour charogne ? (IV, 6, 2518).
49. [CXIX], p. 90.

avait bien introduit dans *Les Corrivaus* la vieille dame Jacqueline, mère
— peu attentive en vérité — de la jeune Restitue, mais il ne lui avait donné aucun relief, suivant en cela l'image de la comédie romaine où, seul,
compte le père, tout puissant, obstacle habituel au bonheur voulu par
ses enfants ? La figure de Louyse, au contraire, se détache avec netteté
dès la première scène. Peu respectueux, comme à l'habitude, Antoine
l'appelle « la vieille », ce qui implique, à l'époque, qu'elle a plus de trente ans, sans pour autant vouloir dire qu'elle en a quarante. Disons que
c'est une mère encore dans le bel âge, une femme de tête soucieuse des
intérêts familiaux, qu'elle défend avec âpreté, imposant des « conditions un peu dures », des articles déraisonnables au projet du mariage
de sa fille avec Eustache. Pieuse et « patenostriere », comme dit Rabelais (elle assiste à deux messes, le jour de la fête paroissiale et se propose d'aller aux vêpres) ; autoritaire, aussi, et entêtée, d'un entêtement où
nous aurions tort, croyons-nous, de voir, avec Marina Nickerson Eaton,
« the arbitrariness of Calvin's God ! » Elle ne manque pas « d'entendement » mais son incapacité à référer sa colère et le désir de se venger
la rendent « soupçonneuse » (IV, 6, 2535), insensible au devoir social
de sauver la réputation de sa fille [50], l'empêchant, quand elle est en
crise, de raisonner avec lucidité. Même « à froid », elle commet aussi
des erreurs d'appréciation. Comme Jacqueline dans *Les Corrivaus*, elle
n'a permis à sa fille — qu'elle aime pourtant — que « d'estre toujours
dans une chambre enfermée ou dans une église à prier Dieu » [51]. Aussi
n'a-t-elle pas suivi, dans la vraie vie, son évolution psychologique, n'a
t-elle pas vu que son enfant était devenue une jeune fille à l'esprit indépendant : ce qui explique qu'elle s'illusionne sur une obéissance qu'elle
croit toujours entière. Elle se trompe, aussi, dans la confiance aveugle
qu'elle place si mal envers cette Françoise qui « hante privément chez
elle » et sans le conseil de qui « elle ne tourneroit pas un œuf » (II, 2,
927-928). Elle s'abuse, enfin, quand elle prend Rodomont pour un parti
très acceptable, croyant « qu'il jouit pour le moins de quatre mille
livres de rentes ».

Nous relevons donc des faiblesses chez cette femme riche de sens
pratique, à défaut de bon sens permanent. Faut-il, avec Spector, lui en
prêter une autre, celle de refuser si obstinément Basile, après l'avoir recherché pour gendre, parce qu'elle aurait songé, entre temps, à faire de
lui son mari ? Comme le relève Marina Nickerson Eaton :« it is an hypo-
thesis without any direct evidence in the text itself » [52].

Plus qu'aux raisons d'agir, la comédie s'intéresse aux actions des
personnages et Turnèbe ne nous éclaire pas sur ce qui meut ainsi Louyse.
Dans son comportement inexpliqué envers Basile, Louyse reste la même
jusqu'au dénouement où, par nécessité, elle se rallie aux objurgations de
son frère et à celles de Girard : preuve de l'unité de son caractère, l'un

---

50. Ainsi, quand elle se déclare prête à faire savoir par toute la ville que sa
fille a été « despucelée », pour pouvoir faire jeter le suborneur dans un cul de basse
fosse.
51. *Les Corrivaus,* acte III, 1, p. 92 de l'édition Drysdall.
52. [CXX], p. 64.

des plus fermes de toutes nos comédies de la Renaissance. Louyse ou comment la colère peut perturber profondément une femme qui, « au demeurant est bien du meilleur naturel du monde » : c'est, porté sur la scène, un exemple vivant de ces altérations – comiques à l'occasion – que le Plutarque des *Moralia* dénonçait dans le *De cohibenda ira*.

La colère, le « vieillard » Girard l'ignore complètement, que Turnèbe nous présente comme le contraste parfait de Louyse, même s'ils sont, l'un et l'autre, des bourgeois aisés. Louyse était une veuve, encore assez jeune, une « rose d'automne ». Girard, plus âgé qu'elle sans doute, est marié, bien marié même, puisque, quand Eustache lui apprend que Basile est « mieux aux bonnes graces » de Geneviefve que lui, il se déclare « plus estonné que si cornes *lui* estoient venues ». Louyse était une mère impatiente, irascible, impérieuse, Girard est un père doux, facile, indulgent, comme Hilaire, le père adoptif des *Esprits* de Larivey : de son fils, dont il « gourmande » (Boileau, *Art Poétique*, 416), comme les pères de Térence, la prétendue imprudence, il est plutôt l'ami, le confident que le père. Louyse était dévote, pratiquante assidue. Girard ne fréquente pas les offices mais il craint Dieu et il se montre (est-ce dénonciation d'une forme mécanisée de la pratique religieuse, qui ne conduit pas à la véritable charité chrétienne ?)[53] plein de bonté, compatissant à toutes les souffrances qu'engendre l'épidémie pour les petites gens. Un de ces citadins de Paris donc, qu'affectait de dédaigner Rodomont, mais qui – à la différence de Rodomont – témoigne d'un sens réel de l'honneur et de ces responsabilités que l'on ne peut esquiver. Il comprendrait très bien que, dans ses « jeunesses », Eustache eût « gagné la verolle » et il consentirait, sans peine, à payer les « cinquante escus » de la suerie et du traitement au bois de gaïac ou, mieux, au mercure. Il ne se soucierait pas outre mesure d'une « simple paillardise » de son fils, mais, quand il croit que celui-ci a commis un « adultere qualifié » (IV, 5, 2637), il s'empresse d'aller offrir réparation à Louyse, l'assurant qu'Eustache devra accepter le mariage « pour punition de sa follie » (IV, 4, 2243). Lorsqu'il est mis au fait de la « plaisante histoire » de la substitution d'Alix à Basile, et qu'il se rend compte que son fils n'est pour rien dans ce patelinage, que ce n'est pas lui qui a ravi l'honneur de Geneviefve, il s'efforce de calmer la colère de Louyse contre le vrai coupable et il s'emploie à plaider la cause des deux amoureux, en se portant garant des honnêtes intentions de Basile. Autant d'attentions à autrui dont Girard recevra dès ici-bas la récompense : jamais son fils – il peut en être sûr – ne sera un « enfant ingrat » (IV, 5, 2379). C'est là sans doute la leçon – sans prétention moralisante excessive – que Turnèbe veut donner aux spectateurs, en mettant en scène le bon Girard. Dont il fait rire aussi, sans méchanceté : ainsi, dans le monologue comique de l'acte IV, scène 5, où Girard, renouvelant le thème traditionnel des imprécations des parents contre leurs enfants, philosophe, à sa manière,

---

53. Voir la différence que Girard rappelle à Louyse entre la « rigueur » des barbares et le nécessaire pardon des fautes chez les chrétiens (acte IV, 4, 2228-2230).

sur la question controversée depuis toujours du « souverain bien » :
« O Dieu, que ceux-là sont heureux qui n'ont jamais mis sur leur
col le pesant joug du mariage ! Que ceux là pareillement sont heureux
qui, estant mariez, se sont veus aussitost en liberté par la mort de leurs
femmes ! Ou bien (si le malheur a voulu que leurs femmes fussent de lon-
gue vie) n'en ont eu aucuns enfants, ou s'ils en ont eu ils les ont perdus pendant leur bas aage, avant qu'ils eussent le moyen de tourmenter leurs
peres par leurs follies et desbauches ».

Heureux donc, les célibataires, les jeunes veufs, les hommes mariés
sans progéniture ou ceux qui, ayant eu des enfants, ont été assez fortu-
nés pour les perdre en bas âge ! Comprenons bien, cependant, que cette
tirade ne nous montre pas un homme égoïste, mais un père « descon-
forté », en peine et en crainte pour son fils bien aimé, qu'il croit menacé
d'un sévère châtiment.

Le personnage de la courtière d'amours

Françoise n'a pas, comme il arrivait souvent à l'époque, perdu tous
ses enfants dès le bas âge : il lui reste « trois pauvres filles à marier sur
les bras ». Elle ne sait d'ailleurs pas « où est le premier denier de leur
mariage » et elle doit, en plus, deux termes à son hôte (II,2). Elle pourrait avoir l'âge de Louyse, mais la liste des personnages la présente comme une vieille femme, sans doute de la même tranche d'âge que Girard.
Une femme mûre donc, veuve apparemment, qu'Antoine et Basile appellent respectueusement « Madame » (I, 5) et dont la situation maté-
rielle n'est pas des meilleures. Voilà les traits les plus tracés de son portrait présent.

Nous ne savons rien sur son passé [54], fâcheux sans doute. Ce qui
est sûr, c'est qu'elle a réussi, par ses manifestations de dévotion, à s'ac-
quérir, dans le quartier, la réputation flatteuse de « la plus femme de
bien de toute la paroisse ». Une réputation qu'elle veut soigneusement
garder au-dessus de tout soupçon, veillant à ne pas être surprise en conversation avec Basile ou avec son valet, feignant même de ne pas bien connaître Basile, de ne lui avoir pas « parlé plus de deux fois, encores il y a
plus de sept semaines » (II, 2, 903-905), alors que nous savons, depuis
l'acte I, 5, qu'elle l'« a desja par plusieurs fois experimenté » (ligne
421), pour qu'il jouisse, grâce à elle, de quelque maîtresse désirée.
Une entremetteuse alors ? Assurément, oui, et de cette espèce,
(servante, voisine complaisante, vieille courtisane hors d'emploi, ayant
changé de quartier) commune sur les bords de la Méditerranée, où les
femmes et les jeunes filles étaient sévèrement gardées [55]. Mais une entremetteuse différente du type traditionnel venu de Ménandre, puis
transmis par Ovide et Properce. Chez les Latins, la *lena*, à côté de ses

---

54. C'est là une originalité de Turnèbe par rapport aux modèles antiques.
55. En fait, la réalité nous est peu connue. Il n'y a guère d'entremetteuses
dans les œuvres historiques ou mémorialistes. Le domaine proprement littéraire
est, en revanche, mieux fourni.

activités propres (si l'on peut dire), pratiquait souvent la sorcellerie, la
magie et montrait habituellement un penchant immodéré pour la bois-
son. Rien de pareil chez la bourgeoise Françoise. Elle est allée à l'école
(II, 2, 1021) ; elle n'a que mépris pour l'opinion du peuple, cette
«beste à plusieurs testes»(I, 7, 575).Plus proche, en vérité, de la «moyen-
neresse » médiévale qui incarnait volontiers la fausse dévotion que de
l'entremetteuse antique. Proche aussi, dans ses méthodes de corruption,
de la Célestine, popularisée par Rojas à travers toute l'Europe dès 1499,
bien qu'il paraisse impossible, malgré les opinions contraires de Lintilhac et de Reynier, de trouver un seul emprunt direct de Turnèbe à
l'œuvre espagnole. Proche, surtout, de la *ruffiana* italienne, qui doit beaucoup d'ailleurs à la Célestine, de l'éloquente et cupide *mezzana* ou de la
fausse dévote *pinzocchera* des contes transalpins et de la *commedia erudita*, ainsi que du machiavélique Fra' Timoteo de la *Mandragola*. Si donc
nous replaçons le personnage dans la littérature du temps, il n'apporte
rien de bien neuf : Turnèbe n'a fait qu'embelir, rendre vivant, mysté-
rieux et singulièrement actif un type qu'il trouvait chez les Italiens et
qu'avaient exploité, avant lui, Grévin dans *Les Esbahis,* Larivey dans *La
Veuve* et dans *Les Tromperies.* Ce qu'il faut porter au crédit de Turnèbe
c'est l'habileté de Françoise à jouer de son expérience et de l'affection
maternelle qu'elle porte à Geneviefve, pour faire tomber les résistances
de la jeune fille [56] ; d'user de sa réputation de « preud'hommie » pour
décourager et dégoûter Eustache. Dans l'un et l'autre cas, elle procède
en deux temps. Comme l'explique M. Lazard, « la *conversion* de Geneviefve s'opère en deux tirades, chefs-d'œuvre de casuistique ». La première recourt indirectement à l'autorité d'un prêche ... La seconde se
teinte plus nettement d'une couleur religieuse », si bien que « Geneviefve, étourdie par ces *raisons* qui lui semblent si *bonnes* penserait faire
un grand peché » [57] si elle ouvrait seulement la bouche pour y contredire. Dès lors, c'est Geneviefve, subjuguée, qui croit mener le jeu, comme l'entendait Françoise, laquelle n'a plus à ponctuer les résolutions de
la jeune fille que de conciliants « C'est bien dit » (I, 7). La « belle instruction », comme dit Nivelet, a porté ses fruits !
    De même, face à Eustache, Françoise organise son argumentation
en composant en diptyque un surprenant portrait de Geneviefve. Elle
est belle, cultivée, vertueuse : vous faites fort bien de l'aimer... mais elle
a un chancre : pouvez-vous supporter cette «petite imperfection ?» De
part et d'autre, un art réel de la progression, par accumulation ou par
contraste, qui nous montre en Odet un authentique dramaturge.

---

56. Elle se présente comme « estant sur le bord de *sa* fosse, preste de rendre
conte à Dieu de ce qu'*elle a* faict en ce monde » (I, 7, 609-610) : désireuse donc
d'éviter toute mauvaise action. Avec beaucoup d'adresse, elle invite Geneviefve à
rechercher les conseils : c'est précisément ce que la jeune fille avait (I, 1, 81) recom-
mandé à sa mère, qui l'a, sans doute, répété à Françoise.
    57. [LXXXII], p. 316. Notre étude de Françoise doit beaucoup aux excel-
lentes pages que M. Lazard a consacrées dans cet ouvrage à *La première dame d'intrigue, Françoise, dans les Contens, pp. 312-329 et auxquelles nous renvoyons le
lecteur.

Françoise ne paraît que relativement peu sur la scène, mais son rôle est déterminant dans l'action qu'elle conduit sans que les autres personnages en aient conscience, à laquelle elle imprime, organisatrice discrète, mais rusée et fort efficace, de décisives directions. Une « fine femelle » en vérité, passée maîtresse en ruse, plus inquiétante que comique [58], dont Turnèbe veut, croyons-nous, dénoncer la dangereuse et diabolique tartufferie. Sans conteste, l'un des personnages les plus réussis de Turnèbe qui a su faire de sa dévotion — sincère ou fausse — un véritable moteur dramatique ; un personnage dont Mathurin Régnier se souviendra pour sa Macette [59], avant que Molière, par souci des bienséances, ne remplace, dans son théâtre, l'entremetteuse par la véritable dame d'intrigue [60], la Frosine de l'*Avare*.

Il serait — nul n'en doutera — téméraire et vain de vouloir donner, en quelques lignes, une conclusion d'ensemble sur les personnages si variés des *Contens*. Le mérite de Turnèbe est de ne pas avoir présenté devant nous des marionnettes stéréotypées. Pris concrètement dans leur milieu, aux prises avec leurs problèmes, entiers eux-mêmes ou partagés, semblables ou opposés, ces personnages, bien caractérisés, humanisés, existent réellement devant nous, faisant vraiment des *Contens*, une comédie miroir de la vie, où, les voyant et les entendant, nous nous laissons aller au doux et plein contentement du spectacle théâtral.

---

58. Même s'il y a chez l'entremetteuse contraste entre son être et son paraître, un tel contraste n'est pas toujours comique.
59. Voir R. Aulotte, *Mathurin Régnier, Les Satires*, Paris, Sedes, 1983, pp. 87-101.
60. Voir Charlotte Dietschy, *Die « Dame d'intrigue » in der Französischen Originalkomödie des XVI und XVII Jahrunderts*, Halle, Niemeyer, 1916.

Scène de sérénade devant une fenêtre (Recueil dit de Fossard).

CHAPITRE VIII

LE DUO D'AMOUR DU CINQUIÈME ACTE
(lignes 2806-2881)

> «Estre... à une fenestre
> Regardant le beau temps venir » [1]
> (Marguerite de Navarre, *Trop, Prou, Peu,*
> *Moins,* 901-902).

Circonstances

Les yeux de Louyse ont commencé à s'ouvrir. La « masquarade » de « ceste belle Madame Alix », qu'elle a surprise avec sa fille, lui paraît suspecte. Alix n'appartiendrait-elle pas à cette dangereuse catégorie d'êtres monstrueux que les médecins appellent « hermaphrodites » et que Louyse — qui n'a nullement le goût baroque pour les états ambigus — nomme « barbes fleuries » [2]. Son frère Alphonse a tout compris, lui; il ne peut que lui conseiller : « en ce cas icy, de craindre et de prendre toujours les choses au pire ». Aussi, Louyse décide-t-elle de marier sa fille au plus tôt, « avant que le monde soit abruvé de ceste histoire ». La marier avec Rodomont ou avec Eustache, si celui-ci veut encore de Geneviefve. Ainsi, bien pourvue de « deux cordes en son arc », Louyse, accompagnée de son frère, entre dans la maison du père d'Eustache, Girard, dont la porte est ouverte. Retirés « un peu de quartier » (ligne 2710), Françoise et Basile les ont entendus. Basile estime le moment venu d'aller « consoler » (ligne 2704) Geneviefve, « pendant que la

---

1. *Théâtre profane,* éd. V.L. Saulnier, Genève, Droz, 1946, p. 199. Il est évident que « le plaisir d'estre » de Moins, dans la comédie de Marguerite de Navarre, est tout différent de celui de Geneviefve. Pour la princesse, «le plaisir d'estre » ou « le contentement », c'est le recueillement en soi, en Dieu ; état privilégié, aussi éloigné du désir que de la peur. Geneviefve, elle, désire et craint.
2. Souvenir de la *Calandria,* III, 7, où l'on trouve, dans le dialogue du serviteur Fannio et du magicien Rufio, le passage de *ermafrodito* à *merdafiorito,* puis à *barbafiorito.* Sur cette pièce, voir R. Allonge, *La Calandria o il mito di Androgine. Structura e ideologìa nel teatro italiano fra '500 e '900,* Turin, Stampatori Univ., 1979, pp.9-32. Damian, le médecin de Louyse, a certainement lu le livre d'Ambroise Paré, *Des monstres et des prodiges,* paru en 1573, 1575, et, tout récemment, dans l'édition collective de 1579, dont le chapitre VI traite des « Hermafrodites, appellez en notre langue françoise hommes et femmes » et le chapitre VII des transsexuels (Histoires mémorables de certaines femmes qui sont dégénérées(!) en hommes »). Voir l'édition de Jean Céard, Genève, Droz, 1971, T.H.R., CXV. Au chapitre VI, il y est question de « femmes qui, par le moyen de *leurs* caruncules ou nymphes, abusent les unes des autres ».

commodité se présente et qu'il fait déjà assez obscur ». Il heurte à la porte de la maison de Louyse : « Tic toc tac » [3]. Mais Louyse a emporté la clef. C'est donc « par *la* fenestre » que se fera le duo des amoureux. S'y montre Geneviefve, que Perrette est allée chercher « en sa chambre, où elle *s'était* retirée pour pleurer et gouverner ses pensées mieux à son aise », pendant que Basile soliloquait sur sa passion amoureuse et sur le tort qu'il avait fait à Geneviefve, pour l'avoir aimée « trop ardemment», en dehors des liens du mariage.

Sujet

Assurances réciproques d'amour.

Il s'agit pour Basile de rassurer Geneviefve, en l'assurant que l'amour qu'il lui porte est « ferme », c'est-à-dire fidèle, loyal, que cet amour « n'est tel que celui de plusieurs hommes envers les femmes, lesquels aussitost qu'ils en ont eu la jouyssance ne les voudroient jamais voir » (I, 5, 451-454). Pour Geneviefve, il s'agit de rassurer Basile, en l'assurant qu'elle ne veut pas épouser Rodomont et de lui indiquer que lui, Basile, ne pourra — pour le moment — lui faire service plus agréable que de parler à sa mère (ou de lui faire parler) le plus tôt possible, pour « faire *sa* paix » avec elle. Ainsi, sera rompu le projet de mariage avec Rodomont et acceptée par Louyse l'union — nécessaire et souhaitée — de sa fille avec Basile.

Sources

Spector [4] a bien montré que Turnèbe avait construit tout le dialogue à partir d'emprunts à la comédie *Il Marinaio* de Parabosco et qu'il avait, chemin faisant, inséré, ici ou là, des souvenirs de *Lo Ipocrito* de l'Arétin et de *L'Alessandro* de Piccolomini :

GENEVIEVE	CORNELIETTA
Monsieur, je le prie qu'il luy plaise vous donner ce que vostre gentil cœur desire, car je seray assez contente si vous l'estes.	Faccia egli contenta la S. V. che contenta son io havendovi presente. *(Il Marinaio,* Acte II,sc. v)

BASILE	COREBO
Je suis maintenant assez content, puis que j'ay l'heur de vous voir. Mais aussi tost que je vous auray perdu de veuë, je demeureray plus estonné et confus que celuy qui en une nuict d'hyver chemine par mauvais païs, le vent luy ayant estaint sa lumiere.	Tosto che ella si è tirata dentro, il timore solito mi ha rappresentata la mia speranza ne la fantasia simile a la luce che fa la candela che sta per ispegnersi. *(Lo Ipocrito,* Acte II,sc. ii)

---

3. L'onomatopée (Cf. IV, 5, 2306-2308) se retrouve dans bon nombre de comédies du temps. Cf. *Tic Tac Toc,* Larivey, *Les Esprits,* V, 7. Dans *Les Contens,* le *tic, toc, tac* du début fait plaisamment écho au *tic, toc, tac* du commencement du dialogue sur le « bas du corps » entre Antoine et Perrette (III, 9, 1765).
4. Spector [CXXVII], pp. 307-308.

GENEVIEVE

Si ce que vous dites est vray, je desire de pouvoir entrer dans vos yeux sans vous faire mal et y demeurer perpetuellement, à celle fin que vous soyez tousjours content, voyant devant vous celle qui ne vit d'autre viande que du souvenir de vos perfections.

BASILE

Vous faites donc une maigre chere, si vous vous repaissez seulement de mes perfections, mais si vous eussiez dit de l'amour que je vous porte, je n'eusse lors craint de dire, que vous ne sçauriez estre nourrie d'une viande plus exquise. Et m'en pouvez hardiment croire, comme celuy qui ayme la plus belle et la plus gentille dame qui soit en l'univers.

GENEVIEVE

Cela procede de vostre grande courtoisie d'aymer ainsi celle qui tient à grande faveur de vous estre humble servante. Mais je puis dire aussi que vostre amour n'est point plus extreme que le mien. Et n'estoit que je crains d'offencer mon seigneur et maistre, je dirois que je ne pense pas estre aymée de la façon que je vous ayme.

BASILE

Madame, quant est de l'amour que je vous porte, je dis que vous devez estre plus asseurée de mon amour, que moy du vostre : d'autant que vostre beauté est suffisante non seulement d'attirer les hommes à soy, mais elle peut forcer mesmes les bestes les plus cruelles. D'autre costé vous sçavez comme je vous suis obligé, principallement pour les recentes faveurs que de vostre grace vous m'avez departies. Mais je vous prie, comment puis-je estre assuré d'estre justement aymé de vous, n'ayant chose en moy qui merite d'arrester vostre affection et n'ayant jusques icy fait chose que vous puisse exciter à m'aymer ? Combien à la verité je pense estre assez bien voulu de

HANNIBALE

Ma se questo è io desidero intrarvi senza offensione nessuna ne gli occhi, e starvi sempre accioche sempre siate contenta, della vista di colui che vive solamente della memoria delle bellezze, delle gratie, & delle dolci maniere vostre.

CORNELIETTA

Signor mio voi havete un poco saporoso cibo, se delle mie bellezze vi pasciete, ma se havesti detto de l'amor ch'io vi porto, certamente io havrei ben detto che del maggior che fossi stato al mondo vi sareste cibato. Io son colei a cui si puo credete una simil cosa, come quella ch'ama il piu bello, il piu accorto, & il piu leggiadro amante che si trova, e cosi fuss' io sicura d'esser redamata con uguale ardore.

(*Il Marinaio*, Acte II, sc. v)

LUCILLA

Io sò ben che in me non è bellezza che vaglia molto,... ma io dò questo a la cortesia che vi fa dir cosî.

(*L'Alessandro*, Acte III, sc. III)

HANNIBALE

Signor, circa il redamarvi io dico che voi molto piu sicura dovete vivere de l'amor mio, che io del vostro : perche non solamente havete parte in voi che possono tirare gli huomini ad amarvi, ma si bene sforzare le piu crude fiere, l'altra voi sapete quanto obligo io tengo con esso voi, ma per ragione, io come ne posso star sicuro non havendo in me parte che degna sia de l'affettion vostra? & non havendo ancora fatto cosa per voi che vi stringa ad amarmi ? Ancora ch'io ne viva certissimo, & per l'animo grande ch'io tengo di servivi in ogni occasione che mi s'appresenti, & in ogni cosa che vi degnarete comandarmi.

(*Il Marinaio*, Acte II, sc. v)

vous, tant pour vostre douceur et gentillesse que pour l'envie de vous sçavez
que j'ay de m'employer à vostre service, quand l'occasion se presentera et
qu'il vous plaira m'honorer de vos
commandemens.

Il a relevé, également, l'influence de la poésie amoureuse de la Renaissance [5] sur les tirades exaltées de Basile (lignes 2772-2795 et 2800-
2803), influence que nous pouvons déceler, aussi, croyons-nous, dans le
dialogue lui-même, que nous plaçons — par hypothèse de principe,
mais non obligatoire — dans un décor simultané, où s'opère, de façon
plus visuelle, la perception du jeu de la fenêtre ouverte puis fermée.

Composition

Tout le dialogue se développe entre l'ouverture de la fenêtre
(« Perrette ... ouvre la fenestre », ligne 2805) et la fermeture de cette
même fenêtre (« Perrette ... ferme la fenestre », ligne 2881), quand
Geneviefve croit que sa mère ne va pas tarder à revenir. Un appel d'air
stimulant [6], donc, et vif dans cette salle « au lict vert » (III, 7, 1706),
un peu obscur, à l'atmosphère confinée, que Louyse a « fermée à
double resort », une heure et demie auparavant (IV, 6, 2523) et qui
ne s'est, depuis, ouverte qu'un instant, « côté cour » (III, 9, 1829),
pour laisser Basile s'échapper, après un dialogue — comique et grossier
(III, 9, 1766-1799) — sur les choses d'amour, entre le serviteur d'Antoine, devant la porte, et la chambrière, Perrette, à la fenêtre également.

Trois temps :

1) Vues heureuses et viandes exquises : « gentilles » variations
sur le suffisant contentement (lignes 2804-2827).

---

5. Spector a justement rapproché le passage : « Le ferme amour ... belle Geneviefve » (V, 3, 2780-2783) des vers 19-24 de la Chanson *Las, je n'eusse jamais
pensé*, des *Amours* de Ronsard, éd. Laumonier, STFM, IV, p. 174. Dans le Sonnet
Pour Hélène, I, 40, ce sont les mots gracieux du dernier adieu de la maîtresse, qui
sont « engravez » au milieu du cœur du poète.
      Même rapprochement judicieux, fait par Spector, de la comparaison avec l'a-
varicieux (2791-2795) et des vers 63-70 de l'Elégie *L'autre jour que j'estois assise
auprès de vous* du Recueil des *Nouvelles poésies (1563-1564)* de Ronsard, *éd. cit.*,
t. XII, pp. 248-249.
      L'influence de Ronsard sur Turnèbe est diffuse, mais indiscutable. Nous croi-
rions volontiers que la remarque de Basile : « l'amour ne veut point de compagnon » (I, 4, 349) vient, soit du *Second Livre des Meslanges* : « Les Roys ny les
amants / ne veulent point ensemble avoir de compagnons » (sonnet V), soit des
Sonnets pour Hélène, I, 49, 11 : « C'est qu'un cœur amoureux ne veut de compaignon » ou, encore, I, 50, 9-10 : « Et jaloux je ne puis / Avoir un compaignon, tant
amoureux je suis ». De même, dans l'acte V, 3, 2800-2801, l'invocation de Basile à
ses yeux, où Spector voit un souvenir de *La Notte*, V, 8, contamine, en fait, Parabosco et Ronsard, à qui Turnèbe doit l'adverbe *goulument* et le verbe *se repaître* :
« Mon œil de vos regards goulument se repaist » (*Sonnets pour Hélène*, II, 31, 9).
      6. Même jeu de scène, à des fins différentes, chez Beaumarchais, *Mariage de
Figaro*, II, 1, où la Comtesse, bouleversée par les « folies » de Chérubin et par la
découverte de l'infidélité de son mari, étouffe et fait ouvrir par Suzanne la croisée
qui donne sur une scène de plein air pur.

2) Surenchères dans les promesses de service amoureux entre l'humble servante et son volontaire homme-lige, « seigneur et maistre », qui se sait « obligé » (lignes 2828-2851).

3) L'adieu confiant et serein dans un prochain apaisement du «trouble». (2852-2881).

Analyse du passage :

Le dialogue s'ouvre sur des salutations : *Madame, Monsieur,* qui n'ont rien de spécialement cérémonieux et qui restent assez poliment neutres pour que puisse être marquée, par la suite, la progression de l'accord profond entre les deux amoureux. Si, à la ligne 2835, Basile appelle encore Geneviefve *Madame,* le mot prend alors une connotation courtoise. Il fait écho à l'expression « seigneur et maistre » employée par Geneviefve et il s'inscrit dans la sémantique du vocabulaire chevaleresque relatif au service dû à la Dame. Ce qui autorise alors Geneviefve à s'adresser à Basile, en lui reconnaissant la qualité de son « grand amy » (ligne 2852), le mot devant être entendu au sens qu'il prend (Cf. Acte II, 2, 934) dans la terminologie amoureuse du XVIème siècle, de « très affectionné serviteur » [7]

Les invocations initiales introduisent chez les deux amoureux une référence à Dieu — tenu, à ce moment de la scène, pour le seul recours[8] — dont on souhaite qu'il veuille bien rendre « contents » ceux qui le prient. Ceux qui le prient, précise aussitôt Geneviefve, avec un « gentil cœur », c'est-à-dire dans une parfaite noblesse d'intentions. Ainsi, le duo d'amour se trouve-t-il, dès le départ, situé à un certain niveau moral, manifestement destiné à restituer aux deux amoureux cette pleine sympathie du public, qu'auraient pu leur faire perdre la scène centrale de la séduction et les commentaires cyniques d'Antoine, sur l'hypocrisie des femmes en général et de cette « friande de Geneviefve » (III, 6, 1646), en particulier.

Le *la* ainsi donné, Basile peut se laisser aller à chanter le bonheur extrême qu'il éprouve à voir celle qu'il aime et qui lui est, dans l'existence, chaleur réconfortante et lumière directrice [9], « heureuse clarté », sans laquelle il s'égarerait, « estonné et confus ». Ce sont là des images habituelles dans la rhétorique amoureuse de l'époque : à preuve, par exemple, l'élégiaque monologue de l'acte II, 2 de la *Bradamante* de Garnier. Elles inspirent Geneviefve, à son tour. Une Geneviefve qui vou-

---

7. A la fin, les amoureux reprennent : « Adieu, Madame », « Adieu, Monsieur », mais c'est qu'alors le moment d'intimité s'est achevé et que Louyse peut survenir d'un moment à l'autre. Le *Monsieur* de Geneviefve (ligne 2873) peut s'expliquer de la même manière et, peut-être aussi, par la volonté de ne pas laisser Basile s'engager plus avant dans l'évocation des « espousailles » furtives.

8. A la fin de la scène, ce n'est plus Dieu que priera Geneviefve, mais Basile (« Seulement je *vous* prie ») en qui elle se remet complètement.

9. Quand il la voit, elle lui est Soleil et Lune, métaphores courantes à l'époque. Voir G. Mathieu-Castellani, *Les thèmes amoureux dans la poésie française (1570-1600)*, Paris, Klincksieck, 1975, p. 92. Nous rapprocherions volontiers, quant à nous, cette déclaration de Basile (lignes 2812-2815) du fameux sonnet en vers rapportés de Jodelle : « Comme un qui s'est perdu dans la forest profonde », auquel nous empruntons l'expression « heureuse clarté ».

drait pouvoir se fier pleinement à Basile (« Si ce que vous dites est vray ») et qui lui avoue qu'elle désire que l'amour qu'elle lui porte s'insinue – sans « poison amère » [10] – dans ses yeux et pénètre, ensuite, jusque dans son cœur pour y demeurer à jamais : source d'éternel contentement, dû à la seule vue de celle « qui ne vit d'autre viande que du souvenir de *ses* perfections » [11]. Déclaration platonicienne et pétrarquisante, à laquelle Basile répond, avec une fausse modestie, par une protestation de ferme amour envers « la plus belle » [12] et « la plus gentille dame qui soit en l'Univers ».

Désormais assurée d'être aimée, Geneviefve – qui, on la comprend, n'oublie jamais le problème social qui se pose à elle – va fort habilement conduire Basile à se reconnaître son dévoué serviteur. En se présentant, d'abord, elle-même comme son « humble servante ». En le tenant, ensuite, pour son « seigneur et maistre » [13], donc comme le responsable de ce qui reste à faire. En feignant, enfin, de croire qu'elle « ne pense pas estre aymée de la façon qu'*elle* aime ». D'où les assurances que Basile lui donne : fondées sur la beauté de Geneviefve, sur l'obligation de gratitude qu'il a, reconnaît-il avec élégance et habileté, envers celle qui, « de sa grace », lui a départi ses «recentes faveurs », sur la nature desquelles il a la délicatesse de ne pas insister. Qu'elle l'assure, de son côté, qu'elle l'aime « justement » [14], qu'il n'a pas à craindre de revirement de son cœur en faveur d'un rival, alors, lui qui «n'a jusques icy fait chose qui puisse exciter *Geneviefve* à l'aimer » [15], s'emploiera sans hésiter à la servir, dans tout ce que sa « douceur [16] et gentillesse » se plairont à lui demander.

De toutes ces propositions si libérales de service, l'avisée Geneviefve ne retient, pour le moment, qu'une seule : que Basile écarte les ombres menaçantes du refus entêté de Louyse et de la poursuite amoureuse

---

10. On connaît le processus d'inspiration ovidienne : l'amour entre par les yeux et va « penetrant l'estomach, toucher au cœur » (Louis Le Jars, *Lucelle*, I, 1, qui ajoute que « ceux qui se meslent de dire le mot pour rire asseurent qu'Amour entre par les yeux et sort par le bout du ventre »). Ce regard peut communiquer la maladie aux yeux qui le reçoivent. On songe à la Sinope de Ronsard :
  « Sinope, vous avez de vos lentes œillades
  Gasté de mes deux yeux les lumieres malades » (*Oeuvres complètes*,
                                             S.T.F.M., X, p. 92)
et
  « Vos yeux estoient blessez d'une humeur enflammée
  Qui m'ont gasté les miens d'une semblable humeur » (*ibid.*, p. 99)
11. En évoquant les « perfections » de Basile, Geneviefve lui retourne le compliment qu'il lui avait fait sur sa « voix angelique » (1. 2802). Même registre du supra-humain.
12. Apparaît ici, sur le mode mineur, à côté de la gentillesse de Geneviefve, qui fait écho au « gentil cœur » de Basile (1. 2809) sa beauté, thème qui sera plus amplement développé dans la tirade suivante de l'amoureux.
13. Même expression du langage galant chez Siméon-Guillaume de la Roque, *Diverses amours (1590), Stanses*, v. 26, éd. G. Mathieu-Castellani, Paris, Nizet, 1983, p. 175.
14. C'est-à-dire, *comme il convient*.
15. C'est là litote, après l'entreprise de Basile sur Geneviefve.
16. Remerciement à l'endroit de Geneviefve, qui n'a pas tenu rigueur à Basile de lui avoir fait « la folie aux garsons » (1. 1636).

de Rodomont. Basile promet de mettre « si bon ordre à tout » que le trouble s'apaisera. Mais n'est-ce pas compter sans la libération – qu'il ignore – de ce Rodomont, à qui trois sergents ont fait « espouser une prison » [17] (III, 2, 1536), « un peu devant » que lui, Basile, n'eût « espousé » Geneviefve ? N'est-ce pas lui, que Louyse, lorsqu'elle sera revenue de sa méprise, va « faire mettre en une basse fosse », comme elle en menaçait Eustache (III, 7, 1731), alors que Rodomont ira « fiancer sa maistresse » Geneviefve ? A suivre ...

Les caractères

Même s'il s'exprime d'une manière qui n'est pas toujours personnelle, en reprenant les expressions recherchées de Parabosco, en recourant à la phraséologie amoureuse de la poésie de son temps, Basile est sincère, ici, dans sa déclaration d'amour et dans son offre de services à Geneviefve. S'il a été abusé sur la nature de sa passion amoureuse, qu'il assimilait, auparavant, aux appétits les plus élémentaires et les plus faciles à satisfaire [18], s'il a cru (comme l'avaient dit, entre autres, et Marot [19] et Du Bellay) [20] que la « jouyssance » serait, pour lui, ainsi qu'elle l'est pour Antoine, « ce qui importe le plus » (III, 6, 1634), le voilà détrompé : il a découvert, en « touchant à la chair » de Geneviefve « tant de beautez et douceurs, auparavant incognues à *ses* sens » qu'il « brule maintenant d'un ardent desir de les posseder » (V, 3, 2788-2790). Il est devenu jaloux – parce qu'il aime, parce qu'il se sent aimé – et, comme un « avaricieux », il veut garder, pour lui seul, son trésor. Son désir de « consoler » Geneviefve, de la faire revenir dans les bonnes grâces de sa mère et, s'il se peut, de l'épouser, le rend sympathique, plus sympathique, à coup sûr, que le peu constant Eustache et que ce beau balafré de Rodomont qui, après avoir eu dessein d'enlever Geneviefve, de mettre, si elle résiste, le feu à son logis et de brûler « toute la rue, voire la moitié de Paris », prendra très vite, et sans la moindre courtoisie, « le temps ainsi qu'il vient, sans plus s'embrouiller le cerveau de ces amoureuses passions ». (V, 6, 2954-2956)

---

17. Y a-t-il souvenir de Marot, *Epistre, au Roy, pour sa delivrance* : « Et ils m'ont *mené ainsi qu'une espousée* » ? *Oeuvres*, éd. C.A. Mayer, Londres, 1958, *Épitres*, XI, v. 30, p. 133. La comparaison se retrouve chez Gringore et G. Bouchet.

18. « Tout ainsi que la faim s'apaise par les viandes, la soif par le boire et le froid par un beau grand feu » (V, 3, 2786-2787). Mais ces comparaisons terre-à-terre, journalières, bourgeoises, font référence à la conception de l'amour qu'avait Basile *avant* d'être devenu l'amant de Geneviefve. Il a vraiment changé, depuis : « *Au contraire*, dit-il, je brule *maintenant* ». D'où son changement de style dans le dialogue précieux, qui n'implique aucun écart entre l'être et le paraître, aucune hypocrisie de nature à faire rire. Sous l'effet de la connaissance des charmes de Geneviefve, Basile a dépouillé le vieil homme, qu'entretenait en lui son serviteur Antoine.

19. « Jouyssance est ma medecine expresse », *Oeuvres*, éd. C.A. Mayer, *Oeuvres lyriques*, Londres, 1964, *Chanson* XI, 21, p. 175.

20. « Le plus subtil, qu'en amour je poursuis/s'appelle jouyssance », *Oeuvres poétiques*, éd. Chamard, Paris, Hachette, 1919, IV, p. 211.

Geneviefve est amoureuse, elle aussi. La question n'est pas de savoir si, après avoir cédé à Basile, elle se comporte, ici, en « jeune fille bien élevée », selon l'expression de R. Perman [21]. Elle veut faire la paix avec sa mère ; elle rejette catégoriquement l'idée de devenir la femme de Rodomont ; elle entend s'assurer que la passion de Basile, dont elle est vraiment éprise, n'est pas seulement passagère et d'ordre purement charnel. Aussi s'arrange-t-elle pour que Basile mette « ordre à tout », lui par qui le désordre est arrivé. Son cœur et sa raison la guident dans ce duo d'amour, où elle se conduit, non pas en « enfant » dont « la bouche sent encores le laict et la boulie » (I, 1, 51-52), non plus en jeune fille, d'abord soucieuse du seul « qu'en dira-t-on ? », puis qui a « de sa grace », « presté son consentement...à estre ravye » et qui pleure, enfin, sur son déshonneur, mais en vraie femme, « gentille » et douce, intelligente, attentive à son bonheur et au contentement de tous, autour d'elle. Aucune division de la personnalité chez elle, aucun besoin de se créer — face à la société et face à elle-même — un « ego rêvé » différent de son être réel [22]. A la fin de la pièce, Geneviefve est tout à la fois — et sans dissonance — esprit pratique et cœur lyrique. Qui n'en serait « content » ? C'est, en tout cas, ainsi, qu'il nous plaît (à chaque lecteur, à chaque spectateur, sa liberté) de la voir et de l'apprécier.

Conclusion

Nous avons ici le premier duo d'amour de notre comédie française du XVIème siècle, et seule, après la Geneviefve des *Contens,* la Louise des *Desguisés* dialoguera avec son amoureux. Doit-il, comme le pensait R. Perman [23], plus à la *commedia dell'arte,* dont il se rapproche par l'importance du rôle de la jeune fille et par le style qu' à la *commedia erudita,* à laquelle le rattache N. Spector ? [24] Faut-il, avec Barbara Bowen [25], lui trouver des ressemblances avec des farces comme *Les Trois amoureux de la Croix* ou *Lucas et le Bon payeur,* pièce dans laquelle nous avons, aussi, une scène d'amour ? L'essentiel, à la vérité, n'est pas là. Le duo du cinquième acte est un morceau de bravoure, mais qui, dans sa singularité, n'est pas un hors-d'œuvre. Ce duo d'amour — où l'on aurait tort, croyons-nous, de chercher quelque ambiguïté

---

21. [XCV], p. 286.
22. Pour Tilde Sankovitch, « Folly and Society in the Comic Theatre of the Pléiade » dans *Folie et Déraison à la Renaissance,* Actes du Congrès de Bruxelles, éd. Univ. libre de Bruxelles, 1976, pp. 99-108, les personnages — socialement importants — du théâtre comique de la Pléiade présentent souvent une personnalité divisée, signe de folie — *quiproquo* fondamental — qui ferait rire d'eux. La remarque ne paraît pas s'appliquer aux deux principaux amoureux des *Contens,* pièce que n'étudie pas, d'ailleurs, Tilde Sankovitch. Dans le duo, les effusions lyriques — profondément sincères sous leur expression précieuse — ne détournent pas la sympathie au profit du plaisir comique. A tout le moins, dans notre esprit d'observateur, ni la situation, ni les personnages ne sont comiques, ici.
23. [XCV] p. 294-295.
24. [CXXVIII], p. XVII, note 7.
25. [III], pp. 123-124.

comique [26] — nous aide dans notre approche psychologique des deux personnages, qu'il nous faut regarder de façon plus favorable que nous le faisions après la scène de la séduction ; de façon plus favorable que ne le faisaient, sans doute, les gens du XVIème siècle, pourtant moins pudibonds que nous. Reconnaissons qu'il n'est pas certain que Turnèbe approuverait les interprétations données aujourd'hui de sa comédie, mais il en va presque toujours ainsi : les œuvres dépassent souvent les intentions de leurs auteurs ; intentions qui, de leur côté, nous échappent pour une bonne part. Rien d'ironique, nous semble-t-il, dans ce duo [27] ; les deux amants y deviennent, effectivement, pour ainsi dire, irréprochables, dignes de la récompense d'un mariage heureux. Le style lui-même, souvent affecté, rappelant les manières galantes des écrits de *La Puce*, n'offre rien de surprenant pour l'époque, et n'a rien d'un simple vernis dissimulateur. Il fait contraste, assurément, avec les obscénités débitées par les valets (entre autres dans la conversation grivoise de l'acte III, 9), avec la grandiloquence vide des tirades de Rodomont, avec le langage familier et prosaïque de plus d'un passage où fleurissent les proverbes et les expressions populaires, mais n'a-t-il pas sa place, aussi, dans une pièce où Turnèbe nous offre les images diverses, mais non forcément contradictoires, de cette vie humaine, que la comédie — qui est rarement drôle de bout en bout — nous présente, pour notre plaisir, dans sa plus riche variété ?

---

26. Notre collègue, Madame Madeleine Lazard, a bien voulu — nous l'en remercions amicalement — nous confier le manuscrit d'un article à paraître fin 1983 : « *Du rire théorisé au comique théâtral. Le Traité du Ris de L. Joubert (1579) et le comique de l'amour dans* « *Les Néapolitaines* » *de François d'Amboise et dans* « *Les Contens* » *de Turnèbe.* Elle y soutient avec des arguments de valeur, une thèse différente de la nôtre, où se trouve mise en relief l'ambivalence comique des rôles d'amoureux dans les deux pièces étudiées. Mais, comme l'écrit P. Voltz : « Les notions de comique et de comédie ne se recouvrent pas ... Le rire n'épuise pas les réactions du public — le sourire, le charme, l'ironie, la révolte en sont les manifestations aussi fréquentes — il est lui-même la traduction de réactions fort diverses, on peut rire et sympathiser avec des personnages ridicules et touchants, on peut rire et jouer sur l'illusion théâtrale, croire aux personnages et leur refuser l'existence en même temps, s'amuser à croire qu'ils existent » [CXXXIX], p. 8.

27. Contrairement à ce qu'écrit Spector [CXXVIII], *Introd.*, p. LXV : « La mise en prose des effusions lyriques a pour effet ironique de mettre en relief la personnalité véritable des amoureux ». Turnèbe devait-il, dans cette comédie toute en prose, versifier ce duo lyrique ? Nous avons, assurément, des vers dans les comédies de Larivey, mais l'intention n'est pas toujours ennoblissante.

Le Capitaine Fanfaron, avec ses « grandes moustaches noires, retroussées
en dent de sanglier » (III, 2, 1456).

CHAPITRE IX

SIMPLES NOTES SUR LE COMIQUE
DES « CONTENS »

Pour parler convenablement du comique des *Contens,* il faudrait avoir goûté le plaisir de la représentation, avoir vu et entendu rire le public, avoir soi-même ri au spectacle ou, tout au moins, souri. Nous ne pouvons, hélas, en l'occurrence, que questionner le texte : position appauvrissante dont nous sommes pleinement conscient et qui limite la valeur et la pertinence des observations présentées, ici, sur les principales formes du comique dans la pièce de Turnèbe.

Le comique est manière de présenter

Le théâtre, c'est voir. Aussi, quand il y a volonté de comique, ce comique doit-il être, d'abord, manière de voir, d'imaginer, de présenter.

Comique, dans une certaine mesure, la présentation par Françoise à Eustache (II,2,984) des «bonnes qualitez qui rendent [Geneviefve] aymable autant que fille qui soit en France». En glanant, autour de lui, les traits visibles et révélateurs de la jeune fille modèle des années 1580, en les regroupant, Turnèbe constitue un type auquel nous savons, depuis les contestations de l'acte I, 1, depuis l'acceptation du rendez-vous privé (à l'acte I, 7) que Geneviefve ne répond qu'imparfaitement. D'où un décalage comique entre la réalité qui n'est pas niée et l'apparence qui est affirmée, affichée.

Comiques aussi, les différents éléments que nous apportent du portrait de Rodomont les autres personnages, notamment son valet Nivelet — lui-même comique avec son habit vert — et le marchand Thomas :

« Vous le recognoistrez à ses grandes moustaches noires, retroussées en dent de sanglier, et à un grand abreuvoir à mouches qu'il a sur la jouë gauche ». (III, 1, 1455-1458)

Ailleurs, c'est le « beau capitaine de foin », le glorieux fanfaron au «meschant habit de velours» et aux «vieux escarpins descousus», l'amoureux navré par les «traverses et dures atteintes» que lui fait le «cœur impiteux de ceste cruelle Geneviefve », le fendeur de naseaux qui se propose d'accomplir, par passion, plus « d'armes que ces anciens preux faisoient » (II, 4, 1117-1118) mais qui se voit, à l'acte V, 5, justement reprocher d'être loin de «soustenir l'honneur [des dames] et de couvrir leurs fautes, quand elles seroient coupables, ainsi que faisoient les anciens chevaliers de la table ronde ». Le rire qui s'attache, plus qu'il ne s'attaque, ici, à ce personnage ridicule dans son physique, ses vêtements, son comportement, n'est que le châtiment léger infligé par la société à un personnage plus marginal, en somme, qu'antipathique. Comique, encore, la façon dont nous sommes invités à voir l'étourdi Gentilly ou la « hastive et impatiente Louyse qu'une mouche qui passe devant son nez esmeut aussitost » et que le désir — incontrôlé — de se concilier Rodomont à la fin de la pièce incite à le favoriser d'un « vous plaist-il pas vous couvrir ? » (V, 5, 3008) plein de surprenante et douce attention.

Une manière comique, donc, de voir et de faire voir. Une manière comique, aussi, d'imaginer. Ainsi, lorsque Nivelet oppose à la folle prodigalité de Rodomont, la sage économie de Basile : « quand il seroit plus vieil que Mathusalem, plus puant qu'un retrait et plus laid qu'un diable, les bonnes qualitez qu'il a auroient bien la puissance de le faire sembler aagé seulement de vingt-cinq ans, mieux fleurant qu'une rose et plus beau qu'un ange » (I, 6, 498-504). Construction pittoresque et plaisante où les trois éléments de la protase concessive-conditionnelle sont repris, de façon mécaniquement contrastée, dans l'apodose.

Comiques toujours, à côté des savoureuses locutions proverbiales, les comparaisons plaisamment évocatrices. Les femmes d'un peu moins de trente-cinq ans, qui ont donc déjà passé le temps d'être belles et qui devraient s'efforcer de mériter — s'il se peut — le nom de sages [1], se plâtrent-elles le visage de mille drogues ? « Cela les rend ridées comme vieil cordouan ou plutost comme vieilles bottes mal graissées, leur fait tomber les dents, et leur rend l'haleine puante comme un trou punais [2] » (II, 2, 1032-1035).

Eustache se tient-il pour providentiellement sauvé d'un dangereux mariage grâce à l'intervention de Françoise ? La diabolique courtière d'amour devient à ses yeux « comme l'ange [envoyé par Dieu] à Tobie» (II, 4, 1088).

Le comique ne consiste cependant pas tout entier à faire voir ou à imaginer des personnages ; il tient, aussi, dans une certaine manière amusante de présenter des situations : à preuve, parmi d'autres, la scène cinquième de l'acte IV, où Girard croit qu'il s'agit de Geneviefve, alors qu'Eustache parle d'Alix ; et cette autre scène (IV, 6), fondée aussi sur un quiproquo, mais intentionnel cette fois, où Girard, sûr de l'innocence d'Eustache, fait « marcher » la bouillante Louyse : « Ma commere, touchez là. Pardonnez luy et il vous pardonnera les injures que vous luy avez dites ».

Sans oublier les séquences qui prennent un aspect comique par leur agencement en couples, dans lesquels l'une est parodie de l'autre : l'accablement pétrarquiste de Basile (I, 4, 400-408), et la gesticulation érotique d'Antoine (III, 6) ; les offres de service amoureux de Rodomont (II, 4, 1119) et celles de Basile (V, 3) ; les lestes propos d'amour physique des valets (III, 9) et le duo lyrique du cinquième acte.

---

1. C'est ce que dit Marguerite de Navarre, dans la trente-cinquième nouvelle de l'*Heptaméron*.
2. On notera le jeu allitérant.

Le comique est manière de parler

Le théâtre c'est voir, mais c'est aussi entendre. Nous avons, dans *Les Contens,* des moments comiques où les personnages se trouvent dans une situation plaisante créée par le jeu des mots qu'ils prononcent. C'est le cas pour les quatre apartés dans lesquels la vérité murmurée, chuchotée, « grommelée », est ensuite, par prudence, rectifiée à haute voix, une fois devant Louyse, trois fois devant Rodomont.

Acte I, 1 :

— Louyse   : Repentir ou non repentir, si faut-il que vous en passiez par là et que Basile s'en torche hardiment la bouche.

— Geneviefve : Ce sera donc contre ma *volonté.*

— Louyse   : Qu'est ce que vous grommelez entre vos dents de *volonté* ?

— Geneviefve : Je dis qu'il me sera force d'en passer par vostre *volonté.*

Acte I, 3 :

— Rodomont   : Tu dis vray, mais pour quelque respect que je ne te veux dire, j'ayme mieux les attendre icy au repasser que d'aller les voir en l'église.

— Nivelet   : Il ne dit pas tout. C'est qu'il craint de rencontrer quelcun de ses creanciers qui, au sortir de l'eglise, le face mettre en *cage.*

— Rodomont   : Qu'est ce que tu dis ?

— Nivelet   : Je dis que ce n'est faute de *courage* qui vous fait faire cela.

Acte II, 4 :

— Rodomont   : J'ay entendu que vous fustes hier en masque avec Basile. Je ne me suis autrement enquis en quelle compagnie vous allastes.

— Eustache   : Pleust à Dieu que je n'y eusse point *esté.*

— Rodomont   : Que parlez-vous *d'esté,* maintenant qu'il fait si froict ?

— Eustache   : Rien, rien, je dis seulement que j'y ay *esté.*

Acte IV, 2 :

— Eustache   : Je vous croy sans jurer, mais non pas *demain.*

— Rodomont   : Que dites-vous *de main* ?

— Eustache   : Je dis qu'un chascun doit bien craindre vostre *main.*

En d'autres circonstances, le comique verbal n'a plus rien à voir avec la situation. Il tient, parfois, simplement à la valeur évocatrice du mot par lui-même (« Tu peux bien trainer tes dandrilles ailleurs », III, 9, 1792) ou de l'expression imagée : être « gros » de voir quelqu'un (II , 5, 1193), « espouser une prison » (III, 2, 1536), « espouser une potence ou un pilory » (III, 9, 1883-1884), être « des confreres de Saint-Thomas » (II, 7, 1358), « des confreres de Saint-Mathieu » (V, 5, 2981), « tenir garnison dans le chasteau de Saint-Prix » (V, 1, 2698). Il se renforce, souvent, de l'effet d'abondance verbale, d'accumulation, dans laquelle une parole semble en enfanter une autre :

— « ces grandes dames si attifées, goderonnées, licées, frisées et
pimpantes » (acte II, 2, 1002-1003)
— « Le sublimé, le talc calciné, la biaque de Venise, le rouge d'Espagne, le blanc de l'œuf, le vermeillon, le vernis, les pignons, l'argent vif, l'urine, l'eau de vigne, l'eau de lis, le dedans des oreilles,
l'alun, le canfre, le boras, la piece de levant, la racine d'orcanete,
et autres telles drogues dont les dames se plastrent et enduisent
le visage, au grand prejudice de leur santé »[3] (acte II,2,1024-1030)
— « Mais il n'y a si petit corporal, sergent de bande, lancepessade,
soldat, voire mesme goujat » [4] (acte IV, 2, 2044-2045).

Comme Rabelais, mais avec plus de mesure, Turnèbe, manifestement, s'amuse et amuse avec les mots. D'où ces jeux fantaisistes sur la
matière des mots. Avec le recours à l'allitération : « fer esmoulu, feu et
sang » (I, 3, 192-193) « frere frapart » (I, 7, 565), « fine femelle »
(*ibid.*, 567) ; « meschante et malheureuse » (II, 2, 974) ; « il perdra ses
peines » (II, 4, 1091) ; « paistre de paroles » (II, 5, 1238). Allitération
compliquée, à l'occasion, d'une reprise de sonorités : « trop d'amis de
bouche, mais bien peu de bourse » (II, 2, 897). Avec, aussi, la déforma-
tion comique, comme celle que Louyse impose au mot savant *herma-
phrodite,* qui devient, dans sa bouche, « barbe fleurie » (V, 2, 2724).

Et ces autres jeux, sur le sens des mots, cette fois, interprétés avec
des connotations différentes [5] ; jeux qui aboutissent à des équivoques
souvent obscènes :
— Geneviefve   : Ce n'est pas cela. Je crains que quelcun de nos voisins
                  ne le voye entrer ou sortir
—   Nivelet   : La pauvre fille ! Elle n'a peur que de l'entrée et de la
                  sortie, car elle seroit bien aise qu'il fust tousjours de-
                  dans (I, 7, 544-548)

« Si mon maistre ne sçait à ce coup user de sa fortune et insinuer gen-
timent sa nomination, il merite d'estre degradé des armes et de ne com-
batre jamais sous le drapeau d'amour » (III, 6, 1623-1626)

« Ho ! Ho ! Depuis quand es-tu devenue si glorieuse que tu refuses tes
serviteurs, maintenant que tu as si bon loisir d'exercer les œuvres de
misericorde et de loger les nuds » (III, 9, 1780-1783).

---

3. Difficile de dire ici, tant est grande la fantaisie de Turnèbe, comment les
mots relatifs à ces dix-huit drogues s'appellent les uns les autres. Au sublimé (que le
valet nomme — par ignorance — *forsumé* dans la *Lucelle* de Louis Le Jars) fait écho,
en finale : *talc calciné. Venise* appelle *Espagne* (rencontres géographiques). Le *rouge*
d'Espagne introduit deux autres couleurs : le *blanc* de l'œuf, le *vermeillon,* ce dernier
amenant par allitération le *vernis. Eau de vigne* est suivi d'*eau de lis,* précédé d'*urine*
(liquides).
4. *Goujat,* valet d'armée.
5. Par exemple, le jeu sur *lance,* partie de l'armement, et *lance* (de *fougere*),
verre à boire, qu'il est bon de remplir de vin blanc d'Anjou (I, 3, 244). On rapprochera cette réponse de Nivelet de l'*Epitre faicte pour le Capitaine Raisin* de Marot
(Épitres, éd., C.A. Mayer, p. 118 :
     Car je feray une armée legiere
     Tant seulement de lances de fougiere (v. 53-54)
dans laquelle on retrouve, p. 117, vers 32 « grand coup de Faulcon ».

Dans ces deux derniers exemples, le comique, on le voit, réside à la fois dans la signification grivoise donnée aux expressions *insinuer sa nomination* et *loger les nuds* ; et dans la juxtaposition parodique, d'une part, d'un registre juridique et d'un registre « éroticomaque », d'autre part, d'un registre réellement religieux (il s'agit effectivement de deux des œuvres de miséricorde : loger les étrangers et vêtir les nus) et d'un autre qui ne l'est plus que de manière ambiguë.

Appartiennent au même procédé, à peine voilé, de la suggestion plus ou moins appuyée du « bas du corps », la remarque de Saucisson répondant à l'admirative appréciation de Basile faite par cette Alix qui s'y connaît bien en vigueur masculine :

 — Alix   : Vrayment, il est de belle taille et a la greve assez bien faite

 — Saucisson : Il a encores *quelque chose de plus beau* (III, 4, 1565-1568)

et l'offre gaillarde de service d'Antoine à Perrette :

 « J'avois bien deliberé de lui offrir mon service et *tout ce que je porte* ». (III, 6, 1644-1645).

Suscité par ces jeux sur la forme, sur le sens des mots et sur les transparentes nébuleuses où ils ne se dissimulent que pour mieux signifier, un mouvement imprévu du discours provoque parfois le rire par un une parenthèse inattendue mais bien en situation, comme celle où Antoine, dans son imagination érotique, s'en prend aux soupirants pétrarquistes qui se bornent à une cour timide et transie :

 « T'amuserois tu seulement à luy faire des contes de la cigogne, luy demander comment elle se porte et luy lecher le morveau (comme font un tas d'amoureux de Caresme qui ne touchent point à la chair) sans exécuter ce qui importe le plus ? » (III, 6, 1629-1634).

La parenthèse comique n'est d'ailleurs pas toujours amenée, comme c'est le cas dans l'exemple précédent, par un goût du pittoresque et du pur jeu verbal. Elle peut enclore une sorte de mot de caractère, expression naïve par laquelle le personnage se révèle sans y penser, sans s'en apercevoir. Ainsi, dans la répartie de Françoise à Louyse, à l'acte II, 2, 832-834 : « Si est-ce qu'il [Basile] a le bruit d'estre honneste homme et pensois en bonne foy (Dieu me le veille pardonner) que vostre fille le deust avoir ». Formule habituelle ailleurs, l'expression « Dieu me le veille pardonner » prend ici sa pleine saveur. Pour une fois, l'hypocrite Françoise, qui invoque souvent sa « conscience », mais qui agit sans conscience morale, a pensé en « bonne foy ». Puisse Dieu lui pardonner ce traître manquement à la perfidie !

Nous avons donc, dans *Les Contens,* tout un comique qui relève du langage, de la manière de parler ; comique facilement repérable, encore, dans la pratique fréquente de l'ironie, notamment avec l'emploi de l'adjectif *beau* [6] ou dans le procédé de l'exagération mentale, complément naturel du recours à l'abondance verbale. Nous rions ainsi,

---

6. « *Beau* Basile » (ligne 36) ; «*beau* capitaine de foin» (64) ; «*beau* capitaine de trois cuites » (325) ; «*beau* traine-gaine» (330) ; quelle *belle* instruction (606) ; «*belle* cession de Dieu » (1926) ; «*belle* Madame Alix» (2713), etc. L'adjectif n'est cependant pas toujours ironique : « *belle* commodité » (203, 2137) etc.

quand nous entendons (II, 2, 1010-1014) Eustache assimiler le fard à un poisson mortifère, et dire qu'il a failli « estre empoisonné » pour avoir − par mignardise − baisé le front et la joue d'une femme fardée ! Nous rions, encore, lorsque le parasite Saucisson parle de « mettre la famine » dans la maison d'Eustache, s'il y va dîner (II, 5, 1201) ; lorsque Rodomont assure qu'à la bataille de Moncontour, il a, « d'un seul coup donné en taille ronde ... coupé deux hommes par la ceinture » (IV, 2, 2030-2031) ou que Françoise n'hésite pas à prévoir la guérison, en quinze jours, d'un chancre, heureusement imaginaire, mais largement invétéré, puisque Geneviefve en souffre depuis trois ans !

Dans *Les Contens,* Turnèbe met donc en jeu les principaux ressorts du comique, comique de situations, comique de caractères, comique de mots. A quoi nous devons ajouter une dernière forme de comique, plus intellectuelle.

Le comique est manière d'apprécier

Sans doute n'y a-t-il pas dans *Les Contens* de volonté moralisatrice explicite, mais il serait inexact de croire que Turnèbe soit resté indifférent aux réflexions, aux réactions que sa pièce pouvait faire naître dans l'esprit de ses lecteurs ou de ses spectateurs. Il s'agit là d'un autre aspect du comique, plus difficile, certes, à cerner, parce qu'il relève de l'appréciation subjective, mais non moins intéressant, puisqu'il pose le problème du « dessein » (ne disons pas du « message ») de l'auteur. A ce stade, étude du comique et tentative d'appréhender la pensée du dramaturge ne sont qu'une seule et même chose, étant donné que le comique se fonde sur une vérité humaine, analysée sans complaisance, mais, nous le verrons, sans amertume.

Dans sa présentation amusée de la société bourgeoise d'un quartier de Paris aux environs de 1580, Turnèbe nous révèle son attitude de dramaturge face au comportement social, moral, religieux de ses contemporains, qui vivent dans une sorte de crise des valeurs. *Les Contens,* à la vérité, jouent simplement sur le plaisant contraste que note un esprit souriant mais lucide, entre les apparences et la réalité, entre le « dire » et le « faire ».

Pour le « dire » et le « faire », les choses sont, à première vue, claires et les oppositions tranchées. « Il faut faire sans dire », conseille Antoine à Basile (I, 4, 371). Eustache rappelle à son père que « les filles bien souvent disent d'un et pensent d'autre. Puis quand ce vient au faire et au prendre, c'est alors qu'elles monstrent leur teste » (II, 1, 793-795) ; ce qu'Antoine confirme à l'acte III, 6 : « Car une fille ne veut jamais accorder de parolle ce qu'elle laisse prendre de fait et est bien aise d'estre ravie » (lignes 1621-1623). Affirmations nettes à coup sûr, mais est-il certain que Geneviefve ait été « bien aise d'estre ravie » ? Que scay-je ? » avait dit Montaigne. Turnèbe enregistre le ravissement, mais s'interroge, nous laisse nous interroger, sur le degré de consentement et de contentement de Geneviefve.

Sur l'opposition entre les apparences et la réalité, même prise en compte, même suspension du jugement. Certes, Rodomont se targue − mécaniquement − d'exploits imaginaires dont la seule évocation

fait rire et il connaît si peu le Moyen-Orient — où il prétend pourtant
avoir combattu — qu'il prend le Sangiach d'Alexandrie (IV, 2, 2092)
pour un homme, pour un capitaine des Infidèles, auquel il aurait arraché « plus de deux mille chrestiens qu'il avait faits chevaliers de la chior-
me de ses galeres » (IV, 2, 2094-2095) ! Mais peut-on affirmer qu'il
n'était pas présent à « Issoire », à « Mastric », à « Moncontour » ?
Louyse, avec son entêtement comique, a-t-elle eu — oui ou non — des
visées sur Basile ? Et Françoise n'est-elle qu'une « pure hypocrite », sa
dévotion n'est-elle que feinte ? Il est vrai qu'on ne trouve pas toujours,
ni longtemps, la « fine femelle » dans les églises, mais se moque-t-elle de
Dieu pour autant ? Le personnage est assurément complexe, proche de
cette *figura serpentinata* [7] des maniéristes à laquelle songe, à son propos, Marina Nickerson Eaton [8] : à ne pas juger, en tout cas, d'un seul
point de vue [9]. C'est là, pensons-nous, ce que nous invite à faire Turnèbe devant ce personnage qui, sans être comique lui-même, contrarie,
pour le plus grand contentement des personnages sympathiques, les projets trop intéressés, trop personnels, de sa trop obstinée « commère »
Louyse.

Mais plus encore qu'à la société facilement double de son temps,
Turnèbe s'intéresse à l'homme, dont il nous fait voir plaisamment les
travers. Travers de l'homme esclave de son ventre et de son sexe. Non
seulement Gentilly biberonne, et Saucisson aime, jusqu'à s'en gâter, le
vin et les « frians morceaux » ; mais, dans cette pièce des « jours gras »,
l'on ne cesse jamais de parler de manger, de dîner, et il faut tout y «boire»
même la « follie », toujours présente (III, 6, 1655 ; IV, 4, 2272). Gaster,
donc, mais aussi Priapus : avec Alix, la débauchée, avec les jeunes Eustache et Basile, qui maîtrisent difficilement ou ne maîtrisent pas du tout
leurs pulsions sexuelles, avec Rodomont, habitué des «bordeaux» et bien
décidé, à la fin, à ne plus « s'embrouiller le cerveau » d'amoureuses et
restrictives passions.

Travers, ensuite, de l'homme esclave de l'idée faussement avanta-
geuse qu'il se fait de lui-même. Et c'est, alors, la gloriole gonflée de Rodomont, source assurée de comique, dans tous les temps et plus spécialement à une époque où le paraître tendait à s'imposer à l'être. Que
l'on songe aux *Aventures du baron de Faeneste* de d'Aubigné, publiées
plus tard, il est vrai.

Travers, enfin, de l'homme esclave de ses mécanismes, de ses ob-
sessions, qui le réifient, en quelque sorte. Et c'est le cas de Louyse, victime de son inintelligente obstination à vouloir marier sa fille avec
quelqu'un qui ne veut plus d'elle, ou avec tel autre qui ne la mérite pas.

Les Contens nous rendent sensibles la richesse de la veine comique
de Turnèbe, la force de sa *vis comica* : présentation amusante des personnages, placés dans de plaisantes situations ; manifestations en pléni-
tude verbale du tempérament comique de l'auteur ; manière plùtôt

---

    7. Voir E. Panofsky, *Studies in Iconology : humanistic theories in the art of
Renaissance*, New York, Harper, 1962, p. 176.
    8. [CXX], p. 63.
    9. Il en est de même pour Rodomont, à propos duquel Turnèbe souhaite que
nous ayons des sentiments « mêlés ».

enjouée de voir la réalité, à la Démocrite, en en riant ; pour ne pas en
pleurer, peut-être, mais en faisant, comme ses personnages, « contre
[mauvaise] fortune bon cœur » (lignes 1687, 2139). Turnèbe ressent vivement l'atmosphère incertaine et insaisissable de son temps ambigu, complexe, désenchanté sans doute, où l'on déguise volontiers les matières
(II, 7, 1363 ; V, 5, 3070). Marina Nickerson Eaton voit en lui un observateur de la seule superficie de la vie, un sceptique dans le domaine
moral [10]. A nos yeux, il est — avec des silences éloquents, voulus, mais
non neutres, sur les durables difficultés politiques — un observateur at-
tentif de l'entière réalité de la vie, que son art déforme, bien sûr, mais
devant laquelle il promène un miroir impartial, sans cruauté, sans connivence. Sceptique, Turnèbe l'est, mais, comme Montaigne son contemporain, d'un scepticisme positif, reflet intellectuel d'un doute « qui se
secoue soy-mesme », qui conduit à « l'esjouyssance ». « Turnèbe writes
as if he had neither a care nor a conviction in the world » écrit Marina
Nickerson Eaton [11]. S'il en avait été ainsi, Turnèbe n'aurait pas été un
humaniste, fils d'humaniste ; il n'aurait pas été non plus un véritable
auteur de comédie, de cette comédie qui prend, sans prévention, mais
non sans conviction, les hommes tels qu'ils sont, pour, s'il se peut, les
améliorer, en leur montrant leurs défauts, leurs manques d'entendement,
leurs ridicules, en les admonestant avec douceur, sans trop insister et
comme en passant.

---

10. [CXX], p. 50.
11. [CXX], p. 50.

CONCLUSION

Voici venu le temps de ramasser les épis de la gerbe, de rassembler les éléments d'appréciation qui nous permettent d'affirmer, après lecture faite dans le souci constant de « voir » la pièce, l'excellence des *Contens*. Une excellence qui tient au fait que, mieux que tous ses contemporains, Turnèbe a su faire de sa pièce une comédie totale, un spectacle comique intégral, où jouent pleinement leurs rôles les caractères, l'intrigue, la peinture vivante — et utile dramatiquement — des mœurs contemporaines.

I – COMÉDIE DE CARACTERES

Dans *Les Contens,* Turnèbe arrive à peindre de façon expressive les caractères des personnages principaux qu'il nous présente avec la même diversité — parfois contrastée — que nous rencontrons dans la vie réelle. Sans doute, les personnages de la comédie appartiennent-ils, pour la plupart, au répertoire traditionnel du genre : les amoureux aux prises avec un obstacle parental, les valets astucieux ou sots, l'entremetteuse, le soldat fanfaron, le marchand cupide, l'épouse infidèle. Mais, à ces personnages, Turnèbe donne une existence particulière, un relief qui leur est propre. Par-delà le masque, il sait atteindre le fond humain. Eustache, par exemple, en tant que rival, est une création originale. Rodomont n'est plus simplement le conventionnel fanfaron fantoche, souvent détesté, toujours ridicule, que bat son valet, que grugent les courtisanes, qui se vante non seulement d'hyperboliques exploits guerriers ou de mirifiques conquêtes amoureuses, mais qui se targue aussi de « gestes » extravagants. Turnèbe l'a voulu moins exagérément risible que le Capitaine des *Tromperies* de Larivey, tout glorieux d'avoir, « en maillot », *«arraché* un œuil à *sa* nourrice, parce qu'elle le vouloit menasser» (I, 7), ou d'avoir, tiré la barbe d'un compagnon avec assez de « roideur » pour luy arracher « quant et quant » la mâchoire et le condamner, ainsi, à ne plus se nourrir que de « choses liquides », (II, 6) ; ou encore d'avoir « en un cabaret, avec *son* cousteau, attaché au plat la main d'un fendant gourmand » qui se servait trop généreusement d'une nourriture un peu trop chiche (II, 9). De même, l'amour sincère de Basile pour Geneviefve l'exonère, en partie, du blâme qui s'attache au personnage traditionnel du sensuel et brutal séducteur. Louyse, enfin — à laquelle Turnèbe confie de manière nouvelle le rôle d'obstacle, d'habitude dévolu au père— est certes autoritaire, mais elle aime vraiment sa fille, ce qui donne à son personnage quelque harmonique supplémentaire. Nous avons vu, en étudiant tous les personnages, quel soin Turnèbe avait mis à les caractériser par leur conduite, par leurs paroles, par les attitudes qu'ils ont ou qui leur sont prêtées [1]. Raymond Lebègue écrit que «s'il y avait dans cette pièce un personnage central et que ce fût dame Louyse, Turnèbe eût créé, en France, la comédie de caractère » [2]. A nos yeux, le personnage central est, sans conteste, Louyse, qui tient dans ses mains les fils de l'écheveau. Ce personnage nous paraît parfaitement réussi, dans sa complexité, dans sa fermeté. Nous sommes donc tenté de « gommer » — comme on dit en néo-français — la restriction de R. Lebègue. Avec Les Contens, Turnèbe a créé, en France, la comédie de caractères. Sans, pour autant, sacrifier les éléments proprement dramatiques de la pièce, qui est aussi une comédie d'intrigue.

II – COMÉDIE D'INTRIGUE

Une comédie — destinée par vocation au théâtre — doit être, en effet, autre chose qu'une galerie de caractères, fussent-ils — et nous n'irons pas jusqu'à dire que c'est le cas dans Les Contens — campés à la manière de La Bruyère. Une comédie doit renfermer une action, une intrigue, des péripéties, un nœud, un dénouement. Le spectateur recherche, à la représentation, un plaisir d'une autre nature que celui que procure la lecture des moralistes. Boileau — qui connaissait bien le laxisme des auteurs comiques de son temps, en matière de composition — rappellera, dans l'Art poétique, les exigences dramatiques de la comédie :
« Que son nœud bien formé se dénoue aisément ;
Que l'action, marchant où la raison la guide,
Ne se perde jamais dans une scène vide » [3]

Ces exigences, Turnèbe les avait, par avance, respectées. L'action — riche de toutes les complications, quiproquos, déguisements des comédies érudites de l'Italie — tend, nous l'avons dit, progressivement vers sa fin, sans vraiment jamais languir. Le point de départ en est l'âpreté en affaires de l'autoritaire Louyse. C'est, de façon comique, le retard mis — pour des raisons d'intérêt — par Louyse à « contracter » avec Girard, qui laisse à Basile le temps de réaliser son entreprise de séduction. Dès lors, l'action est nouée qui, liée aux caractères, trouvera, dans le mariage des amoureux, sa conclusion naturelle : parce que

---

1. Ainsi, quand Françoise veut rendre sensible à Basile l'effet que sa «fable» a eu sur Eustache : « Je le vy à l'instant changer de couleur, demeurer muet et enfoncer son chapeau sur ses yeux ». (II, 7, 1404-1405) Notation intéressante, puisque nous avons d'abord deux manifestations classiques et passives de l'émotion, puis une réaction physique de mauvaise humeur.
2. [XXVI], p. 113.
3. Art poétique, 406-408. Vide, où l'action reste stationnaire.

Louyse aime Geneviefve, et que Basile reste la seule « affaire » qui permette d'échapper au déshonneur public de la jeune fille.

Laissons de côté, ici, toute vaine comparaison, mais reconnaissons que Turnèbe, dans la seule pièce – il est vrai – qu'il nous a léguée, a su éviter un écueil, dont Molière, malgré son génie, n'est pas toujours parvenu à s'écarter, lui qui a, le plus souvent, sacrifié à la vérité des peintures la variété des intrigues. Dans Les Contens, comme dans les comédies de Molière, un même patron d'intrigue : le mariage contrarié. Mais, alors que Molière – pour se démarquer peut-être de ses précécesseurs – fera contrarier le mariage par ce qui est son objet propre, la peinture des travers, des défauts et des vices de ses personnages, Turnèbe dresse, comme obstacles à la réalisation de l'union désirée, et les caractères, et les multiples rebondissements d'une intrigue endiablée, conduite dans l'épaisseur concrète d'une réalité vivante et vécue.

III - COMÉDIE DE MOEURS

Aux Contens, Turnèbe a voulu donner, en effet, la charnure la plus ferme et la plus savoureuse. La comédie de caractères et la comédie d'intrigue prennent, chez lui, leur pleine valeur, à travers la vive peinture des comportements de la société où s'inscrivent ces formes de comédies. Si doués qu'ils soient de personnalité propre, si follement emportés qu'ils se trouvent être dans une action compliquée à plaisir, les personnages – bien français – des Contens sont d'abord – et restent toujours – des hommes et des femmes de la moyenne société de Paris [4] des années 1580, de ce Paris qui est, selon la remarque plaisante de Girard, « le purgatoire des plaideurs, l'enfer des mules et le paradis des femmes » (IV, 6, 2579-2580). Nous les entendons se saluer d'un « Que dit le cœur ? » Nous les voyons vivre devant nous dans leurs occupations quotidiennes, menacées par la peste, endeuillées par une effrayante mortalité infantile (II, 1, 686-688). Nous les accompagnons dans leurs divertissements et dans leurs lectures [5] ; dans leurs débauches et leurs désirs ; dans leurs fantasmes même. Ceux-ci sont, pour plusieurs personnages, les fantasmes de l'argent, de la respectabilité, des appétits du ventre et du bas-ventre ; ou, s'agissant (c'est le cas pour Rodomont) d'un membre de la noblesse d'épée en pleine décadence sociale, celui de la gloire militaire, des exploits guerriers, souvenirs mordants d'une

---

4. Voir M. Lazard, Paris dans la comédie humaine, Études Seiziémistes, Genève, Droz, 1980, pp. 315-325.

5. On joue au tric-trac (II, 4, 1184) ; on se masque au temps des jours gras ; on danse un « petit ballet », un « branle » (II, 1, 746-749), en compagnie du cousin, ou de l'inévitable cousine. Cf. Ronsard, Sonets pour Hélène, I, 16 : « Te regardant assise auprès de ta cousine » et II, 4 : « Tandis que vous dansez et ballez à votre aise ». D'autre part, même si, à propos de Geneviefve, Louyse croit le contraire, on lit les Amadis, les poèmes de Ronsard et ceux de Desportes, la coqueluche de la Cour et de la ville.

époque où la diabolique invention de ces armes à feu, qui ont le triste
privilège de tuer à distance, n'avait pas encore rendu difficile, voire impossible, l'authentique prouesse personnelle.

La société des *Contens* est celle d'un temps en mouvement, auquel
s'accorde bien le tempo de la pièce. Temps où s'achève la montée de la
bourgeoisie : non seulement, depuis le début du siècle, la royauté recru-
te ses plus proches serviteurs parmi les grands bourgeois et les juristes,
mais encore la fructueuse pratique de la « marchandise » assure aux
bourgeois de « moindre estoffe » une place enviable et une part importante de considération dans la société. Temps où s'accomplit le déclin
de prestige des gentilshommes, qui perdent effectivement, sinon juridi-
quement, des privilèges, désormais accaparés par les financiers et par ces
chefs de la magistrature qui ont acquis, en 1558, le droit de constituer
dans le pays un quatrième état [6], intermédiaire entre la haute noblesse
et la bourgeoisie. Pour beaucoup de ces gentilshommes, la guerre n'est
plus une épreuve de courage, mais bien plutôt un métier profitable où,
si l'on n'a pas le sentiment de déroger, on tâche cependant surtout de
capturer de riches ennemis pour les mettre à rançon, quand on ne se
contente pas de piller, de faire la picorée. Si la guerre s'interrompt, les
gentilshommes s'endettent chaque jour davantage, devenant vite la
proie des usuriers, avant d'être, comme Rodomont, conduits en prison,
à la demande de leurs créanciers. On comprend, dès lors, pourquoi
Rodomont est sans cesse prêt à monter à cheval pour guerroyer. On
comprend, aussi, pourquoi il se vante d'être « tout le jour aux bouti-
ques des armuriers », vérifiant d'un coup de poing si sont bien trempées
les armes que lui demandent «d'esprouver» ses amis, les capitaines (IV, 2,
2047-2059). Jadis, ses ancêtres étaient experts à essayer, contre leurs
ennemis, la résistance de leurs armes. Rodomont, lui aussi, expérimen-
te, mais contre lui-même, en quelque sorte, l'efficacité des corps de cui-
rasse ou des rondaches que veulent acheter les capitaines. Semblable, à
cet égard – mais sans être, de loin, présenté comme aussi dérangé – à
l'excentrique seigneur de Vaudrey des *Nouvelles recreations et joyeux
devis* de Des Périers [7] , rejeton d'une race célèbre par son héroïsme
guerrier [8] et qui, n'ayant plus l'occasion de courir l'aventure, cherche à
étonner les simples gens par un comportement « d'une terrible bigear-
re » : en se précipitant lui-même sur son épée fichée contre une murail-
le... ou en étranglant « un chat à belles dents, ayant les deux mains liées
derrière » [9], pour imiter, à sa manière, ses ancêtres, grands destructeurs,
eux, de monstres et de dragons.

Nous voici, donc, avec Rodomont, au cœur éclaté du seizième siècle, temps d'éclats et d'éclatements. Louyse, Françoise, et dans une certaine mesure Geneviefve, ainsi que, d'une certaine manière Alix, nous

---

6. Voir Du Bellay, *Discours au Roy sur le faict de ses quatre estats. Oeuvres
poetiques,* éd. Chamard, VI, pp. 193-197.
7. Nouvelle 55.
8. Et par la fatalité tragique de ses amours. Un ancêtre du seigneur de Vaudrey avait été l'amant de la Chastelaine de Vergy.
9. Turnèbe, plus discret, ne va pas jusqu'à prêter à Rodomont de telles folies.

introduisent en son « cœur religieux » [10] comme disait Lucien Febvre.
Dévotions et pélerinages sont des pratiques habituelles alors. Turnèbe y
fait-il référence comme à de simples *realia,* à des éléments commodes et
convenus de la comédie ? Ou bien porte-t-il sur ces réalités un regard ré-
probateur de satirique ? Il serait téméraire d'affirmer que Turnèbe s'en
prend, avec le fouet de la satire, à la pratique religieuse en général et
même à la pratique religieuse, qu'il tiendrait pour hypocrite, d'une partie de la société de son temps. Certes, Girard nous prouve, par son
exemple, qu'on peut être charitable, sans « pratiquer » ; et Louyse nous
est témoignage inverse qu'une pratique zélée, outrée, ne conduit pas de
façon automatique et assurée au nécessaire oubli de soi, au désintéres-
sement, à la domination sur ses humeurs. Mais il n'y a là nulle dénonciation directe, nulle condamnation explicite de la religion. Pas plus que
dans le comportement de Françoise, qui s'appuie sur une solide réputation de dévote (feinte ou sincère ?) pour tromper tout son monde, mais
que la pièce nous montre moins effectivement assidue aux offices qu'on
ne s'y attendrait. Louyse et Françoise « hantent » les églises ; Louyse
ne ment pas ; Françoise invente l'odieuse « fable » du chancre, elle « dit
autrement qu'elle ne pense » : la religion n'en est pas, pour autant, men-
songère.

Mensonger, en revanche, et présenté comme tel, le prétexte du pélerinage à Notre-Dame-de-Liesse. Faut-il croire que Turnèbe dénonce les
pélerinages et, spécialement, celui de Notre-Dame-de-Liesse ? Il se peut
qu'Odet s'inscrive dans une tradition érasmienne de défiance envers les
pélerinages, mais, en fait, plus que le pélerinage lui-même, c'est la fausse
pélerine, la perfide Alix, qui est mise en cause ici. Alors, pourquoi Notre-Dame-de-Liesse et non pas Notre-Dame-du-Puy ou Notre Dame de
Rocamadour ou même « Notre Dame ... de tel lieu », pélerinage cités
dans les *Quinze joyes de mariage* ? Parce que, sans doute, Notre-Dame-
de-Liesse est le pélerinage « national » le plus en vogue à l'époque, et
que l'on peut — souci de vraisemblance — s'y rendre sans trop de difficultés, de Paris. Mais aussi, croyons-nous, parce que, dans cette référence précise et redoublée, Turnèbe trouve l'occasion d'en appeler à la co-
nivence de son public, invité à goûter le sel de l'évocation d'un pélerinage où l'on demande surtout d'être guéri de la stérilité féminine — état
dont Alix, à supposer qu'elle en souffre, doit, en vérité, peu se soucier !
— et d'un pélerinage rendu plus célèbre encore par une actualité qui
n'était pas très ancienne et qui devait rester présente dans les esprits. En
1565, en effet, Nicole Aubry, une possédée de Vervins, avait été, par
exorcisme, délivrée de vingt-six diableteaux à Notre-Dame-de-Liesse,
puis purgée de Belzébuth lui-même à l'église Notre-Dame de Laon [11].

---

10. *Au cœur religieux du XVIème siècle,* Bibl. Ec. Prat. Hautes Études,
S.E.V.P.E.N., Paris, 1957.
11. Sur cette affaire, voir H. Weber, « L'exorcisme à la fin du XVIème siècle,
instrument ʹe la Contre-Réforme et spectacle baroque », *Nouvelle Revue du Seizième siècle,* Genève-Paris, Droz, I, 1983, pp. 79-101. Nous remercions Monsieur
Michel Simonin qui a bien voulu nous envoyer des photocopies du passage de l'*Histoire miraculeuse de Notre-Dame-de-Liesse* de Jean de Saint-Pérès, Paris, 1657, accompagnées d'éclairantes remarques — dont nous nous servons ici — sur les lignes
1229-1233 des *Contens.*

L'affaire avait fait grand bruit, suscité des remarques ironiques de la part des protestants peu enclins à croire au miracle, provoqué mille plaisanteries. C'est ce contexte que Turnèbe exploite avec habileté, sans prendre le moins du monde — à ce qu'il semble d'après la pièce — parti dans la brûlante question de l'exorcisme au temps de la Contre-Réforme, mais sûr que la rapprochement des démons de la libidineuse Alix et des diables de Notre-Dame-de-Liesse aura sur des spectateurs avertis le plus plaisant effet.

Plus que satirique [12], la peinture des mœurs parisiennes est, dans *Les Contens,* voulue comme amusante et rassurante. Elle permet le solide ancrage, dans une réalité familière, d'une aventure mal partie certes, mais qui se terminera bien. Malgré les contraignantes pesanteurs sociales de l'autorité abusive des parents, de la crainte du déshonneur, Geneviefve, en effet, est « ravie », puis librement et loyalement épousée. Preuve qu'« il ne se faut desesperer » (V, 1, 2701), que « ce n'est pas sagement fait de *se* faire malheureux avant le temps » (IV, 5, 2302). Toniques leçons d'une comédie souriante, qui n'a rien d'amer, ni de cruel.

Au début de la pièce, Nivelet souffre du froid et patauge dans les légendaires boues de Lutèce, aggravées par d'inattendues et glaciales « guillées d'eau » (IV, 3, 2150). Geneviefve a froid, elle aussi, au corps et au cœur. L'épidémie menace. Après les joyeux bals des jours gras, va venir le pénible Carême : que notre « comédie de carnaval » [13] invite à envisager sans crainte, puisqu'est sans faute promis, pour la fin, le contentement général, symbolisé par cet heureux mariage que « Dieu a resolu en son conseil privé » (V, 5, 3126).

Ainsi, dans *Les Contens,* les caractères sont dessinés avec netteté, mais avec mesure ; au total, vrais, nuancés ; l'intrigue est vive, enlevée, attachante ; la peinture des mœurs exacte (malgré quelques invraisemblances qu'acceptait volontiers le public), sans désagréable prétention moralisatrice ou satirique. Faire rire dans la bonne humeur, aider les spectateurs à « hausler le temps », dans une époque d'incertitudes et de difficultés qu'il faut accepter, comme il faut accepter le Carême, tel fut le dessein de Turnèbe peu soucieux, croyons-nous, de « castigare ridendo mores », mais désireux, assurément, de réconforter, d'encourager.

---

12. Indéniable, l'impulsion satirique, mais celle-ci n'a jamais de virulence particulière.

Satire — légère — de la justice, domaine dont Turnèbe était familier. A trois reprises, et par trois personnages différents, Thomas, Alphonse, Louyse, (III, 1, 1445 ; IV, 4, 2212 ; IV, 6, 2477), Turnèbe évoque la « bonne justice » qui règne à Paris. A laquelle il oppose le comportement vénal des trois sergents. Notons, d'ailleurs, que Paris n'est pas loué dans *Les Contens,* aussi vivement qu'il l'est dans *Les Corrivaus* ou dans *Les Néapolitaines.*

Satire, aussi, sans mordant, de ce que Lucain appelle le *lucrum,* de ce goût du gain, « dieu de Paris », comme dit Loys dans *La Trésorière* (III, 1, 634). Le marchand Thomas aime l'argent ; il vérifie avec soin que ses écus sont « de pois » (IV, 1, 1961), qu'ils ne sont pas rognés. Il se félicite d'avoir, de toute façon, dupé Rodomont. C'est de son état. Louyse, de son côté, discute avec acharnement — et pour son plus grand dam — les clauses financières du contrat avec Girard, mais ce ne sont pas seulement des considérations d'argent qui la guident dans son refus obstiné de Basile. Son caractère n'est pas uniquement celui d'une femme intéressée.

13. L'expression vient de Donald Beecher [CXVIII], p. XXIV.

« Sus ! qu'on se despeche (I, 1, 10) » de prendre patience (V, 6, 3235) de ne pas « se contrister » (V, 3, 2860) et de croire « hardiment » que, finalement, ne « faudra » pas le contentement. S'il est un « message » dans *Les Contens,* c'est bien celui-là. *Les Juives* de Garnier étaient un chant de douleur et d'espérance. *Les Contens* sont une fête de joie et de confiance : dans les deux pièces, même combat moral.

Dans son entreprise « dopante », Turnèbe a d'autant mieux réussi qu'il était servi par un don d'expression des plus pittoresques et des plus clairs. *Les Contens* se lisent aisément : c'est là compliment que l'on ne pourrait faire à beaucoup de comédies de l'époque. Ils se lisent avec plaisir. Les personnages ne s'attardent jamais à d'ennuyeuses discussions psychologiques ou autres. « Ils s'animent devant nos yeux et s'extériorisent en une langue alerte, amusante, simple et correcte » [14]. Proverbes, dictons, locutions familières donnent saveur et couleur à leurs conversations. Le langage brusque, coupé de Louyse révèle son caractère impérieux. Quand, parodiant le *Dignum et justum est* de la messe, Françoise, dans ce rythme ternaire qu'elle affectionne [15], assure à Geneviefve que la demande de Basile est « sainte, juste et raisonnable » (I, 7, 614-615), ce recours au vocabulaire religieux perverti de son objet propre trahit la fourberie de la fine femelle, qui sait mêler, ailleurs, expressions triviales et formules élégantes. Thomas, le marchand, aime les aphorismes, avec jeux de sonorités, qui donnent un branle plus assuré à sa pensée : « L'on dit bien vray que pour faire plaisir on reçoit souvent desplaisir et, pour prester à un mauvais rendeur, d'un amy on en fait un ennemy ». (III, 1, 1427-1429) ou encore : « C'est grand cas que, tant plus on se pense avancer, tant plus on se recule ». (IV, 1, 1911-1912) Girard se plaît, lui aussi, aux expressions populaires, familières, comme « donner martel en teste » (II, 1, 766) ; il n'hésite pas, devant le mot cru, parlant, par exemple, d'une « fille qui ne sera pas si eshontée...que de dire qu'elle a esté despucelée » (IV, 4, 2235-2236) ; capable, également, de répondre du tac au tac à Louyse : celle-ci menace-t-elle de faire « perdre *la teste* (d'Eustache) sur un eschaffaut » il affirme qu'il est capable de donner un « dementy par *la gorge* » à qui douterait de l'honnêteté de son fils (IV, 4, 2191-2196). Geneviefve, qui a reçu une bonne éducation, use d'un vocabulaire plus recherché. Elle et Basile pétrarquisent, sans longueur, sans mot ampoulés, mais non sans poésie. Et, à côté d'eux, les valets, la servante Perrette, font entendre la voix contrastée de la plus franche et de la plus gaillarde gauloiserie.

Rien ne manque, donc, aux *Contens* pour retenir l'intérêt du spectateur. Par ses donc exceptionnels de dramaturge, habile à mettre en mouvement les rouages d'une action rapide, d'observateur indulgent, de la société contemporaine, de poète tout à fait au courant de la création

---

14. Cavalucci [CXIX], p. 100.
15. Cf. I, 7, 622-623 : « Ne seriez vous pas une ingrate, une glorieuse, une outrecuidée ».

poétique de son temps, d'écrivain comique héritier des farceurs, et
de Marot, et de Rabelais, Turnèbe mérite une place d'honneur dans
l'histoire de notre comédie française. Non pas seulement — comme on
le dit toujours, et non sans quelque raison — par ce qu'il a, de façon naturelle, adapté les conventions théâtrales du temps à son dessein comique, parce qu'il a pu songer à un décor aisément conforme à l'architec-
ture scénique de Serlio. Non pas, seulement, parce qu'il aurait introduit
dans sa comédie « the first symptoms of mannerism, which are eviden-
ced in his use of agitated wit, and in his study of the « Jesuit style » of
equivocation through Françoise's portrait » [16]. Mais, bien plutôt, parce
que, en un temps où la mode était de rejeter la farce au profit de la comédie italienne, il a su, dans une pièce fortement rattachée à la *commedia erudita,* garder le contact avec la tradition nationale de cette même
farce, dans les situations, dans les jeux de scène, dans certains personnages comme Gentilly, dans le langage. Ce qui fait de son allègre et divertissante histoire d'hommes et de femmes de tous les jours une parfaite
réussite, le véritable chef-d'œuvre, assurément, de la production comique de notre Renaissance.

---

16. Eaton [CXX], p. 91. L'interprétation de M.N. Eaton nous paraît s'appuyer
sur une conception particulière du phénomène maniériste, au sujet duquel nous
pouvons maintenant mieux réfléchir, à partir de travaux essentiels, comme ceux de
Marcel Raymond, *La poésie française et le maniérisme,* Droz, 1971, de C.G. Dubois,
Le maniérisme, P.U.F., 1977, et de l'excellent numéro 3 de la *Revue de Littérature
comparée,* 1982, mis au point par G. Mathieu-Castellani.

RÉSUMÉS DE QUELQUES COMÉDIES DE L'ÉPOQUE

JODELLE, *L'EUGENE* (1552)

Acte I.— L'abbé Eugène se félicite de son bonheur en présence de son chapelain, Messire Jean, et tous deux énumèrent les douceurs de la vie ecclésiastique. L'abbé a marié Alix, sa maîtresse, à un vilain, Guillaume, qui la croit sa cousine. Il promet à M. Jean un « bon bénéfice » s'il endort la méfiance du mari et surveille la femme. Le chapelain sait ce que vaut Alix : prodigue de ses charmes, elle a appartenu à Florimond, homme d'armes, qui a délaissé pour elle Hélène, la sœur de l'abbé.

Guillaume monologue, en vantant sa chance de posséder une femme si chaste et si charitable à autrui. Survient Alix, mise en gaieté par la sottise du bonhomme : il lui apprend les exigences du créancier Matthieu qui réclame son dû pour le jour même.

Acte II.— Entrée de Florimond qui revient de guerre et déplore les mœurs des combattants qui s'amollissent dans les plaisirs de Paris. Il s'enquiert d'abord des nouvelles de l'empereur (Charles Quint) auprès d'Arnauld, puis l'envoie s'informer de la fidélité d'Alix. Hélène vient s'indigner de l'inconduite de celle-ci et révèle à son frère Eugène que Florimond l'a aimée avant lui. Elle réconforte l'abbé désespéré et inquiet pour l'avenir.

Acte III.— Arnauld avertit Florimond de la perfidie d'Alix et de son mariage. Le gentilhomme furieux jure de se venger. Messire Jean dit adieu au bénéfice et regrette sa peine et son honnêteté perdues. Il conte à Hélène et à Eugène comment Arnauld a injurié Guillaume. Florimond alors bat Alix et la menace de reprendre tous les biens dont il l'avait comblée.

Acte IV.— Guillaume se lamente, tandis qu'on bat sa femme. Le créancier, averti qu'on a ôté au vilain tous ses meubles, vient réclamer son dû. Florimond songe à tuer Eugène, qui se contente de s'affliger. Il craint le gentilhomme, mais persiste à aimer Alix en dépit de ses tromperies.

Acte V.— Messire Jean et Eugène se concertent : le seul moyen de conciliation est de ramener Florimond à Hélène. L'abbé obtient de sa sœur qu'elle apaise son ancien soupirant au détriment de son bonheur, dédommage le créancier et révèle crûment à Guillaume ses rapports avec Alix. Le mari, point jaloux, accepte le partage. Alix promet de n'être qu'à l'abbé désormais. Un banquet final les rassemble tous. [1]

GRÉVIN, *LA TRÉSORIERE* (1559)

Loys, un gentilhomme, et un jeune protonotaire sont tous deux amoureux de Constante, l'épouse d'un trésorier qui est, lui, sur le point de partir en voyage d'affaires. Celle-ci hésite à se prononcer entre les deux soupirants, et, dans son indécision, exige de leur part des marques d'affection sous forme de cadeaux nombreux et onéreux. Afin de répondre à ces désirs, le gentilhomme obtient du trésorier, contre un intérêt usuraire, le paiement d'un quartier de rente échu et d'un autre à échoir. Quant au protonotaire, il envoie son valet Boniface emprunter de l'argent directement à la trésorière : celle-ci lui avancera l'argent qu'elle compte recevoir de Loys pour s'acheter une chaîne en or. C'est alors que ce dernier apprend par son valet Richard que Constante a reçu chez elle, en l'absence de son mari, son jeune rival. Furieux, il enfonce la porte du domicile du trésorier avec l'aide de Richard et d'un autre valet, Thomas. Le trésorier, accompagné du marchand Sulpice, arrive inopinément sur les lieux, et la fureur de Loys se retourne alors contre lui. Il lui reproche un délit grave pour un trésorier, qui est d'avoir exigé des intérêts, et ne se calme que sur la promesse qu'on lui rendra l'argent qu'il a donné à Constante et que sa dette envers le trésorier est annulée. Le protonotaire, quant à lui, s'enfuit en gardant la somme qu'il avait empruntée à Constante.

GRÉVIN, *LES ESBAHIS* (1561)

Agnès, la femme du vieillard Josse, l'a quitté il y a trois ans et ce dernier est à présent fiancé à Madalêne, la fille de Gérard. Marion, une lavandière, entreprend d'empêcher le mariage, car elle sait l'amour du jeune Advocat pour Madalêne. Pour ce faire, elle subtilise à Anthoine, le valet de Josse, un habit appartenant à Josse et qu'elle fera revêtir à l'Advocat, pour qu'il puisse facilement pénétrer chez Gérard. Pendant ce temps, un autre des soupirants de la jeune fille, Panthaleoné, un Italien, chante son amour sous la fenêtre de Madalêne. Le Gentilhomme, cousin de l'Advocat, se voit promettre par Claude, maquerelle, une femme qui n'est autre qu'Agnès, l'épouse de Josse, rentrée au pays avec un

---

1. Cette analyse reproduit exactement celle qu'a donnée Madeleine Lazard [LXXXIII], pp. 177-178.

Italien à qui elle vient d'échapper. Alors que l'Advocat sort de chez Madalêne, contenant à peine son bonheur d'avoir réussi à séduire la jeune
fille, il rencontre Gérard qui le prend pour Josse, à cause de l'habit qu'il
porte. Quelques instants plus tard, le vieux Josse, tout en grondant son
valet Anthoine d'avoir tant tardé, enfile en vitesse son nouveau costume
et se rend chez Madalêne. Au moment où il arrive près de chez elle,
Gérard le taquine en évoquant ses récents exploits amoureux. Josse, n'y
comprenant rien, se défend d'abord, puis il finit par comprendre que
Madalêne a été séduite par quelqu'un d'autre et il rétracte sa promesse
de l'épouser. Gérard et Josse en sont presque aux mains quand Julien, le
valet de l'Advocat, accuse Panthaleoné d'avoir violé Madalêne. Agnès
arrive alors sur les lieux derrière le Gentilhomme ; elle est reconnue par
Panthaleoné qui réclame ses droits sur elle pour l'avoir entretenue pendant trois ans, et aussi par Josse, qui se voit obligé de la reprendre com-
le son épouse légitime, tandis que Panthaleoné est chassé des lieux. [2]

BELLEAU, *LA RECONNUE* (1562-1577/78)

Antoinette, une jeune nonnain, convertie à la Réforme et ayant
pris « l'accoustrement de bourgeoise », tombe, après le sac de Poitiers
par les catholiques (1562), aux mains du Capitaine Rodomont, qui s'é-
prend d'elle. Appelé « au service du Roy pour le recouvrement du Havre », que les huguenots ont livré aux Anglais, Rodomont confie la jeune fille à un sien cousin, avocat à Paris, « déjà vieil et ancien et sans
enfants ». Pendant l'absence du Capitaine, le vieil avocat devient, à la
grande jalousie de sa femme, amoureux d'Antoinette. Pour « manier
son fait plus couvertement », il décide, après avoir fait croire à la mort
du Capitaine, de donner Antoinette à son clerc, sur la complaisance
complice duquel il compte. Mais un jeune avocat, amoureux, lui aussi,
d'Antoinette, essaie d'empêcher le mariage que brasse le vieil avocat.
Le matin des fiançailles, revient Rodomont, troisième ou plutôt premier amoureux. « Meslée ».« La feste est bien troublée ». Heureusement arrive, à l'instant même, un « gentilhomme de Poictou » qui, à
une « bruslure » qu'elle a sur l'œil, reconnaît (d'où le titre), en Antoinette, sa fille qu'il avait autrefois mise en religion, « voyant trop
griefvement chargée / sa maison de trop de maignée ». Tout s'arrange
et Antoinette épousera celui qu'elle aime, le jeune avocat.

JEAN DE LA TAILLE, *LES CORRIVAUS* (1562-1573)

Acte I.— Restitue, jeune fille, révèle à sa nourrice « le secret de
son cœur et la cause de *ses* complaintes » : elle est enceinte de Filadelfe,
qui l'a « laissée là », pour « ranger du tout son amitié » à Fleurdelys,

---

2. Résumé repris textuellement, comme le précédent, de l'édition des deux
pièces par Elisabeth Lapeyre, Paris, H. Champion, 1980, Introduction, pp. XVII-
XIX.

fille, croit-on, du sieur Frémin. Officieuse, la nourrice conseille à Restitue d'aller, sous prétexte d'indisposition, « prendre l'air des champs », où elle trouvera « mille moyens » pour se délivrer de son enfant. Filadelfe, qui craint d'être devancé par un Corrival dans la jouissance de Fleurdelys, attend d'elle des nouvelles, que doit lui porter Claude, un serviteur de la maison de Fleurdelys. Entre temps, il justifie son infidélité à l'endroit de Restitue, par les « forces d'amour... aveugle, jeune et volage, sans loy et sans raison » — Claude vient lui annoncer qu'il a tant fait qu'il pourra lui promettre, « devant qu'il soit une heure », d'entrer chez Fleurdelys, qu'il s'est, au demeurant, bien gardé d'avertir de cette entreprise. Trois tours de torche signaleront à Filadelfe que le maître de maison est parti, laissant sa fille avec la seule Alizon, une vieille chambrière. Revient Gillet, l'ivrogne valet de Filadelfe, que son maître avait envoyé chercher Claude. Au lieu d'obéir, il s'est « à bon escient esbaudy sur l'amour », avec une chambrière de l'hôtellerie où il a copieusement bu. Il n'est pas, lui, de « ces amoureux transis qui ne s'amusent qu'à une ». Son maître le convainc de mensonge, d'impudence, mais, finalement, lui donne l'ordre de venir le rejoindre, en armes, dans la rue, pour l'entreprise en question.

Acte II.— Euvertre, amoureux, lui aussi, depuis deux mois, de Fleurdelys veut, avec la complicité d'Alizon, enlever Fleurdelys, si elle ne « consent à *son* vouloir », quand il sera entré chez elle, en l'absence de son père. Alizon lui fera connaître le moment opportun par trois tours de quenouille. Frémin, sur le point de partir pour la ville, confie, avec mille recommandations, la garde de sa fille à Alizon, avec laquelle il semble, d'ailleurs, entretenir des relations sexuelles.

Acte III.— Jacqueline, la mère de Restitue, accepte de laisser partir « aux champs » sa fille qui, dit-elle, vit proprement « en sainte », ce à quoi s'accorde la nourrice, selon qui Restitue « est pleine d'un bon fruit ». La mère veut, cependant, consulter un médecin sur la maladie de sa fille. Celui-ci a oublié ses lunettes. La nourrice craint, qu'il ne fasse, quand même, le diagnostic qui s'impose à l'évidence. Claude et Alizon apparaissent en même temps pour faire leurs signaux. Ils se querellent, s'injurient. Claude s'en va. Le médecin a découvert la véritable nature du mal dont souffre la jeune fille ; la nourrice se lamente devant le logis de Fleurdelys, où Alizon croit entendre des gens « entrer à la foulle par l'autre porte ». Nous apprenons que Filadelfe et Euvertre ont pénétré chez Fleurdelys, qu'il y a eu « meslée », et que les sergents du guet ont emmené en prison les deux entreprenants amoureux, ainsi que Claude.

Acte IV .— Bénard, le père de Filadelfe, arrive de Metz à Paris, dont il admire les rues, les églises, les palais, tandis que son valet, Félix, assoiffé, ne trouve rien plus beau que « les rostisseries si bien arrangées». Jacqueline déplore que sa fille l'ait trompée et, avisant Bénard, lui reproche, sans aucune courtoisie parisienne, la conduite de son « meschant » fils, qui « a fait à sa fille un autre garçon ». Frémin et Bénard se rencontrent. Bénard, à un « petit seing rouge soubs l'oreille gauche », reconnaît en Fleurdelys sa propre fille, que Frémin a sauvée du siège de Metz, dix ans plut tôt.

Acte V.— Entre alors Gérard, le père d'Euvertre qui, malgré sa colère, voudrait faire sortir son fils de prison. Il s'entretient avec Frémin et avec Bénard. Les trois « pères » mettent sur pied un arrangement : Euvertre épousera Fleurdelys, et Filadelfe, qui ne peut plus avoir dessein sur sa sœur, deviendra, officiellement, le père de l'enfant que va lui donner Restitue. Tous trois vont, ensuite, demander à Philandre — le « maistre du guet » — l'élargissement « à pur et à plein » des prisonniers, que, pour « leur faire au moins une belle peur » on conduira, d'abord, « sans les advertir de rien » « tous liez et garrotez » devant leurs pères. De leur côté, les trois valets, ivres, se louent de faire « vie de Gentilshommes ». Tout vient donc « à bonne et joyeuse fin », d'autant que Bénard et Jacqueline décident, eux aussi, de se marier. Seront faites, ainsi, « trois Nopces pour deux ».

LARIVEY, *LES ESPRITS* (1579)

Acte.— De son mariage avec une femme « mauvaise, chiche, fascheuse, revesche », Séverin a eu trois enfants : Urbain, Fortuné et Laurence. Devenu veuf, il a « donné » Fortuné, « son plus jeune », à Hilaire, son frère qui, sans enfant lui-même, l'élève tendrement, avec sa femme Elizabet. Hilaire est indulgent, plein de compréhension pour la jeunesse de Fortuné. Séverin, avare, « tacquin », rend, au contraire, « malcontans » et Urbain « contre lequel il a toujours le poing levé » et Laurence qui, « desjà grande et preste à marier » se désespère voyant la sanglante avarice de son père. Fortuné est devenu amoureux d'Apoline, une nonnain par contrainte, qui n'a pas fait profession et qui attend un enfant de lui. Son père, qui ignore ce dernier point, voudrait bien qu'il abandonne « ceste poursuyte... qui n'est ni belle ny honneste ». Ruffin, maquereau, promet à Urbain de lui amener « sa Féliciane », moyennant dix écus que Ruffin — toujours désargenté — demande à Frontin, le serviteur de Fortuné, de l'aider à trouver. Frontin ne peut donner à Fortuné que de « maisgres responses de son Apoline ». Cependant, Ruffin s'est exécuté : « Urbain et Féliciane sont au lit, où ils font bravades ».

Acte II.— Désiré, amoureux de Laurence, se plaint que, par avarice, Séverin lui ait refusé la main de sa fille qu'il « tient... au village, la faisant labourer et houer la terre, comme une simple chambrière, elle qui meriteroit d'estre royne ». On apprend l'arrivée de Séverin à Paris. Pour l'empêcher de découvrir Urbain et Féliciane dans le logis, où « jouent » les deux jeunes gens, Frontin le persuade que « la maison est plaine de diables », ce à quoi donnent apparence de vrai les bruits qu'à l'invitation de Frontin, font Urbain et Féliciane verrouillés à l'intérieur. Comme Séverin n'ose déposer dans la maison sa lourde bourse pleine d'écus, il la place dans un petit trou de jardin, où Désiré, l'amoureux de sa fille — qui l'a épié — s'empresse d'aller voler le magot, remplissant la bourse de cailloux. Frontin promet à Séverin de lui trouver le « plus grand chasse-diables de France », dans l'intention de tirer des mains du vieillard « dix escus » qu'il envisage de donner à Rufin. Séverin vérifie que la bourse est toujours dans la cache.

Acte III.— M. Josse, le « sorcier », soudoyé contre deux écus par Frontin, conjure les diables. Frontin, contrefaisant l'un de ceux-ci, enlève, comme signe que les diables ont quitté la maison, un anneau du doigt de Séverin, auquel Josse a bandé les yeux. Féliciane et Urbain se retirent dans la maison toute proche d'Hilaire ; Frontin va vendre le rubis de Séverin et conseille à Urbain de regagner le village, où l'on fera croire à Séverin qu'il est toujours resté. Séverin renvoie Josse sans le payer autrement que par une invitation à un souper rechigné. Ruffin va lui dévoiler la « tromperie des esprits » dont il a été la victime, mais Frontin le prévient, en faisant passer Ruffin pour fou. Séverin découvre qu'on lui a volé ses deux mille écus. Lamentations.

Acte IV.— Hilaire essaye de détourner Fortuné de « l'amour aux filles recluses ». Fortuné lui apprend que Féliciane est la fille unique d'un riche marchand et il envoie la badine servante Pasquette prendre des nouvelles d'Apoline. Le vieillard Gérard, père de Féliciane, arrive, désireux de revoir sa chère fille. Pasquette révèle à Hilaire que Fortuné est le père d'un « beau petit garsonnet », dont sœur Apoline vient d'accoucher, au monastère.

Acte V.— Gérard déplore d'avoir « perdu *son* honneur en la perte de *sa* fille qui s'est perdue elle mesme ». Ruffin lui assure que Séverin consentira, moyennant « une bonne somme de deniers » au mariage d'Urbain et de Féliciane. Cependant, Séverin ne se préoccupe que de sa bourse dérobée. Hilaire obtient de l'abbesse — qu'il avait « trouvée du commencement plus fiere qu'un toreau » mais qu'il a « faict devenir plus douce qu'un agneau », qu'elle consente — contre la cession, au couvent, de la moitié de la succession — au mariage d'Apoline et de Fortuné. Ses deux mille écus sont restitués (« O Dieu ! Ce sont les mesmes !») à Séverin qui consent au mariage de ses trois enfants, le festin devant être, dans son sordide intérêt, fait dans la maison du bon Hilaire.

FRANÇOIS D'AMBOISE, *LES NÉAPOLITAINES* (1584)

Augustin, jeune marchand de Paris, est « serviteur tout outre » de Madame Angélique, une belle Napolitaine, qui, en compagnie de sa fille, Virginie, a suivi en exil, à Paris, l'année précédente, son prétendu mari, le seigneur Alphonse, dont on apprend — dès le début de la pièce — qu'il vient de mourir. Tout en gardant « sainctement ... la mémoire de son defunt mary », Angélique ne renonce pas à faire « nouvelles amours », tenant en haleine à la fois Augustin et un gentilhomme espagnol Dom Dieghos, que seconde « l'extravagant escornifleur Gaster », qui fait « tout pour le ventre ».

Pour garder les faveurs d'Angélique, Augustin rivalise de largesses avec Dom Dieghos, mais il apprend de Loys, son valet, que son père, Ambroise, « ennuyé » de la dispendieuse façon de vivre de son fils, a décidé de ne plus lui « bailler » que le strict nécessaire. Loys lui suggère d'emprunter à un jeune Napolitain, Camille, qui étudie avec le frère d'Augustin au Collège des Lombards, à Paris. Camille vient de recevoir une « bonne somme de deniers » ; il en fera certainement « part », à Augustin, qui l'a quelquefois secouru « d'argent et de draps de soye ». A la requête de Loys, Camille accepte de prêter à Augustin «la somme dont il a affaire ». Il accompagne Augustin chez sa compatriote,

Madame Angélique, voit la belle et vertueuse Virginie, qu'il décide aussitôt de séduire. En éloignant dans un jardin Augustin et Angélique, Loys et la servante Beta ; en occupant ailleurs la chambrière Corneille, Camille parvient à « ravir l'honneur » de Virginie, que Corneille retrouve à terre « toute eplorée, toute eschevelée, ... appelant à son secours la mort ». Ainsi Camille, au lieu d'aider Augustin « dans la conduite de *ses* amours », les met-il « en hazard et danger evidant », car Madame Angélique, « dolante » de l'affaire, souhaite, au moins, une réparation par mariage, ce à quoi Camille pourrait se refuser, si Virginie n'était pas noble.

Tout va cependant s'arranger, avec l'arrivée du lapidaire napolitain Marc-Aurel. Il admire « Paris, sans pair et sans second, ... qui seul se peut dire en abregé de tout le monde». Le voilà bien disposé et, grâce à lui, nous apprenons que Virginie — qui porte un seyant « petit sein en la joue gauche » — n'est pas la fille de Madame Angélique, mais celle de Cassandre, noble et respectable dame napolitaine, véritable épouse de feu le seigneur Alphonse. Tombent alors les objections que Camille et ses nobles parents auraient pu faire à son mariage avec Virginie. De son côté, Dom Dieghos, que des inimitiés avaient banni de Naples, apprend que son père, Dom Jean, a obtenu sa grâce, qu'il peut donc rentrer dans sa ville et y épouser la belle Flaminie Passavant, qu'il avait longtemps aimée. Augustin — que Gaster appelle « le mignon aux jaunes cheveux » — va enfin, mais provisoirement peut-être, jouir seul de l'amour de Madame Angélique, toute prête à se « *souler* de *ses* embrassements ».

REPÈRES BIOGRAPHIQUES
ET LITTÉRAIRES

1468   – *Le Franc Archier de Baignollet.*
1469 ? – *La Farce de Maistre Pathelin.*
1470 (circa) – Premières mises en scène des comédies antiques à Rome (Académie de Pomponio Leto).
1486   – Vitruve, *De Architectura libri decem,* Rome, G. Hérold.
1493   – Édition illustrée de Térence, Lyon, J. Trechsel (théâtre en demi-cercle).
        – Traduction par Giorgio Valla de la *Poétique* d'Aristote.
1500-1503 – *Therence en françois, prose et rime, avecques le latin,* Paris, A. Vérard.
1502   – Nouvelle révision, avec les *Praenotamenta* de Josse Bade, du *Térence,* commenté par Guy Jouvenneaux.
1503-1504 – *La première farse de Plaute nommée Amphitryon, laquelle comprend la naissance du fort hercules, faite en rime.* (parfois attribuée à Meschinot). Anvers, Thierry Martens.
1512   – Naissance aux Andelys d'Adrien de Turnèbe.
        – Pierre Gringore, *Le Jeu du Prince des Sotz.*
        – *Comedia nova quae Veterator* (le maître-fourbe) *inscribitur,* traduction libre, en cinq actes, de *Pathelin.*
1513   – Mise en scène, à Urbino, par Castiglione, de la *Calandria* de Bernardo Bibbiena, dans un décor de Genga.
1525   – L'Arétin écrit la première mouture de *La Cortigiana.*
1530   – Édition de Plaute par Robert Estienne.
1532   – Représentation de *Gl'Ingannati* par la compagnie siennoise des *Intronati,* créée en 1525.
1535-1549 – Marguerite de Navarre, *Théâtre profane* (« farces », « comédies »).
1537   – Version en vers de l'*Andria* de Térence (par Des Périers ou par Dolet ?)
1539   – *Le Grant Therence en françois, tant en Rime qu'en Prose,* Paris, G. de Bossozet.
1541   – L.B. Alberti, *De Re aedificatoria, libri decem,* Strasbourg, Cammerlander.
        – Jacques Peletier, traduction de l'*Art poétique* d'Horace [Musée Condé, Chantilly].

1541-1542 – Charles Estienne, traduction en vers de l'*Andria* de Térence.
1543 – Charles Estienne, *Comedie du Sacrifice,* traduction de *Gl' Ingannati* [1] publiée, ensuite, sous le titre *Les Abusés* (1548-1556). Peut-être une édition, dès 1540.
1544 – Mort de Clément Marot.
1545 – Jacques Bourgeois, comédie : *Les Amours recreatives d'Erostrate... et de la belle Polimneste,* d'après l'Arioste, *I Suppositi.*
      – Giraldi Cintio, *Discorso intorno al compovre delle Comedie et delle Tragedie.*
      – Traduction par Jean Martin du livre II de Serlio, sur le décor de théâtre.
1546 – Traduction par Jean Martin du *Songe de Poliphile* de Fr. Colonna (description d'un amphithéâtre et d'un théâtre).
1547 – Traduction par Jean Martin du *De Architectura* de Vitruve.
1548 – Représentation à la Cour de France de *la Calandria* de Bibbiena.
      – Interdiction par le Parlement de Paris de jouer des mystères sacrés.
      – Thomas Sebillet, *Art Poétique.*
      – Robertello, *In librum Aristotelis de arte poetica Explicationes ; De Comoedia.*
1549 – Du Bellay, *Deffence et Illustration de la langue françoyse.*
      – Les attaques contre la farce se font de plus en plus vives.
1550 – V. Maggi. *In Horatii de arte poetica Interpretatio ; in Aristotelis De Poetica Explanationes,* Venise.
1552 – Naissance d'Odet de Turnèbe.
      – Jodelle, *L'Eugène.* Octosyllabes.
      – J.Pierre de Mesmes fait publier la *Comedie des Supposez* de l'Arioste, en italien et en français.
1553 – Jodelle, *La Cleopatre captive* (tragédie) et *La Rencontre,* comédie actuellement perdue.
      – Traduction par Jean Martin du *De re aedificatoria* d'Alberti, Paris, Kerver.
1554 – Mort de Rabelais.
1555 – Aristoteles, *De arte poetica,* Paris, G. Morel (disciple d'Adrien de Turnèbe).
      – Peletier, *Art poétique.*
1556 – Représentation à Blois de la tragédie *La Sofonisbe* du Trissin et de la « satyre » *Les Veaux.*
1559 – Représentation au Collège de Beauvais de *La Trésorière* de J. Grévin. Octosyllabes.
1560 – Représentation au Collège de Beauvais des *Esbahis* de J. Grévin. Octosyllabes.
      – La courbe de floraison épanouie de la farce redescend.
      – Première édition collective de Ronsard.

---

1. Voir Luigi Zilli : « La Commedia *Gl' Ingannati* e la sua traduzione francese: Due Comicita e confronto », *Studi di Letteratura francese,* X, *Commedia e comicità nel Cinquecento francese e europeo,* Florence, L. Olschki, 1983, p. 31-51.

1561 — J.C. Scaliger, *Poetices libri septem.*
— Grévin fait éditer son *Théâtre (La Trésorière, Les Esbahis)*
— C. Badius, *La Comedie du Pape malade* (Genève ?)

1562 — Jean de La Taille compose, dans les premiers mois de l'année, *Les Corrivaus* (d'après *le Décaméron* de Boccace, Vème Journée). Prose.

1565 — Mort d'Adrien de Turnèbe.
— Baïf traduit *l'Eunuque* de Térence, qui sera publié en 1573.

1566 — Publication à Anvers, J. Waesberghe, par J. Bourlier des *Six Comédies* de Térence (*versiones variorum*).
— Publication par Odet de Turnèbe des versions latines, faites par son père, de deux opuscules moraux de Plutarque.
— Plaute, *Comediae viginti*, Anvers, Plantin. (annotations d'Adrien de Turnèbe).

1567 — Baïf présente à la Cour (28 janvier) sa comédie *Le Brave*, adaptation de très près du *Miles Gloriosus* de Plaute. Octosyllabes.

1570 — Publication de Castelvetro, *Poetica d'Aristotele, vulgarizzata e sposta*, Vienne d'Austria.

1571 — Les Gelosi jouent à Nogent-le-Roi.

1572 — Odet de Turnèbe étudiant à Toulouse.
— Traduction française par J. Amyot des *Moralia* de Plutarque.
— Massacre de la Saint-Barthélémy.
— Jean de La Taille, *De l'art de la Tragedie* (idées implicites sur la comédie)

1573 — Édition du tome II des *Oeuvres* de Jean de la Taille, comprenant, entre autres, *Les Corrivaus* et *le Negromant*, traduction de l'Arioste.

1574 — Jodelle publie ses *Oeuvres et Meslanges poétiques*, où figure *l'Eugène*.

1576 — Denys Lambin édite les pièces de Plaute.
— Pierre Le Loyer, *Erotopegnie ou passe-temps d'amour. Ensemble, une comedie du muet insensé.*
— Louis Le Jars, *Lucelle* (tragi-comédie). Prose.

1577 — Gérard de Vivre, *Comedie de la fidelité nuptiale.* Prose.

1578 — Éditions des *Oeuvres poétiques* de Rémy Belleau, comprenant *La Reconnue*. Octosyllabes.

1579 — P. Le Loyer, *La Nephelococugie* (adaptation libre des *Oiseaux* d'Aristophane). Vers variés.
— Larivey, *Les six premieres comedies facecieuses (Le Laquais, La Vefve, Les Esprits, Le Morfondu, Les Jaloux, Les Escolliers)*. Traductions de l'italien. Prose.
— L. Joubert, *Le Traité du Ris* (tentative de réconciliation des idées aristotéliciennes avec certaines notions médicales du temps).
— Odet de Turnèbe aux Grands Jours de Poitiers.

1580 — Gabriel Chappuys, *Les Mondes celestes, terrestres et infernaux ... augmentez du Monde des Cornuz* (comédie). Octosyllabes.

1581 — Mort d'Odet de Turnèbe.

1584 — Édition des *Contens* d'Odet de Turnèbe. Prose.
— Publication, sans nom d'auteur, des *Néapolitaines*, « comédie françoise, fort facecieuse » de François d'Amboise. Prose.

1585 — Riccoboni, *Ars comica.*

1586 — François Perrin, *Les Ecoliers* (comédie en octosyllabes) avec *Sachem ravisseur* (tragédie).

1594 — Jean Godard, *Les Desguisés.* Octosyllabes.

1595 (circa) — Claude Bonet, *Le Tasse,* comédie trilingue (français, italien et provençal) de carnaval, jouée et imprimée à Aix. Octosyllabes.

1597 — Une comédie perdue de Laudun d'Aigaliers.
— Papillon de Lasphrise, *La Nouvelle tragi-comique.* (pas d'actes, ni de scènes) ; première tentative de mise en abîme, de « théâtre, dans le théâtre ». Alexandrins.

BIBLIOGRAPHIE

A – Les anciens genres comiques (sources - réalisations - prolongements)

(I)   AUBAILLY, Jean-Claude, *Le monologue, le dialogue et la sottie*, Lille, Service de reproduction des thèses, 1973.

(II)   AUBAILLY, Jean-Claude, *Le Théâtre médiéval profane et comique. La naissance d'un art.* Paris, Larousse Université, 1975.

(III)   BOWEN Barbara, *Les caractéristiques essentielles de la farce française et leur survivance dans les années 1550-1620*, Urbana, Univ. of Illinois Press, LIII, 1964.

(IV)   BOWEN Barbara, « Le théâtre du cliché », *C.A.I.E.F.*, XXVI, 1974, pp. 33-47.

(V)   BOWEN Barbara, « La revanche verbale dans la farce française de la Renaissance » *Kwartalnik Neofilologiczny*, XXIII, 1976, pp. 57-64.

(VI)   BOWEN Barbara, « Metaphorical obscenity in French Farce, 1460-1560 », *Comparative drama*, XI, 1977-78, pp. 331-344.

(VII)   BOWEN Barbara, *Words and the Man in French Renaissance Literature*, Lexington, French Forum Publishers, 1983; ch. III : « Words and action in French Farce », pp. 45-59.

(VIII)   CLOETTA Wilhelm, ... *Komödie und Tragödie in Mittelalter*, Halle, Niemeyer, 1890.

(IX)   COHEN Gustave et alii, *La « comédie » latine en France au XIIème siècle »*, Paris, Les Belles Lettres, 1931.

(X)   COHEN Gustave, *Le théâtre en France au Moyen Age*, t. II : *Le théâtre profane*, Paris, Rieder, 1931.

(XI)   COHEN Gustave, *Le théâtre comique au XVème siècle et dans la première moitié du XVIème siècle*, Paris, Tournier et Constans, 1940, 4 fasc. dactyl.

(XII)   COHEN Gustave, *Recueil de farces françaises inédites du XVème siècle* (= Recueil de Florence),Cambridge, Mass., 1949 ; Genève, Slatkine Rep., 1974.

(XIII)   DAVIS Nathalie Zemon, *Society and Culture in Early Modern France*, Stanford U.P., 1975 (huit articles, en partie publiés antérieurement).

(XIV)   DROZ Eugène, *Recueil Trepperel*, t. I : *Les sotties*, Paris, Droz, 1935 ; t.II : *Les farces* (Droz/Lewicka), Genève, Droz, 1961.

(XV)   FRANK Grace, « The Beginning of Comedy in France », *Modern Language Review*, XXXI, 1936, pp. 377-384 [des fabliaux au théâtre comique, par la « récitation » des personnages].

(XVI)   FRANK Grace, *The medieval French Drama*, Oxford, Clarendon Press, 1954.

(XVII)   FRAPPIER Jean, *Le théâtre profane en France au Moyen Age*, Paris, C.D.U., 1960, polytypé.

(XVIII)   FRAPPIER Jean *Du Moyen Age à la Renaissance. Études d'histoire et de critique littéraire*, Paris, Champion, 1976, pp. 245-259 : *La farce de « Maistre Pierre Pathelin » et son originalité* (article paru précédemment dans les *Mélanges M. Braehmer*, 1967, pp. 207-217.

(XIX)   GARAPON Robert, *La fantaisie verbale et le comique dans le théâtre français du Moyen Age à la fin du XVIIème siècle*, Paris, A. Colin, 1957.

(XX)   HANKISS Jean « Essai sur la farce », *Revue de philologie française et de littérature*, XXXVI, 1924, pp. 20-40 et 129-143.

(XXI)   HARVEY Howard G., *The Theatre of the Basoche...*, Cambridge, Mass., Harvard U.P., 1941.

(XXII)   HAZARD Paul, « Farces et farceurs au temps de la Renaissance », *Rev. Deux Mondes*, 15 octobre 1934, pp. 936-946.

(XXIII)   HORN-MONVAL Madeleine, *Répertoire bibliographique des traductions et adaptations du théâtre étranger du XVè siècle à nos jours*, t. II (Théâtre latin antique, théâtre latin médiéval et moderne) de l'*Histoire générale du théâtre* (éd. Lucien Dubech), Paris, C.N.R.S., 1959 [traductions françaises de Plaute et de Térence].

(XXIV)   LANSON Gustave, « Molière et la farce », *Revue de Paris*, 1901, 1er mai, pp. 129-133.

(XXV)   LEBÈGUE Raymond, *La tragédie religieuse en France*, Paris, Belles Lettres, 1929.

(XXVI)   LEBÈGUE Raymond, *Le théâtre comique en France de « Pathelin » à « Mélite »*, Paris Hatier, 1972. [Essentiel].

(XXVII)   LEGRAND Philippe E., *Daos. Tableau de la comédie grecque pendant la période dite nouvelle*, Lyon-Paris, 1910.

(XXVIII)   LEWICKA Halina, *La langue et le style du théâtre comique français des XVème et XVIème siècles*, Paris, Klincksieck, 1960-1968.

(XXIX)   LEWICKA Halina, *Le recueil du British Museum*, Genève, Slatkine, 1970.

(XXX)   LEWICKA Halina, *Bibliographie du théâtre profane français des XVème et XVIème siècles*, 1973, 2e éd. Paris, C.N.R.S., 1980.

(XXXI)   LEWICKA Halina, *Études sur l'ancienne farce française*, Varsovie. P.W.N. ; Paris, Klincksieck, 1974 (avec, remaniés, dix des derniers articles de notre regrettée collègue).

(XXXII)   LINTILHAC Eugène, *Histoire générale du théâtre en France*, Paris, Flammarion, 1904-1910, Genève, Slatkine Reprints 1973, t. II : *La Comédie. Moyen Age et Renaissance* [toujours utile].

(XXXIII) MAXWELL Ian, *French Farce and John Heywood*, Melbourne, Londres, Oxford U.P., 1946 [éclairant].

(XXXIV) NELSON Ida, *La sottie sans souci. Essai d'interprétation homosexuelle*, Paris, Champion, 1977.

(XXXV) PETIT DE JULLEVILLE Louis, *Histoire du théâtre en France. La comédie et les mœurs au Moyen Age*, Paris, L. Cerf, 1886 ; Genève, Slatkine Rep. 1968 [un peu vieilli]

(XXXVI) PETIT DE JULLEVILLE Louis, *Histoire du théâtre comique en France. Répertoire du théâtre comique en France au Moyen Age*, Paris, L. Cerf, 1886 ; Genève, Slatkine Rep. 1967 [valable, avec une nécessaire remise à jour]

(XXXVII) PICOT Émile et NYROP Christine, *Nouveau recueil de farces françaises des XVème et XVIème siècles*, Paris, Morgand-Fatout, 1880 (Recueil de Copenhague).

(XXXVIII) PINET Christopher, « French Farce : Printing, Dissemination and Readership from 1550-1560 », *Renaissance and Reformation*, III, 2, 1979, pp. 111-131.

(XXXIX) POIRION Daniel, éd. du *Précis de littérature française du Moyen Age*, Paris P.U.F., 1983 ; ch. XI, *Le jeu dramatique* (XIVème-XVème siècles) par J.P. Bordier, pp. 306-335.

(XL) PORTER Lambert C., *La fatrasie et le fatras. Essai sur la poésie irrationnelle en France au Moyen Age*, Genève, Droz, 1960.

(XLI) ROUSSE Michel, *Le théâtre à la fin du Moyen Age*, dans le *Manuel d'histoire littéraire de la France*, Paris, Ed. Sociales, 2e éd., 1971, t. I, pp. 352-356.

(XLII) ROUSSE Michel, *Le Cuvier*, éd. critique, Centre de Télé-Enseignement, 1971.

(XLIII) ROUSSE Michel, « Pathelin est notre première comédie », dans *Mélanges P. Le Gentil*, Paris, S.E.D.E.S., 1973, pp. 753-758.

(XLIV) SCHOELL Konrad, *Das Komische Theater des französischen Mittelalters. Wirklichkeit und Spiel*, Munich, Fink, 1975.

(XLV) TISSIER André, *La farce en France de 1450 à 1550*, Recueil de textes établis sur les originaux, présentés et annotés, Paris, SEDES.CDU, 1976.

(XLVI) TOLDO Pietro, *Études sur le théâtre comique français du Moyen Age et sur le rôle de la nouvelle italienne dans les farces et les comédies*, Turin, Loescher, 1903.

(XLVII) VAUCHERET Etienne, « Références au sacré dans les farces des XVème et XVIème siècles », *Romania*, C, 1979, pp. 223-256.

B — La Comédie de la Renaissance (Tradition antique.Italie-France)

(XLVIII) ATTINGER G., *L'esprit de la commedia dell'Arte dans le théâtre français*, Paris, Lib. théâtrale, 1956.

(XL)   BALMAS Enea, *Un poeta del Rinascimento francese :
        Etienne Jodelle*, Florence, Olschki, 1962.

(L)   BALMAS Enea, *Comédies du XVIème siècle*, Ed. Viscon-
        tea, Milan, 1967 (*La Trésorière, La Reconnue, Les Néapo-
        litaines, La Nouvelle tragicomique*).

(LI)   BALMAS Enea, *La Commedia francese del Cinquecento*,
        Ed. Viscontea, Milan, 1967.

(LII)   BALMAS Enea, *Etienne Jodelle. Oeuvres complètes*, t. II
        Le poète dramatique ... Paris, Gallimard, 1968.

(LIII) BAPST Germain, *Essai sur l'histoire du théâtre. La mise en
        scène, le décor, le costume, l'hygiène*, Paris, Hachette,
        1893.

(LIV)   BARATTO Mario, *La Commedia del Cinquecento*, Vicen-
        ce, Neri Pozza, 1975.

(LV)   BARBIERI Antonio, *La vis comica in Terenzio*, Rome,
        Paideia, 1951.

(LVI)   BEIJER A. et DUCHARTRE P.L., *Recueil dit de Fossard*,
        Paris, 1928.

(LVII) BORSELLINO Nino et MERCURI Roberto, *Il teatro del
        Cinquecento*, Bari, Laterza, 1973.

(LVIII) BRAHMER Mieczyslaw, « Les *Néapolitaines* et la comédie
        italienne », *Mélanges J. Frappier*, 1970.

(LIX)   CHAMARD Henri, *De I. Peletarii Arte poetica (1555)*,
        Thèse latine, Lille, 1900.

(LX)   CHAMARD Henri, *Histoire de la Pléiade*, Paris, Didier,
        1939-1941.

(LXI)   CHASLES Émile, *La comédie en France au Seizième siècle*,
        Paris, Lib. Acad. Didier, 1862.

(LXII) CLIVE H. Peter, *Marguerite de Navarre, Oeuvre choisies*
        (dont *Le Trépas du Roi* et la *Comédie de Mont-de-Marsan*),
        New York, Appleton Century-Crofts, 1968, t. II.

(LXIII) CORVAGLIA L., « La Poetica di Giulio Cesare Scaligero
        nella sua generi e nel suo sviluppo », *Giornale Critico della
        filosofia italiana*, XXXVIII, 1959, pp. 214-239.

(LXIV) DABNEY Lancaster E., *French Dramatic Literature in the
        reign of Henri IV*, Austin, Texas, 1952.

(LXV)   DAVICO BONINO Guido, *Il teatro italiano, la Commedia
        del Cinquecento*, Turin, Einaudi, 1977-78.

(LXVI) DELCOURT Marie, *La tradition des comiques anciens en
        France avant Molière*, Bruxelles-Paris, Droz, 1934.

(LXVII) DELCOURT Marie « Les personnages de la comédie an-
        cienne et le théâtre français », *Bull. Ass. G. Budé*, 1964,
        pp. 103-110.

(LXVIII DUCHARTRE P.L., *La comédie italienne*, 2e éd., Paris,
        Librairie de France, 1925.

(LXIX) DUCKWORTH George E., *The Nature of Roman Comedy.
        A study in Popular Entertainment*, Princeton U.P., 1952.

(LXX)   HARASZTI Jules, « La Comédie française de la Renaissan-
        ce et la scène », *Rev. Hist. Litt. France*, XVI, 1909, pp.
        285-301.

(LXXI)   HERRICK Marvin T., *Comic Theroy in the XVIth Century*, Urbana, The Univ. of Illinois Press, 1950 (Illinois Studies in Language and Literature, XXXIV, pp. 1-248).

(LXXII)   HERRICK Marvin T., *Italian comedy in the Renaissance*, The Univ. of Illinois Press, 1960.

(LXXIII)   JACQUOT Jean (éd.), *La vie théâtrale au temps de la Renaissance*, (Cat. de l'exposition de l'Institut pédagogique national, mars-mai 1963), Paris, C.N.R.S., 1963.

(LXXIV)   JACQUOT Jean (éd.), *Le lieu théâtral à la Renaissance*, Paris, CNRS, 1964.

(LXXV)   JACQUOT Jean (éd.), *Dramaturgie et Société, rapports entre l'œuvre théâtrale, son interprétation et son public aux XVIème et XVIIème siècles*, Paris, CNRS, 1968.

(LIXXVI)   JEFFERY Brian, *French Renaissance Comedy (1552-1630)*, Oxford, Clarendon Press, 1969.

(LXXVII)   KERNODLE George R., *From Art to Theatre. Form and Convention*, Univ. of Chicago Press, 1944.

(LXXVIII)   LARIVAILLE Paul, *Pietro Aretino fra Rinascimento e Manierismo*, Roma, Bulzoni, 1980, ch. IV : *Le prime commedie*, pp. 105-137 (version italienne, allégée, d'une thèse d'État française, Service Rep. thèses, Lille, 1972).

(LXXIX)   LAWTON Harold Walter, *Térence en France au XVIème siècle. Éditions et traductions*, Paris, Jouve, 1926 (jugé un peu trop sévèrement par Marie Delcourt — [LXVI]).

(LXXX)   LAWTON Harold Walter, « Note sur le décor scénique au XVIème siècle », *Rev. du Seiz. Siècle*, 1928, pp. 161-164 (décor conventionnel ou simultané ?).

(LXXXI)   LAWTON Harold Walter, *Handbook of French Renaissance Dramatic Theory*, Manchester U.P., 1949.

(LXXXII)   LAZARD Madeleine, *La comédie humaniste au XVIème siècle et ses personnages*, Paris, P.U.F., 1978.

(LXXXIII)   LAZARD Madeleine, *Le théâtre en France au XVIème siècle*, Paris, P.U.F., 1980, ch. V : *La Comédie*, pp. 154-207 ; ch. VI : *La « commedia dell'arte »*, pp. 209-214. [synthèse excellente et vivante].

(LXXXIV)   LEBEGUE Raymond, « Tableau de la comédie française », *Bibl. Hum. Ren.*, VIII, 1946, pp. 278-344.

(LXXXV)   LEBEGUE Raymond « La comédie italienne en France au XVIème siècle », *Rev. Litt. Comp.*, XXIV, 1950, pp. 5-24.

(LXXXVI)   LEBEGUE Raymond, « Premières infiltrations de la Comedia dell'Arte dans le théâtre français », *Cah. Ass. Int. Et. françaises*, XV, 1963, pp. 165-176.

(LXXVII)   LEBEGUE Raymond, « Unité et pluralité de lieu dans le théâtre français (1450-1600) ». Cf. [LXXIV], pp. 347-355.

(LXXXVIII) LEBEGUE Raymond, *Études sur le théâtre français*, Paris, Nizet, 1977 : *La Pléiade et le théâtre*, t. I, pp. 207-219 (reprise d'une communication publiée dans *Lumières de la Pléiade*, Paris, Vrin, 1966).

(LXXXIX)   LEBEGUE Raymond, « Notes sur le personnage de la servante », *Rev. Hist. litt. France*, Janvier-février 1983, pp. 3-14.

(XC)　　LEFEBVRE Joël, *Les fols et la folie. Étude sur les genres comiques et la création littéraire en Allemagne pendant la Renaissance,* Paris, Klincksieck, 1968.

(XCI)　　MIC (lacefsky), Constant, *La Commedia dell'Arte,* Paris, 1927.

(XCII)　　MIGNON Maurice, *Études sur le théâtre français et italien de la Renaissance,* Paris, Champion, 1923.

(XCIII)　　MOREL Jacques, *Littérature française. La Renaissance,* III : 1570-1624, Paris, Arthaud, pp. 83-87.

(XCIV)　　PANDOLFI Vito, *La Commedia dell'arte. Storia e Testo,* Florence, Sansoni, 1957-58.

(XCV)　　PERMAN, R.C.D., « The influence of the commedia dell' arte on the French Theatre before 1640 », *French Studies,* IX, 1955, pp. 293-303.

(XCVI)　　RIGAL Eugène, *Le théâtre de la Renaissance,* dans PETIT DE JULLEVILLE, *Histoire de la langue et de la littérature françaises des origines à 1900,* Paris, A. Colin, t. III : *La Comédie,* 1896-1899.

(XCVII)　　RIGAL Eugène, « Les personnages conventionnels de la comédie au XVIème siècle », *Rev. Hist. Litt. Fr.* IV, 1897, pp. 167-179.

(XCVIII)　　RIGAL Eugène, *De Jodelle à Molière,* Paris, Hachette, 1911.

(XCIX)　　*SAINTE*-BEUVE, *Tableau historique et critique de la poésie française et du théâtre français au seizième siècle,* Paris, A. Sautet, 1828.

(C)　　SAISSET Léon et Frédéric, « Un type de l'ancienne comédie, le capitan Matamore », *Mercure de France,* XCVI, 1912, pp. 728-772 ; XCVII, 1912, pp. 76-98.

(CI)　　SAISSET Léon et Frédéric, « Un type de l'ancienne comédie, l'entremetteuse », *Mercure de France,* CLXXIII, 15 août 1922, pp. 116-129.

(CII)　　SAISSET Léon et Frédéric, « Un type de l'ancienne comédie, le valet », *Mercure de France,* CLXXV, 1924, pp. 390-401.

(CIII)　　SAN MIGUEL Angel von, « Die *Comedie jouée au Mont-de-Marsan* von Marguerite de Navarre », *Literatur-Wissenschaftliches Jahrbuch,* 1982, pp. 71-80.

(CIV)　　SANESI Ireneo, *La Commedia,* Milano, F. Vallardi, 2e éd. 1959.

(CV)　　SANKOVITCH Tilde, « Folly and Society in the Comic Theatre of the Pléiade » dans *Folie et Déraison à la Renaissance* (Colloque int. 1973), Ed. de l'Univ. de Bruxelles, 1976, pp. 99-108.

(CVI)　　SAULNIER V.L., *Marguerite de Navarre. Théâtre profane,* Paris, Droz, 1946.

(CVII)　　SAULNIER V.L., « La fantaisie verbale et sa diversité », *Cahiers de Varsovie,* 1981, pp. 19-33.

(CVIII)　　SCALIGER J.C., *Poetices libri septem,* 1561, s.l (chez Antoine Vincent et Jean Crispin, in fol. ; imprimé en fait, à Lyon et à Genève).

(CIX)   SPECTOR Norman B., « The Procuress and Religious Hypocrisy », *Italica*, XXXIII, 1956, pp. 52-59.

(CX)   STAUBLE Antonio, *La Commedia umanistica del Quattrocento*, Florence, Istituto Nazionale di Studi sul Rinascimento, 1968.

(CXI)   SYDOW Paul, *Die Französiche OriginalKomödie des XVIten Jahrhunderts*, Halle, Druck von H. John, 1908.

(CXII)   TALADOIRE Barthélémy, *Essai sur le comique de Plaute*, Monaco, Imp. Nat., 1956.

(CXIII)   TETEL Marcel, *Rabelais et l'Italie*, Florence, Olschki, 1959, ch. II : *Rabelais et la comédie italienne du seizième siècle*, pp. 32-59.

(CXIV)   UGHETTI Dante, *François d'Amboise (1550-1619)*, Rome, Bulzoni, 1974.

(CXV)   WEINBERG Bernard, *Critical Prefaces of the French Renaissance*, Evanston, Northwestern U.P., 1950.

(CXVI)   WEINBERG Bernard, *Trattati di poetica e retorica del '500*, Bari, Laterza, 1970-1972.

(CXVII)   WILEY William L., *The Early Public Theatre in France*, Cambridge Mass. Harvard U.P., 1960 (organisation de la vie théâtrale et des troupes, surtout au XVIème siècle).

C – Sur Turnèbe et « Les Contens ».

(CXVIII) BEECHER Donald A., Odet de Turnèbe, *Satisfaction All Around (Les Contens)*, English Translation with an Introduction and Notes, Ottawa, Carleton Univ., Renaissance Centre, 1979.

(CXIX)   CAVALUCCI G., *Odet de Turnèbe*, Naples, Pironti ; Paris, Margraff, 1942.

(CXX)   EATON Marina, Nickerson, *Les « Contents » of Odet de Turnèbe : a critical study*, Univ. Microfilms International, Ann Arbor, Michigan, 1973 (Dissertation de l'Université d'Oklahoma, Graduate College).

(CXXI)   FOURNIER Edouard, *Le théâtre français au XVIème et au XVIIème siècle*, Paris, Garnier, Coll. Laplace : notice (pp. 229-232) sur Odet de Turnèbe, en tête des *Contens* (pp. 233-339).

(CXXII)   KAWCZYNSKI M., « Über das Verhältnis des Lustspiels *Les Contens* von Odet de Turnebe zu *Les Esbahis* von Jacques Grévin und beider zu den Italiener », *Festschrift zum VIII allgemeinen deutschen Neuphilologentage*, Vienne et Leipzig, 1898.

(CXXIII) LAZARD Madeleine, « Du rire théorisé au comique théâtral. Le *Traité du Ris* de L. Joubert et le comique de l'amour dans *Les Néapolitaines* de François d'Amboise et *Les Contens* de Turnèbe », *Studi di Letteratura francese*, X, *Commedia e comicita nel Cinquecento francese e europeo*, Florence, L. Olschki, 1983, pp. 19-30.

(CXXIV) LEMAITRE Jules, « Les Contens », *Rev. des Cours et Conférences*, I, 2, 20 mai 1893, pp. 150-158 ; reproduit dans la *Revue d'Art dramatique*, avril-juin 1893, pp. 257-270.

(CXXV) PICOT Émile, *Les Français italianisants au XVIIème siècle*, Paris, H. Champion, 1906-1907, t. II, pp. 145-152 (Notice sur Odet de Turnèbe).

(CXXVI) REYNIER Gustave, *Les origines du roman réaliste*, Paris, Hachette, 1912, ch. IX : *La Célestine*, pp. 311-312.

(CXXVII) SPECTOR Norman B., « Odet de Turnebe's *Les Contens* and the Italian Comedy », *French Studies*, XIII, 1959, pp. 304-313.

(CXXVIII) SPECTOR Norman B., Odet de Turnèbe, *Les Contens*, éd. critique, avec introd. et notes, Paris, Didier, 1961 ; 3e éd., avec compléments bibliographiques par Robert AULOTTE Paris, Nizet, 1983.

(CXXIX) TOLDO Pietro, « La comédie française de la Renaissance », *Revue Hist. Litt. France*, VI, 1899, pp. 571-578 (*Les Contens*).

(CXXX) TRUFFIER Jules, « Les Contents d'Odet de Turnèbe », *Conferencia, Journal Univ. Annales*, XXX, 1, 1935-1936, pp. 50-55.

D – Comique et Comédie

(CXXXI) AUBIGNAC, *La pratique du théâtre*, éd. P. Martino, Alger-Paris, 1927.

(CXXXII) BERGSON Henri, *Le rire. Essai sur la signification du comique*, Paris, Alcan, 4e éd. 1938.

(CXXXIII) FOUCAULT Michel, *Folie et Déraison. Histoire de la folie à l'âge classique*, Paris, Plon, 1961.

(CXXXIV) GAIFFE Félix, *Le rire et la scène française*, Paris, Boivin, 1931 ; Genève, Slatkine Reprints, 1970.

(CXXXV) GUICHEMERRE, *La comédie classique de Jodelle à Beaumarchais*, Paris, P.U.F., (Que Sais-je ?), 1978.

(CXXXVI) LARTHOMAS Pierre, *Le langage dramatique*, Paris, A. Colin, 1972.

(CXXXVII) MAURON Charles, *Psychocritique du genre comique*, Paris, Plon, 1964.

(CXXXVIII) SCHERER Jacques, *La dramaturgie classique en France*, Paris, Nizet, 1950.

(CXXXIX) VOLTZ Pierre, *La Comédie*, Paris, A. Colin, 1964.

TABLE DES MATIÈRES

DÉCAUDIN (M.). — Verlaine : Les poètes maudits.

DÉDÉYAN (Ch.). — L'Italie dans l'œuvre romanesque de Stendhal. — Tomes I et II.

DÉDÉYAN (ch.). — J.-J. Rousseau et la sensibilité littéraire à la fin du XVIIIᵉ siècle.

DÉDÉYAN (Ch.). — Gérard de Nerval et l'Allemagne. — Tomes I et II.

DÉDÉYAN (Ch.). — Le cosmopolitisme littéraire de Charles du Bos :
Tome   I. — La jeunesse de Ch. du Bos (1882-1914).
Tome   II. — La maturité de Ch. du Bos (1914-1927).
Tome III. — Le critique catholique ou l'humanisme chrétien.

DÉDÉYAN (Ch.). — Le nouveau mal du siècle de Baudelaire à nos jours.
Tome   I. — Du post-romantique au symbolique (1840-1889).
Tome   II. — Spleen, Révolte et Idéal (1889-1914).

DÉDÉYAN (Ch.). — Lesage et **Gil Blas.** Tomes I et II.

DÉDÉYAN (Ch.). — Racine : **Phèdre** (2ᵉ édition).

DÉDÉYAN (Ch.). — Le cosmopolitisme européen sous la Révolution et l'Empire. Tomes I et II.

DÉDÉYAN (Ch.). — Dante dans le romantisme anglais.

DÉDÉYAN (Ch.). — Le roman comique de Scarron.

DÉDÉYAN (Christian). — Alain-Fournier et la réalité secrète.

DELOFFRE (F.). — La phrase française (4ᵉ édition).

DELOFFRE (F.). — Le vers français (3ᵉ édition).

DELOFFRE (F.). — Stylistique et poétique françaises (3ᵉ édition).

DELOFFRE (F.). — Eléments de linguistique française.

DERCHE (R.). — Etudes de textes français :
Tome   I. — Le Moyen Age.
—   II. — Le XVIᵉ siècle.
—   III. — Le XVIIᵉ siècle.
—   IV. — Le XVIIIᵉ siècle.
—   V. — Le XIXᵉ siècle.
—   VI. — Le XIXᵉ siècle et le début du XXᵉ.

DONOVAN (L.-G.). — Recherches sur **Le Roman de Thèbes.**

DUFOURNET (J.). — La vie de Philippe de Commynes.

DUFOURNET (J.). — Les écrivains de la quatrième croisade. Villehardouin et Clari. Tomes I et II.

DUFOURNET (J.). — Recherches sur le **Testament** de François Villon. Tomes I et II (2ᵉ édition).

DUFOURNET (J.). — Adam de la Halle à la recherche de lui-même ou le jeu dramatique de la Feuillée.

DUFOURNET (J.). — Sur **Le jeu de la Feuillée** (Bibliothèque du Moyen Age).

DUFOURNET (J.). — Sur Philippe de Commynes. Quatre études. (Coll. Bibliothèque du Moyen Age.)

DURRY (Mme M.-J.). — G. Apollinaire, **Alcools.**
   Tome   I. — (4ᵉ édition).
   —   II. — (3ᵉ édition).
   —   III. — (3ᵉ édition).
ETIEMBLE (Mme J.). — Jules Supervielle-Etiemble : **Correspondance 1936-1959.** Edition critique.
FAVRE (Y. A.). — Giono et l'art du récit.
FORESTIER (L.). — Chemins vers **La Maison de Claudine** et **Sido.**
FORESTIER (L.). — Pierre Corneille. Trois discours sur le Poème dramatique (2ᵉ édition).
FRAPPIER (J.). — Les Chansons de geste du Cycle de Guillaume d'Orange.
   Tome   I. — **La Chanson de Guillaume - Aliscans - La Chevalerie Vivien** (2ᵉ édition).
   Tome   II. — **Le couronnement de Louis - Le Charroi de Nîmes - La Prise d'Orange.**
   Tome III. — Les Moniages - Guibourc.
FRAPPIER (J.). — Etude sur **Yvain ou le Chevalier au Lion** de Chrétien de Troyes.
FRAPPIER (J.). — Chrétien de Troyes et le Mythe du Graal. Etude sur Perceval ou le **Conte du Graal** (2ᵉ édition).
GARAPON (R.). — Le dernier Molière.
GARAPON (R.). — **Les Caractères** de La Bruyère. La Bruyère au travail.
GARAPON (R.). — Ronsard chantre de Marie et d'Hélène.
GARAPON (R.). — Le premier Corneille.
GRIMAL (P.). — Essai sur l'**Art poétique** d'Horace.
HARRINGTON (T. M.). — Pascal philosophe.
JONIN (P.). — Pages épiques du Moyen Age français. Textes - Traductions nouvelles - Documents. **Le Cycle du Roi.** Tomes I (2ᵉ édition) et II.
LABLÉNIE (E.). — Essais sur Montaigne.
LABLÉNIE (E.). — Montaigne, auteur de maximes.
LAINEY (Y.). — Les valeurs morales dans les écrits de Vauvenargues.
LAINEY (Y.). — Musset ou la difficulté d'aimer.
LARTHOMAS (P.). — Beaumarchais. **Parades.**
LE HIR (Y.). — L'originalité littéraire de Sainte-Beuve dans **Volupté.**
LE RIDER (P.). — Le Chevalier dans le **Conte du Graal** de Chrétien de Troyes. (Coll. Bibliothèque du Moyen Age).
MARRAST (R.). — Aspects du théâtre de Rafaël Alberti.
MESNARD (J.). — Les **Pensées de Pascal.**
MICHEL (P.). — Continuité de la sagesse française (Rabelais, Montaigne, La Fontaine).
MICHEL (P.). — Blaise de Monluc.
MILNER (M.). — Freud et l'interprétation de la littérature.

MOREAU (F.). — L'Image littéraire.

MOREAU (F.). — Un aspect de l'imagination créatrice chez Rabelais.

MOREAU (F.). — Six études de style.

MOREAU (P.). — **Sylvie** et ses sœurs nervaliennes.

MOUTOTE (D.). — Egotisme français moderne.

MOZET (N.). — La ville de province dans l'œuvre de Balzac.

PAYEN (J.-Ch.). — Les origines de la Renaissance.

PICARD (R.). — La poésie française de 1640 à 1680. « Poésie religieuse, Epopée, Lyrisme officiel » (2e édition).

PICARD (R.). — La poésie française de 1640 à 1680. « Satire, Epître, Poésie burlesque, Poésie galante ».

PICOT (G.). — La vie de Voltaire. Voltaire devant la postérité.

RAIMOND (M.). — Le Signe des temps. **Le roman contemporain français.**

RAIMOND (M.). — Proust romancier.

RAIMOND (M.). — Les romans de Montherlant.

RAYNAUD DE LAGE (G.). — Introduction à l'ancien français (12e édition).

ROBICHEZ (J.). — Le théâtre de Montherlant. **La Reine morte, Le Maître de Santiago, Port-Royal.**

ROBICHEZ (J.). — Le théâtre de Giraudoux.

ROBICHEZ (J.). — **Gravitations** de Supervielle.

ROBICHEZ (J.). — Verlaine entre Rimbaud et Dieu.

ROBICHEZ (J.). — Sur Saint-John Perse.

ROSSUM-GUYON (sous la direction de van F.). — Balzac et les **Parents pauvres.**

SAULNIER (V.-L.). — Les élégies de Clément Marot (2e édition).

SAULNIER (V.-L.). — Rabelais.
    Tome I. — Le **Quart** et le **Cinquième Livre.**
    Tome II. — **La Sagesse de Gargantua.**

SOCIÉTÉ DES ÉTUDES ROMANTIQUES. — Histoire et langage dans **L'Education sentimentale** de Flaubert.

SOCIÉTÉ DES ÉTUDES ROMANTIQUES. — Nouvelles recherches sur **Bouvard et Pécuchet** de Flaubert.

SOCIÉTÉ DES ÉTUDES ROMANTIQUES. — Relire **Les Destinées** d'Alfred de Vigny.

SOCIÉTÉ DES ÉTUDES ROMANTIQUES. — Balzac et **La Peau de Chagrin.**

SOCIÉTÉ DES ÉTUDES ROMANTIQUES. — Le plus méconnu des romans de Stendhal : **Lucien Leuwen.**

SOCIÉTÉ DES ÉTUDES ROMANTIQUES. — La petite musique de Verlaine : **Romance sans paroles, Sagesse.**

SOCIÉTÉ DES SEIZIÈMISTES. — L'emblème à la Renaissance.

THERRIEN (M.-B.). — **Les Liaisons Dangereuses.** Une interprétation psychologique des trois principaux caractères.

TISSIER (A.). — **Les Fausses Confidences** de Marivaux.

VERNIÈRE (P.). — Montesquieu et **L'Esprit des lois** ou la Raison impure.

VIAL (A). — La dialectique de Chateaubriand.

VIER (J.). — Le théâtre de Jean Anouilh.

WAGNER (R.-L.). — La grammaire française.
   Tome I. — Les niveaux et les domaines. Les normes. Les états de langue.
   Tome II. — La grammaire moderne. Voies d'approche. Attitudes des grammairiens.

WEBER (J.-P.). — Stendhal : le structures thématiques de l'œuvre et du destin.

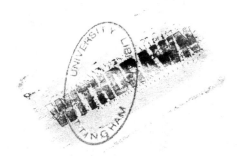

Composé par C.D.U. et SEDES
JOUVE, 18, rue Saint-Denis, 75001 PARIS
N° éditeur : 1029 — N° 12289. Dépôt légal : Février 1984